科学家学术成长资料采集工程

中国工程院院士传记丛书

林浩然

撷取皇冠上的明珠

传

李 剑◎著

1934 年	1941 年	1946 年	1950 年	1954 年	1979 年	1981 年	1985 年	1987 年	1997 年	2012 年
出生于海南文昌	入读贵州省独山县中正小学	入读南京市立第一中学	入读岭南大学生物学系	中山大学毕业留校	公派赴加拿大访学	与彼得教授开始合作研究	"新型高效鱼类复合催产剂"技术鉴定	与彼得教授共同创立"林-彼方法"	当选中国工程院院士	被国际鱼类内分泌学会授予"终身成就奖"

老科学家学术成长资料采集工程

中国工程院院士传记丛书

摘取皇冠上的明珠

林浩然 传

李 剑 ◎著

中国科学技术出版社

·北 京·

图书在版编目（CIP）数据

摘取皇冠上的明珠：林浩然传 / 李剑著 . -- 北京：
中国科学技术出版社，2024.8
（老科学家学术成长资料采集工程 . 中国工程院院士
传记丛书）
ISBN 978-7-5236-0789-3

I.①摘… Ⅱ.①李… Ⅲ.①林浩然 – 传记 Ⅳ.
① K826.3

中国国家版本馆 CIP 数据核字（2024）第 110265 号

责任编辑	彭慧元
责任校对	张晓莉
责任印制	徐　飞
版式设计	中文天地

出　　版	中国科学技术出版社
发　　行	中国科学技术出版社有限公司
地　　址	北京市海淀区中关村南大街 16 号
邮　　编	100081
发行电话	010-62173865
传　　真	010-62173081
网　　址	http://www.cspbooks.com.cn

开　　本	710mm×1000mm　1/16
字　　数	278 千字
印　　张	18
彩　　插	2
版　　次	2024 年 8 月第 1 版
印　　次	2024 年 8 月第 1 次印刷
印　　刷	北京顶佳世纪印刷有限公司
书　　号	ISBN 978-7-5236-0789-3 / K・398
定　　价	128.00 元

老科学家学术成长资料采集工程
专家委员会

主　任：韩启德

委　员：（以姓氏拼音为序）

陈佳洱　方　新　傅志寰　李静海　刘　旭

齐　让　王进展　王礼恒　赵沁平

老科学家学术成长资料采集工程
丛书组织机构

特邀顾问（以姓氏拼音为序）

樊洪亚　方　新　谢克昌

编　委　会

主　编：老科学家学术成长资料采集工程领导小组办公室

编　委：（以姓氏拼音为序）

艾素珍　陈维成　定宜庄　董庆九　胡化凯

胡宗刚　吕瑞花　孟令耘　潘晓山　秦德继

阮　草　谭华霖　王扬宗　熊卫民　姚　力

张大庆　张　剑　张　蒺　周德进

编委会办公室

主　任：董　阳　董亚峥

副主任：韩　颖

成　员：（以姓氏拼音为序）

高文静　胡艳红　李　梅　刘如溪　罗兴波

王传超　张珩旭　张佳静

老科学家学术成长资料采集工程简介

　　老科学家学术成长资料采集工程（以下简称"采集工程"）是根据国务院领导同志的指示精神，由国家科教领导小组于 2010 年正式启动，中国科协牵头，联合中组部、教育部、科技部、工信部、财政部、文化部、国资委、解放军总政治部、中国科学院、中国工程院、国家自然科学基金委员会等 11 部委共同实施的一项抢救性工程，旨在通过实物采集、口述访谈、录音录像等方法，把反映老科学家学术成长历程的关键事件、重要节点、师承关系等各方面的资料保存下来，为深入研究科技人才成长规律，宣传优秀科技人物提供第一手资料和原始素材。

　　采集工程是一项开创性工作。为确保采集工作规范科学，启动之初即成立了由中国科协主要领导任组长、12 个部委分管领导任成员的领导小组，负责采集工程的宏观指导和重要政策措施制定，同时成立领导小组专家委员会负责采集原则确定、采集名单审定和学术咨询，委托科学史学者承担学术指导与组织工作，建立专门的馆藏基地确保采集资料的永久性收藏和提供使用，并研究制定了《采集工作流程》《采集工作规范》等一系列基础文件，作为采集人员的工作指南。截至 2021 年 8 月，采集工程已启动 592 位科学家的学术成长资料采集项目，获得实物原件资料 132922 件、数字化资料 318092 件、视频资料 443783 分钟、音频资料 527093 分钟，具有重要的史料价值。

　　采集工程的成果目前主要有三种体现形式，一是建设"中国科学家博物馆网络版"，提供学术研究和弘扬科学精神、宣传科学家之用；二是编辑制作科学家专题资料片系列，以视频形式播出；三是研究撰写客观反映老科学家学术成长经历的研究报告，以学术传记的形式，与中国科学院、中国工程院联合出版。随着采集工程的不断拓展和深入，将有更多形式的采集成果问世，为社会公众了解老科学家的感人事迹，探索科技人才成长规律，研究中国科技事业的发展历程提供客观翔实的史料支撑。

总序一

中国科学技术协会主席　韩启德

　　老科学家是共和国建设的重要参与者，也是新中国科技发展历史的亲历者和见证者，他们的学术成长历程生动反映了近现代中国科技事业与科技教育的进展，本身就是新中国科技发展历史的重要组成部分。针对近年来老科学家相继辞世、学术成长资料大量散失的突出问题，中国科协于2009年向国务院提出抢救老科学家学术成长资料的建议，受到国务院领导同志的高度重视和充分肯定，并明确责成中国科协牵头，联合相关部门共同组织实施。根据国务院批复的《老科学家学术成长资料采集工程实施方案》，中国科协联合中组部、教育部、科技部、工业和信息化部、财政部、文化部、国资委、解放军总政治部、中国科学院、中国工程院、国家自然科学基金委员会等11部委共同组成领导小组，从2010年开始组织实施老科学家学术成长资料采集工程。

　　老科学家学术成长资料采集是一项系统工程，通过文献与口述资料的搜集和整理、录音录像、实物采集等形式，把反映老科学家求学历程、师承关系、科研活动、学术成就等学术成长中关键节点和重要事件的口述资料、实物资料和音像资料完整系统地保存下来，对于充实新中国科技发展的历史文献，理清我国科技界学术传承脉络，探索我国科技发展规律和科技人才成长规律，弘扬我国科技工作者求真务实、无私奉献的精神，在全社会营造爱科学、学科学、用科学的良好氛围，是一件很有意义的事情。采集工程把重点放在年龄在 80 岁以上、学术成长经历丰富的两院院士，以及虽然不是两院院士、但在我国科技事业发展中作出突出贡献的老科技工作者，充分体现了党和国家对老科学家的关心和爱护。

自 2010 年启动实施以来，采集工程以对历史负责、对国家负责、对科技事业负责的精神，开展了一系列工作，获得大量反映老科学家学术成长历程的文字资料、实物资料和音视频资料，其中有一些资料具有很高的史料价值和学术价值，弥足珍贵。

以传记丛书的形式把采集工程的成果展现给社会公众，是采集工程的目标之一，也是社会各界的共同期待。在我看来，这些传记丛书大都是在充分挖掘档案和书信等各种文献资料、与口述访谈相互印证校核、严密考证的基础之上形成的，内中还有许多很有价值的照片、手稿影印件等珍贵图片，基本做到了图文并茂，语言生动，既体现了历史的鲜活，又立体化地刻画了人物，较好地实现了真实性、专业性、可读性的有机统一。通过这套传记丛书，学者能够获得更加丰富扎实的文献依据，公众能够更加系统深入地了解老一辈科学家的成就、贡献、经历和品格，青少年可以更真实地了解科学家、了解科技活动，进而充分激发对科学家职业的浓厚兴趣。

借此机会，向所有接受采集的老科学家及其亲属朋友，向参与采集工程的工作人员和单位，表示衷心感谢。真诚希望这套丛书能够得到学术界的认可和读者的喜爱，希望采集工程能够得到更广泛的关注和支持。我期待并相信，随着时间的流逝，采集工程的成果将以更加丰富多样的形式呈现给社会公众，采集工程的意义也将越来越彰显于天下。

是为序。

总序二

中国科学院院长　白春礼

　　由国家科教领导小组直接启动，中国科学技术协会和中国科学院等 12 个部门和单位共同组织实施的老科学家学术成长资料采集工程，是国务院交办的一项重要任务，也是中国科技界的一件大事。值此采集工程传记丛书出版之际，我向采集工程的顺利实施表示热烈祝贺，向参与采集工程的老科学家和工作人员表示衷心感谢！

　　按照国务院批准实施的《老科学家学术成长资料采集工程实施方案》，开展这一工作的主要目的就是要通过录音录像、实物采集等多种方式，把反映老科学家学术成长历史的重要资料保存下来，丰富新中国科技发展的历史资料，推动形成新中国的学术传统，激发科技工作者的创新热情和创造活力，在全社会营造爱科学、学科学、用科学的良好氛围。通过实施采集工程，系统搜集、整理反映这些老科学家学术成长历程的关键事件、重要节点、学术传承关系等的各类文献、实物和音视频资料，并结合不同时期的社会发展和国际相关学科领域的发展背景加以梳理和研究，不仅有利于深入了解新中国科学发展的进程特别是老科学家所在学科的发展脉络，而且有利于发现老科学家成长成才中的关键人物、关键事件、关键因素，探索和把握高层次人才培养规律和创新人才成长规律，更有利于理清我国科技界学术传承脉络，深入了解我国科学传统的形成过程，在全社会范围内宣传弘扬老科学家的科学思想、卓越贡献和高尚品质，推动社会主义科学文化和创新文化建设。从这个意义上说，采集工程不仅是一项文化工程，更是一项严肃认真的学术建设工作。

中国科学院是科技事业的国家队，也是凝聚和团结广大院士的大家庭。早在 1955 年，中国科学院选举产生了第一批学部委员，1993 年国务院决定中国科学院学部委员改称中国科学院院士。半个多世纪以来，从学部委员到院士，经历了一个艰难的制度化进程，在我国科学事业发展史上书写了浓墨重彩的一笔。在目前已接受采集的老科学家中，有很大一部分即是上个世纪 80、90 年代当选的中国科学院学部委员、院士，其中既有学科领域的奠基人和开拓者，也有作出过重大科学成就的著名科学家，更有毕生在专门学科领域默默耕耘的一流学者。作为声誉卓著的学术带头人，他们以发展科技、服务国家、造福人民为己任，求真务实、开拓创新，为我国经济建设、社会发展、科技进步和国家安全作出了重要贡献；作为杰出的科学教育家，他们着力培养、大力提携青年人才，在弘扬科学精神、倡树科学理念方面书写了可歌可泣的光辉篇章。他们的学术成就和成长经历既是新中国科技发展的一个缩影，也是国家和社会的宝贵财富。通过采集工程为老科学家树碑立传，不仅对老科学家们的成就和贡献是一份肯定和安慰，也使我们多年的夙愿得偿！

鲁迅说过，"跨过那站着的前人"。过去的辉煌历史是老一辈科学家铸就的，新的历史篇章需要我们来谱写。衷心希望广大科技工作者能够通过"采集工程"的这套老科学家传记丛书和院士丛书等类似著作，深入具体地了解和学习老一辈科学家学术成长历程中的感人事迹和优秀品质；继承和弘扬老一辈科学家求真务实、勇于创新的科学精神，不畏艰险、勇攀高峰的探索精神，团结协作、淡泊名利的团队精神，报效祖国、服务社会的奉献精神，在推动科技发展和创新型国家建设的广阔道路上取得更辉煌的成绩。

总序三

中国工程院院长 周 济

  由中国科协联合相关部门共同组织实施的老科学家学术成长资料采集工程，是一项经国务院批准开展的弘扬老一辈科技专家崇高精神、加强科学道德建设的重要工作，也是我国科技界的共同责任。中国工程院作为采集工程领导小组的成员单位，能够直接参与此项工作，深感责任重大、意义非凡。

  在新的历史时期，科学技术作为第一生产力，已经日益成为经济社会发展的主要驱动力。科技工作者作为先进生产力的开拓者和先进文化的传播者，在推动科学技术进步和科技事业发展方面发挥着关键的决定的作用。

  新中国成立以来，特别是改革开放30多年来，我们国家的工程科技取得了伟大的历史性成就，为祖国的现代化事业作出了巨大的历史性贡献。两弹一星、三峡工程、高速铁路、载人航天、杂交水稻、载人深潜、超级计算机……一项项重大工程为社会主义事业的蓬勃发展和祖国富强书写了浓墨重彩的篇章。

  这些伟大的重大工程成就，凝聚和倾注了以钱学森、朱光亚、周光召、侯祥麟、袁隆平等为代表的一代又一代科技专家们的心血和智慧。他们克服重重困难，攻克无数技术难关，潜心开展科技研究，致力推动创新发展，为实现我国工程科技水平大幅提升和国家综合实力显著增强作出了杰出贡献。他们热爱祖国，忠于人民，自觉把个人事业融入到国家建设大局之中，为实现国家富强而不断奋斗；他们求真务实，勇于创新，用科技为中华民族的伟大复兴铸就了辉煌；他们治学严谨，鞠躬尽瘁，具有崇高的科学精神和科学道德，是我们后代学习的楷模。科学家们的一生是一本珍贵的教科书，他们坚定的理想信念和淡泊名利的崇高品格是中华民族自强不息精神的宝贵财富，永远值得后人铭记和敬仰。

通过实施采集工程，把反映老科学家学术成长经历的重要文字资料、实物资料和音像资料保存下来，把他们卓越的技术成就和可贵的精神品质记录下来，并编辑出版他们的学术传记，对于进一步宣传他们为我国科技发展和民族进步作出的不朽功勋，引导青年科技工作者学习继承他们的可贵精神和优秀品质，不断攀登世界科技高峰，推动在全社会弘扬科学精神，营造爱科学、讲科学、学科学、用科学的良好氛围，无疑有着十分重要的意义。

中国工程院是我国工程科技界的最高荣誉性、咨询性学术机构，集中了一大批成就卓著、德高望重的老科技专家。以各种形式把他们的学术成长经历留存下来，为后人提供启迪，为社会提供借鉴，为共和国的科技发展留下一份珍贵资料。这是我们的愿望和责任，也是科技界和全社会的共同期待。

林浩然

2017 年，林浩然（中）与李剑（右）、林虹（左）的合影

2018 年 4 月 16 日，林浩然（中）与李剑（左）、朱世哲（右）合影

序

林浩然院士是国际知名的鱼类生理学家和鱼类养殖专家。2015年，我到任中山大学校长后，和林院士有过数次交谈，了解到他60余年如一日全身心投入中山大学教学科研事业的动人事迹，尤其是他当选中国工程院院士后20多年仍不懈奋斗的非凡历程，深感敬佩！

中山大学由伟人首创，历史上一大批蜚声海内外的专家学者曾在此任教，留下了深厚的学术积淀，形成了独特的大学文化和大学精神。林浩然院士正是在这种大学文化精神浸润中成长起来的一代学术大师。正如林浩然院士在其从事教学科研60周年活动时发表讲话所言，"一所大学的文化建设与传承对学术发展至关重要"，他认为自己能够为中国现代水产科学事业作出重大贡献，很大程度得益于当年岭南大学与中山大学优良深厚的学术传统，得益于前辈大师们的言传身教。林浩然院士未满16岁走进康乐园，在陈序经、容启东等前辈的照拂下入读岭南大学，继而跟随戴辛皆、廖翔华等中山大学名师投身生命科学研究。林浩然院士成长成才的过程就是"最优秀的人培养更优秀的人"的实践过程，这也是中山大学人才培养一直倡导践行的理念和方向。

中山大学提出科学研究必须坚持"三个面向"（面向学术前沿、面向国家重大战略需求、面向国家和区域经济社会发展），在林浩然院士身上也得到最生动的诠释。林浩然院士立足国家需求和学术前沿，紧密围绕我国鱼类养殖生产中亟须解决的重大关键问题，创造性地研究调控鱼类繁殖和生长的理论技术。他在我国鱼类生殖内分泌学领域的研究走在世界前列，相关研究产品投入实际生产，极大地推动了国家水产养殖业的发展，为促进地方经济发展作出了重要贡献。

林浩然院士长期坚持奋战在教学一线为本科生和研究生授课，在人才培养、立德树人方面成果颇丰。他参加编写的全国统一教材《动物生态学》获 1990 年国家教委优秀教材奖二等奖；他编著的《鱼类生理学》被列为普通高等教育"十一五"国家级教材。林浩然院士从教 65 周年，培养了 85 名硕士研究生、102 名博士研究生，这些学生活跃在国内外相关研究领域，成为他学术生涯的最好延续。

如今，林浩然院士已进入杖朝之年仍笔耕不辍。2017 年，在当选中国工程院院士 20 周年之际，他亲自翻译出版了 500 多页的国际名著《鱼类神经内分泌学》；2019 年，他以 85 岁高龄，领衔完成译著《鱼类应激生物学》，实在令人钦佩！2018 年 12 月，中山大学为林浩然院士等 10 余位教师举办了荣休仪式，但他仍然一如往昔坚持指导青年教师、参加研究生论文答辩和毕业生学位授予仪式、帮助和指导水产企业等。林院士这种矢志教育事业的真挚情怀，这种老骥伏枥、志在千里的奋斗精神，值得我们所有教师和科学工作者学习、致敬！

2017 年，林浩然院士经中国科学技术协会和中国工程院遴选，纳入中国老科学家学术成长资料采集工程，这对于中山大学是一件非常有意义的事情。我相信，这部关于林浩然院士的传记，将使更多人了解中山大学的历史文化与精神底蕴，了解林浩然院士的科学成就与非凡业绩，从而认识到近代中国科技发展的艰辛历程，领略中国当代科学家的伟大与可贵，激励我们为实现科技强国、实现中华民族伟大复兴梦不懈奋斗！

是为序。

祝愿林浩然院士健康长寿！

罗俊

中山大学校长

中国科学院院士

2019 年 9 月 1 日

目　录

图片目录

导　言

从事科研和教学工作六十多年来，林浩然坚持面向国家重大科研需求和国际科学发展前沿，紧密围绕我国鱼类养殖生产中亟须解决的"苗种繁育和良种选育"重大关键问题，系统深入地、创造性研究调控鱼类繁殖和生长的理论和技术。他一生和鱼结下不解之缘，在治学、育人和推动鱼类养殖产业发展等方面取得了丰硕成果。

他和加拿大彼得（R. E. Peter）教授合作，阐明鱼类促性腺激素合成与分泌受神经内分泌双重调节的机理，将这一理论应用于鱼类人工繁殖，建立使用多巴胺受体拮抗剂和促性腺激素诱导鱼类产卵的新技术，在国内外推广，获得显著应用成效，对我国鱼类养殖产量提高发挥重大作用，被誉为鱼类人工繁殖的第三个里程碑，国际上定名为"Linpe Method"（林－彼方法）。

他阐明鱼类生长激素分泌和鱼体生长受多种神经内分泌因子调节及相关功能基因的作用机理，证明鱼消化道能吸收这些因子而明显促进生长，为新型鱼类促生长剂的应用奠定基础。

他指导研究团队与企业长期合作，所创建的石斑鱼生殖与生长调控和苗种规模化繁育技术、罗非鱼优质品种选育和产业化关键技术、中国大鲵子三代全人工繁殖和规模化培育技术等有力地促进了石斑鱼、罗非鱼和中国大鲵等养殖产业的发展。

他培养了 200 多名博士、硕士研究生，其中 2 名当选中国工程院院士；他编写和翻译了《鱼类生理学》《鱼类人工诱导繁殖的理论与实践》《鱼类神经内分泌学》《鱼类应激生物学》，对促进我国鱼类学的学科发展作出了突出贡献。

20 世纪是中国经济鱼类人工繁殖技术连续出现突破的百年。自 30 年代聚焦淡水鱼类人工繁殖问题，50 年代取得家鱼人工繁殖技术的突破，到林浩然探明鱼类生殖生理的核心机制，实现了鱼类的完全人工繁殖，中国三代鱼类学家付出了艰辛的努力，终使中国成为经济鱼类养殖大国。我们渴望探求的，正是这位阅历丰富、成就卓著的鱼类学家丰富的内心世界及其人格养成、学术根基建构的文化基因和历史背景，从而全面认识这位推动中国水产事业实现跨越式发展的鱼类学家。

2017 年夏，林浩然院士入选老科学家学术成长资料采集工程。同年 10 月，采集工程工作小组开始对林浩然的访谈，中间穿插了林浩然学生的访谈，其中有后来成为中国工程院院士的刘少军、陈松林。采集工程工作小组完成了卢爱平、林虹访谈后，赴浙江大学做了林超然、金忆丹伉俪的访谈，从家人视角丰富了对林浩然的认识。对中山大学水生经济动物研究所成员的访谈使我们得以了解该校鱼类学的学科发展历程。

2017 年，在中山大学帮助下，复制了一批有关林浩然的学术专著、教材、获奖证书、证章、照片、档案和视频资料。2018 年，在南京取得当年林浩然一家的户籍档案，并从南京市一中取得林浩然初中毕业照等；中山大学水生经济动物研究所的老师提供了科研数据记录本。2019 年，取得林浩然院士新近翻译《鱼类神经内分泌学》《鱼类应激生物学》的手稿。遗憾的是，当年林浩然曾使用的生化仪器、设备不断更新，仅余一台从加拿大带回的冰箱，实物采集遇到了困难。

本书按时间顺序并围绕林浩然学术成长经历展开。第一章述及林浩然家族历史，故乡的儿时记忆，随父母流徙广西、贵州、重庆、南京、香港的见闻；第二章、第三章记述其求学岭南大学、中山大学的经过；第四章、第五章是其教师生涯最初二十年，伴随共和国成长并投身鱼类生殖生理学研究的历程；第六章详述林浩然结识彼得教授并逐步接近鱼类生殖生理学第三座"里程碑"的过程；第七章描述"林-彼方法"赢得广泛赞誉后，林浩然继续推动产学研结合，发展我国水产养殖业的成果；第八章回顾林浩然荣膺中国工程院院士二十余年来从事鱼类学人才培养和学科建设的成就；第九章展现林浩然美满的家庭生活。

通过采集和系统整理林浩然院士的学术成果资料，我们希望完整呈现曾对他的人格养成和学术之路选择产生重要影响的时代、人和事，以及他不断攀登科学高峰并最终摘取鱼类生殖生理学皇冠上明珠的辉煌一生，从而为共和国留存鱼类学和渔业发展的一个重要侧面的历史，为后来者树立光辉的榜样。

第一章
战乱中成长

故乡海之南

1934 年 11 月 28 日，林浩然在海南文昌出生。据林浩然回忆，其祖父以捕鱼为生，世居文昌县会文镇迈州村。祖父成家生子不久，不幸殁于一场海难，林浩然的祖母独自抚育他当时年龄尚幼的父亲林彦廷。祖母姓邢，身世已不可考。

按照宗谱，林浩然的父亲林彦廷（1903—1979）在林家属"廷"字辈，林浩然及其长兄林超然属"日"字辈。[①] 虽然年幼失怙，失去家庭经济支柱，但林彦廷自幼好学，苦读不辍。文昌县自古就是名副其实的文教名县，历代文教事业都较为繁盛，当地民谚有"兴家靠养猪，出路靠读书""人生不识字，惨过牛与猪"之说。正是在这样的文教环境中，林浩然的父亲林彦廷在族中亲戚的接济和关照下，读到高中毕业，并以优异的

---

① 林浩然访谈，广东广州，2017 年 6 月 20 日。资料存于采集工程数据库。

图 1–1　林浩然之父林彦廷照片
（南京市档案馆提供）

成绩考入国立北平大学农学院。

　　课业之余，林彦廷刻苦学习篆刻、诗词，还写得一手好字，族中亲戚和村里人在逢年过节或婚丧嫁娶时会请他写门联、掌文书，他以此挣得微薄的润笔贴补家用。

　　1926 年年初，一位新加坡华侨回乡探亲并向林彦廷的堂祖父求字给南洋的店铺作匾额。堂祖父以老迈为由，推荐林彦廷代书，结果深得南洋华侨的喜爱。这位华侨跟林彦廷一番倾谈，更觉得后生可造，便提议林彦廷随他到南洋，襄助他经商，但林彦廷志不在此，说自己想读大学，做一个有益于社会的栋梁之材。这位南洋华侨对林彦廷更是另眼相看，便慷慨解囊，资助他 50 块大洋。

　　有了这笔资助，林彦廷求学深造的理想有了实现的可能。他收拾行囊，负笈北上，奔赴当时作为政治文化中心的北京。林彦廷于 1927 年考取了国立北京农业大学农业化学系，入学不久，学校改名为国立北平大学农学院。[①]

　　林彦廷是一个有理想、有抱负的青年。当时很多亲友都劝他学医，但他觉得中国农业落后，看到母亲终日在田里辛苦劳作却收入微薄，农村既没肥料又无机械，所以他毅然选择农业化学系，希望可以改变家乡农业的面貌。远赴北京完成大学四年学业，50 块大洋显然不够。据林超然回忆，由于经济拮据，林彦廷大学二年级时不得不返乡教书补贴家用，攒够了钱才继续北上求学。前后历时六七年，林彦廷于 1933 年夏毕业。[②] 求学期间的 1929 年，林彦廷迎娶了邻村的龙碧颜。1930 年，长子林超然出生；1934 年，次子林浩然出生。

---

　　① 1905 年，作为京师大学堂八个分科大学之一的农科大学开始筹建。1914 年 2 月，农科大学独立，改组为国立北京农业专门学校。1923 年 3 月，北京农业专门学校改为国立北京农业大学。1928 年，国立北京农业大学改为国立北平大学农学院。

　　② 林超然提供政审材料，231–007–1–5–6，第 2 页。存于中山大学人事档案处。

大学毕业后，林彦廷为方便照顾家庭回到海口中学任教。不久，经文昌同乡陈策[①]和林廷华[②]介绍，林彦廷转至广东建设厅琼崖实业局任技士。当时正值陈济棠主粤时期，广东工农业、经贸、文教事业进入快速发展阶段，开发海南岛也列入陈济棠当局的经济发展计划，并引发了海南岛开发调查史上的一次新高潮，涉及海南农艺、土壤、水利、森林、渔盐、工商、畜牧、昆虫等方面的详细情况，林彦廷便参与了这项工作。1933年10月，由时任琼崖实业局局长的朱赤霓创办、西江乡师校董简清吾主编的《琼崖实业月刊》（1936年改名为《琼崖实业》）创刊发行。该刊主要以介绍海南岛的资源和开发计划为目的，也注重联系海外侨胞，以此吸引外资和技术发展实业。据《琼崖实业月刊》中该局工作报告表的记载，可以略窥林彦廷当年的工作情形：[③]

　　　　1933年9月，委派技士林彦廷着手调查琼崖农产制造品之种类、数量及制造方法，以为改良之根据；
　　　　11月，以琼崖各地花生油仍用旧法榨取，量少质劣，派出技士林彦廷着手调查改良，并拟计划机榨生油办法。

　　1934年，广东省政府再度组织琼崖视察团调研海南岛经济，林彦廷与胡继贤、朱志沧、朱赤霓、林崇真、吴节性等一起实地调研，并参与撰写《琼崖视察团经济组调查报告书》中有关矿业、工业、土壤水利三部分报

────────────────

①　陈策（1893—1949），字筹硕。海南省文昌县会文镇沙港村人。早年加入同盟会，参加辛亥革命。1911年肄业于广东海军学校。1920年任广东航政局长，广东海防司令。日寇入侵时，曾以改良之虎门沙角炮台巨炮重创日舰廿九丸；1941年领导协防香港，以作战勇敢、协助英军抗日有功，英廷赐予爵士衔及K.B.E勋章。1949年任广州绥靖公署副主任、国民党中央执行委员。同年8月30日病逝于广州。
②　林廷华（1892—1966），字裕吾。文昌抱罗镇丰家村人。早年毕业于保定军校第6期。1937年毕业于中央陆军大学。1938年，任第64军参谋长，在陇海及南浔线抗日。1939年任158师少将师长，指挥银涩坳、良口、粤北战役均获大捷，升任国民党六十五军中将副军长兼第七战区干部训练团教育长，曲江、仁化、乳源守备司令。战后任国民党第九军官总队长，后调任国民党国防部中将部员，派广州绥靖公署服务。1949年12月1日起义。
③　向征：《民国时期海南岛农业调查报告研究》，华南农业大学硕士学位论文，2016年，第13-14页。

告。该报告书包括琼崖的农业、树胶、林业、土壤水利、工业、矿业、渔业、盐业和商港，每类均附有各地的详细调查表，成为此后海南开发的重要依据和海南开发史的重要文献。

图 1-2 《琼崖视察团经济组调查报告书》及林彦廷撰写的篇章（广东省立中山图书馆供图）

《琼崖视察团经济组调查报告书》共 6 册，除概论外，共计 9 份报告，其中林彦廷署名的有 3 份：（五）考察琼崖土壤水利情形报告；（六）琼崖工业调查报告；（七）琼崖矿业调查报告。与所学专业对口，旨在开发家乡的工作给了林彦廷一个难得的机会，使其得以展露专业才干，并为此后从事农垦和化学教学工作奠定了基础；这份工作也为家中老小提供了生活来源。

抗日战争爆发前海南开发准备工作至此宣告结束。不久，经同乡林少波介绍，林彦廷转至广西玉林的六万山垦殖区工作。①

六万山地处玉林县西，原为玉林、博白、兴业、合浦四县共辖，山高林密，山脉绵亘百余里。时有玉林、兴业地方人士倡议筹设六万山垦殖区，开发山区资源，既有利于国计民生，又可杜绝当地匪患。事为广西省政府采纳，六万山垦殖区于民国二十二年（1933 年）成立，广西省政府简派陈锡珑②为区长，兼任玉林、博白、兴业、合浦四县治安主任，由此开

---

① 林超然提供政审材料，231-007-1-5-6，第 2 页。存于中山大学人事档案处。
② 罗本武：陈锡珑传略，见：广西玉林市政协文史学习委员会编：《玉林文史》第 9 辑，玉林市政协委员会办公室自印本，2013 年，第 2-8 页。

始了六万山垦殖，并兴办文教卫生事业。① 林彦廷就是在这样的背景下由海口转至玉林工作的。

此时，林浩然两岁，跟随母亲、兄长留在家乡生活。凭借幼时留在记忆中依稀的片段和后来兄长的转述，林浩然对故乡的生活一直保留了深刻而鲜明的印象，并在以后的人生中不断回味。

林浩然出生前，有一个姐姐不幸夭折。因为林家三代单传，林浩然的出生，祖母是最高兴的人了。满月的时候，祖母隆重庆祝，还特意在祖屋旁为林浩然种上两棵椰树。在文昌，椰树是衣食所寄、宝贵财产，孩子长大后，椰树已开花结果，椰子就可以养育他了。

按当地的习俗，孩子1岁时要让孩子"兑岁"，即"抓周"。林家也不例外，林浩然一周岁时，刚会爬行的他，不慌不忙地围着装满各种东西的托盘转，他好像总拿不定主意，手伸了几次都不拿东西，祖母只好装着要把托盘拿走的样子，林浩然才急急忙忙地抓了一支笔。在大人们的欢呼声中，托盘被拿走了，小浩然却被吓哭了。

幼年时，林浩然个子瘦小、体弱多病。他曾患一种眼病，眼内长了一层白翳。20世纪30年代的农村缺医少药，林浩然的母亲听人说用舌头舔眼睛可以治好，于是每天用舌头舔林浩然的眼睛许多次，坚持不懈了半年之久，林浩然眼内的那层白翳神奇地消失了！与其说是偏方治好了眼疾，不如说是林浩然母亲的慈爱和毅力治好的。母亲认准了的事情就会坚决去做，这种性格也影响着儿子。

随祖母及母亲在家乡的生活是自由而快乐的。白天祖母和母亲到田里耕作的时候，就把兄弟俩带到田边玩。他们摘野花、捉草蜢、追蝴蝶、看蚂蚁搬家……玩累了，就躺在树下草地上美美地睡一觉。林浩然至今仍记得故乡的童趣，他在那些童年的"玩具"中开始认识自然，热爱生命。

林浩然最难以忘怀的，是过年时家乡吃的文昌鸡和鸡油饭团。文昌鸡个头很大，往往是几家人合伙杀一只鸡，分成若干份，每家分一份，下次轮到邻家杀鸡，大家还照此办理。鸡油用于煮饭，就是闻名遐迩的海南鸡饭。当

---

① 张巧玲，关敦仁等：陈锡琮在六万大山，见：玉林市政协委员会办公室编：《玉林市文史资料》第15辑。玉林市政协委员会办公室自印本，1988年，第81-82页。

鸡煮熟斩开后，砧板上沾满了鸡油鸡肉，祖母就会将米饭在砧板上做成饭团，给孙儿们吃，小时候的林浩然和哥哥都觉得这就是人间最美味的食物了。

海南的另一种美食是用糯米粉做成的粿，以椰丝、花生、糖作馅，用蕉叶包着，蒸熟了吃，非常香滑柔软。林浩然也特别爱吃这种粿。人们常说，童年的味觉最敏感、最难忘，林浩然对此感触良深。这些饮食习惯，不仅带有家乡的记忆，更多是对祖母和母亲的思念，对家乡的温馨回忆。①

逃离海南岛

林浩然在故乡海南幸福而平静的生活被日寇的铁蹄踏碎，1939 年 1 月 13 日，日军决定进攻海南岛。② 2 月 10 日凌晨 3 时，日军在海口市西郊 16 公里的秀英天尾港登陆，随即分兵两路，一路经长流、施茶、永兴向府城进犯；一路从天尾、长流直指海口。半天之内，海口市区、府城相继沦陷。10—12 日，另两支日军为策应侵犯海口的部队作战，分别从澄迈湾和儋县新英港、新兴附近登陆，侵占临高、福山、儋州、澄迈等地。14 日，日军占领三亚。随后，日军以海口、三亚、崖城为据点，分别从南、东、北三个方向，进攻东南沿海及内陆地区，形成南北夹击之势。2 月 22 日，林浩然一家所在的文昌县城沦陷。日军在短时间内鲸吞了整个琼岛，开始了对海南岛长达 6 年多的殖民统治和疯狂掠夺。在日军占领海南岛期间，岛内经济发展受到重创，经济和生产活动停顿，对内、对外的贸易中断。日军不时下乡烧杀抢掠，给海南人民造成极大的损失。每次日军来袭，母亲就把林浩然兄弟放在箩筐里，用扁担挑着逃入山林。因日军担心遭到埋

---

① 林浩然访谈，广东广州，2017 年 6 月 20 日。资料存于采集工程数据库。

② 李科洲：蒋介石评价日军侵略海南岛：太平洋上之九一八，《海南日报》，2010 年 3 月 5 日。

伏不敢贸然上山，就用机枪对山林疯狂扫射。有几次，母亲和乡亲们刚钻入山林，就听到机枪在身后叭叭乱响。

得知海南沦陷，远在广西的林彦廷忧心忡忡。当时南洋的亲友也劝他携妻儿去南洋避难，但林彦廷有自己的抱负，不愿离开战火纷飞的祖国，也不愿抛弃自己的专业。此时，他在广西垦殖署担任技佐，在六万山垦殖区领导当地村民开垦农田，教村民种植当地未曾种过的作物，如玉米、马铃薯、大豆、甘蔗等，取得了一些成绩，受到当地人的欢迎，这让林彦廷感到能为饱受磨难的祖国和同胞奉献一点力量，他想继续留在这片土地上。

为使家人免受日寇袭扰，林彦廷想把全家人都接出来，但老母亲不舍故土；两个儿子逐渐长大，不接出来，教育是个大问题。把妻儿接出海南岛，途中虽然有一定危险，但孩子们能与父母共同生活，对他们的教育和成长有好处。

权衡利害之后，林彦廷最终决定接妻儿转移到广西玉林与他团聚。要通过日军封锁线，比较危险。1939年秋天的一个夜晚，祖孙四人吃了一顿丰盛的晚餐后，林浩然母子三人就与祖母辞别。祖母年纪较大，不愿离开故土，也怕不习惯颠沛流离的生活，坚决不肯一起离开。从此一别，一家四口再也没有机会见到祖母。为了避开日寇，林浩然一家半夜离开村庄，母亲挑着两个箩筐，一头装着林浩然，一头装着简单的行李。哥哥林超然当时已经八岁多，能自己行走，同行的还有同村及邻村的乡亲。母亲曾经缠过足，走起路来很艰难，但她硬着头皮坚持，一步也不敢落下。好心的乡亲有时也会帮忙挑一下，幸好林浩然比较瘦小。几经颠簸到达清澜港附近的小码头，一行人乘坐小帆船横渡琼州海峡。因为要偷越敌人的封锁线，所以走走停停，经两天三夜才到达广州湾。当时，船上挤满了人，不巧的是林浩然此时患了痢疾，痛苦难耐，日夜啼哭。要穿越封锁线时，孩子的哭声容易招来日寇。同船中有人深恐被日军发现，吓他说再哭就把他抛下海。船老大一家心肠很好，见林浩然吃不下随身携带的干粮（海南人在米饭中放点油盐，揉捏成饭团，当作干粮带在路上吃），就把自家做的米汤舀些给林浩然吃，还帮着开解同行的人。一家人在惊险中到达广州湾，由水客安排住在位于赤坎（现湛江市赤坎区）的一家住满难民的简陋旅社中。林浩然的病才开始慢慢好转，总算从死亡线上挺了过来。[1]

几天后，林彦廷从六万山赶到赤坎，看到母子三人瘦骨嶙峋的样子，不禁潸然泪下，随即安排他们搬到条件略好的旅店。广州湾曾是法国的租界，街上有两三层的小洋房，人们穿着也比较洋气，刚从海南出来的母子三人颇感新奇。十余天后，一家人一次次回望浩渺南海中家乡的方向，依依不舍地启程转赴广西玉林。

暂 栖 玉 林

全家辗转至玉林（时称郁林，1956 年改称玉林）时，六万山垦殖区已经初具规模，林彦廷在垦殖区担任农业垦殖方面的技佐。林浩然记得，初到玉林，一家人就暂住在政府设置的六万山垦殖署驻地。父亲先带林浩然检查身体，又买了冬衣及日用品后，全家安顿在垦殖署附近小村子里的一幢独立的房子居住。在这"小洋房"住了半年多，有一天不知何种原因房子竟然坍塌了，差点要了林家四口的命。数十年后，林浩然说起来仍然心有余悸。其实之前，他们就常常听到房顶上发出轻微的响声，出事那天的黄昏，正准备在客厅开饭，摆碗筷时听到房顶上有木头断裂的嘎吱声，林浩然的母亲临时决定改在房子外面的露台上吃晚饭，晚饭还没有吃完，客厅的房顶、天花板竟全塌下来了。幸运的是，全家人毫发无损。当晚，一家人冒险在这栋房子的小房间挨过一晚。第二天，才搬到垦殖署临时腾出的一间房暂住。

最初林浩然兄弟俩不会说玉林话，只好在家自己玩，后来哥哥上了小学，林浩然也被送去村里私塾，很快就学会了当地语言，可以给母亲当翻译了。

在玉林经过一年多的休养，林浩然的身体好多了，但一家人这种平静

---

[1] 林浩然访谈，广东广州，2017 年 6 月 20 日。资料存于采集工程数据库。

而简朴的日子却因日军的逼近再次被打破。1939年11月15日，日军从广西钦州登陆，次日即侵占了防城，第三天占领钦州。11月24日，日军攻占南宁，切断了南镇铁路和南宁至河内的公路。12月21日，龙州失守后，日军曾多次对南宁、龙州等地进行轰炸。林浩然还记得，《民国日报》南宁版曾以"空前浩劫"来报道日军轰炸南宁的惨状。玉林距离南宁不远，已危若累卵。

旷日持久的战争毁灭了林彦廷从事专业工作的理想，恰在此时，林彦廷在广西宜山中央陆军军官学校第四分校任要职的同乡林博寰邀请他到该校任理化教官，他就爽快地答应了，在六万山垦殖区的工作随之结束。

林彦廷前往就职的中央陆军军官学校第四分校，前身为陈济棠主粤时在广州兴办的广东军事政治学校，因设在广州市郊燕塘，时称燕塘军校。

1936年，蒋介石对粤用兵，赶走陈济棠后，旋将燕塘军校改为中央陆军军官学校广州分校，直属于军训部。1937年8月31日，日军第一次轰炸广州。一个月后，该校陆续迁至广东德庆、罗定，实行分驻教育，校部设在粤桂交界的德庆。1938年夏，奉令改为中央陆军军官学校第四分校。同年10月21日广州沦陷后，第四分校迁至广西宜山。1940年年初，该校再迁至贵州独山，各学生总队分驻于鸡场（今基长乡）附近的三合、大河、土坝、四方井等处。暂别家人独自来到宜山就职的林彦廷参与了这次迁校。

第四分校迁往独山时，共有第十五、十六、十七期学生和教职员、勤杂共1.5万余人。第四分校找好临时安顿的场地后，立即组织全校官生修建校舍，经过两个月的紧张施工，在独山近郊的铜鼓井建成办公楼一幢，会议室、饭堂、宿舍十余间；各总队也分别建设队部、讲堂、图书馆、宿舍、饭厅等，并开辟公路以利交通。1940年年底，林浩然跟随母亲来到该校，与父亲团聚。从玉林到贵州独山都是山地，林浩然一家一路上坐汽车，换乘轮船，再坐车，终于平安抵达独山，旅途还算较顺利。林浩然记得，母亲那时已身怀六甲，一路颠簸到独山后就早产了，妹妹因此夭折。[1]

---

① 林浩然访谈，广东广州，2017年6月20日。资料存于采集工程数据库。

独山开蒙

图 1-3　在"黔南事变"中被日军烧毁前的独山过街楼

独山位于黔桂两省交界处，是贵州的"南大门"，上通滇蜀，下达粤桂，是贵州通往华东、华南、港澳的必经之地，现隶属于黔东南布依族苗族自治州。独山城位于县境偏北的平坝上，独山气候温和，四季分明，冬无严寒，夏无酷暑，气候宜人。①

独山是一座文化古城，明万历年间（1577 年），知州欧阳辉以土筑城，卫护州衙；清乾隆十三年（1748 年），云贵制军张广泗准改建石城，次年竣工。石城墙周长 816 丈，高 1.4 丈，建有善长门、次东门、嘉会门、义和门、次西门、固城门共 6 个城门。城中心十字过街处修有一座钟鼓楼，俗称过街楼，仿汉口黄鹤楼形制修造，雕花彩漆，巍然屹立在城中央。林浩然在独山时此楼尚在，"黔南事变"中毁于日军之手，而今仅能从老照片中窥见昔日风貌。②

家人到独山前，林彦廷已在独山城里一个大户人家那里租好了房子。

---

① 王维儒：贵州南大门——独山城。见：黔南州政协文史资料研究委员会编：《黔南文史资料选辑》（第 11 辑　黔南名镇专辑），黔南州政协文史资料研究委员会自印本，1994 年，第 2 页。

② 同①，第 3-5 页。

林浩然记得，房子是有好几进的大院落，他们家租用了其中一进院落，林浩然一家在这里生活了五年。初到四分校时，林彦廷是少校理化教官，主要讲授防毒面具、炸药的理化原理。几年后在离开独山前，林彦廷已升至中校教官；此外，他还要到军校附设的中正中学做兼职教师，所挣的微薄收入仅够养家糊口。

在独山生活的五年多时间，尽管日子平淡而清贫，但也是林浩然一家人朝夕相处、难得的平静岁月。

四分校的教官及职员子弟渐多，校方与独山地方当局磋商，将子弟小学与县里的中正小学合并，增加的学额部分由四分校资助。中正小学位于独山县城，因为是四分校的附设小学，所以师资力量等方面较好，林浩然入读了这所学校。哥哥在父亲林彦廷兼职的中正中学读初中，他每天中午回家吃饭后，还要负责给父亲送饭。四分校位于独山城外的铜鼓井，林彦廷在四分校上完课，要赶往中正中学做兼职，来不及回家吃饭，可见当时的生活是很艰苦的。

尽管抗战时辗转多地、累次搬迁，但每到一地，父亲林彦廷要做的头等大事就是找工作和给两个孩子找读书的学校。因此，林浩然自幼就知道读书是一件头等重要的事。有时候，为了进入有空缺的班级，常常需要跳级。林浩然那时年纪尚小，难免贪玩，有几次干脆抄了别人的作业一交了事。父亲知道后，没有打骂他，只是带着兄弟俩去体验更多生活的艰辛。父亲的教育给林浩然留下深刻印象，从此不再应付老师。在广西玉林时，林浩然并未在正规小学读过书。到独山后，直接入读中正小学二年级，因此除了完成新学的课程，还要补习一年级落下的功课。回家后靠父、兄辅导，晚上在昏暗的桐油灯下苦读到深夜，经过一段时间的艰苦学习，总算跟上班级的步伐。林浩然从此明白了学习是没有捷径可走的，只有勤奋和坚持不懈才能成功，这也成为他践行一生的信念。

林浩然回忆，当年中正小学不断有插班生来，也不断有同学随家人转学离开。"插班生有时会带新鲜的玩具，我们很羡慕，弹子都是玻璃的，甚至是金属的，我们自己是拿泥巴来做的。有时一下子就来了几个新同

图 1-4　1944 年在独山读小学时的林浩然（林浩然供图）

学，但是过了半年，他们又走了。"①

林浩然晚上做功课时，妈妈在一旁缝补衣裳、纳鞋底，家里人穿的所有衣服鞋袜，都是母亲亲手做的。

林浩然小时候是个左撇子，握筷子、握笔时用左手。那个时代，父母是不允许孩子们用左手自由发展的，林浩然父母亦不例外，会用筷子打手、用笔敲头，强迫他改用右手。结果适得其反，林浩然至今仍不会正确使用筷子。林浩然努力练字，甚至花更多时间写毛笔字、钢笔字，他在内心深处希望自己像哥哥一样写一手漂亮的字！不过，这种严格要求却造成了他寡言少语的性格和少年时代的自卑心理。

黔桂铁路恰在此时修到了独山，大批工程技术人员涌入独山。林浩然记得：

这些工程技术人员中有我父亲的朋友，所以我们小学放学以后经常去玩，去看修铁路，看工人们铺铁轨。就是好奇，以前没有见过火车，没有见过铁路。我记得当时铺铁轨用很大的螺钉、铆钉，我们有时候还把废弃的捡回来当锤子用。

1943—1944 年，铁路修好了，一队一队的美军不时路过。我们也跟着去看美军士兵玩棒球。他们都是吃罐头，绿色油漆的罐头盒到处丢。②

1944 年下半年，随着战事的逼近，林浩然也看到国民党军队沿铁路线内撤。

---

① 林浩然访谈，广东广州，2017 年 6 月 20 日。资料存于采集工程数据库。

② 同①。

有时候突然一大批的伤员就撤退来了，到处征用民房安置伤兵。结果我们家门口的院子里全部住满伤兵，各种各样的伤兵。[①]

日军对独山的空袭日渐频繁。为躲避日军的狂轰滥炸，大家经常要躲进防空洞，在防空洞待多长时间无法预料，林彦廷要求孩子们每次都带上书包，以便在防空洞里继续学习。防空洞里的环境极差，人声嘈杂，空气憋闷。父亲训练他们在这样的环境里学习，锻炼了他们专注而不受外界干扰的性格，使他们终身受益。后来林浩然在遇到人生逆境时，仍可以执着于自己的事业。

亲历"黔南事变"

1944年，林浩然在独山已度过四个年头，书包里的课本也从二年级换成了五年级的。这一年中国战场的战略态势是"东守西攻"，因而在滇缅战场的40万精锐中国远征军的反攻备受重视，进展也较为顺利。日军发动"一号作战"，意图打通大陆交通线，以援救其入侵东南亚的孤军，并摧毁美军在豫湘桂的空军基地。4—11月，虽经中国军队的顽强抵抗，包括苦战47天的衡阳保卫战，郑州、长沙、衡阳、桂林、南宁等要点先后落入敌手，并造成西南大后方的一片混乱。

"黔南事变"就是在这样的背景下发生的。1944年9月，日军从湖南、广东两面向广西进攻。其中一路，沿湘桂铁路南下，攻占全县（今全州县）。另一路，从三水、四会沿西江两岸西进，占领怀集、梧州。另一个独立旅团则从雷州半岛出发，占领容县。日军两支部队攻占平南及丹竹机场后，对桂柳地区形成南北夹攻之势。10月下旬，日军先后攻占武宣、来宾、柳城，攻陷柳州，同时占领桂林郊区。12月10日，日军沿邕（宁）

---

① 林浩然访谈，广东广州，2017年6月20日。资料存于采集工程数据库。

龙（州）公路南下与经越南北上的部队在绥禄会合。至此，日军打通了从中国到越南的交通线。

进入 11 月，黔桂公路上逃难的人流与溃兵络绎于途，地方震动。蒋介石急命成立都（匀）独（山）警备司令部，任命韩汉英为警备司令，都匀炮兵学校教育长史文桂为副司令。韩汉英受命后，一面将四分校的学生总队及练习团编成一军，韩潮为参谋长，开赴黔桂边境；一面维持地方秩序。

11 月 28 日，独山地方各机关纷纷后撤。韩汉英亦下令四分校官生及眷属于当夜撤离。地方官民见状，亦加入撤离的人流，秩序出现混乱。"多数职教员，是背着儿女，带着仅能携带的棉被，艰难步行，有些因不肯丢弃行李，或因路费无着，或年老多病而暂时躲在附城乡间，有的竟被敌匪全家杀害，如徐义达、黄白、李翔龙等皆全家老幼被屠杀。"①

12 月 1 日，四分校留守人员亦奉令撤退。张振镛等回忆，"是日逃出独山的汽车，大小不下百数部，摆了长蛇阵，行了一日，还走不到二十里，有些木炭汽车机件坏了，阻碍后车不能前进，即被推入路旁深坑。我们或上车，或下车行路，不下数十次之多，夜间在路上不断闻爆炸声，直至离独山三十余里，汽车才能加速前进，回顾独山方向，已火光烛天，这当然是张发奎、韩汉英奉蒋介石命烧毁独山了。"②

日军进至城郊北虎坡一带，搜索前进。国民党军当时逃走不及者，多被枪杀。"城北至深河二十里中尸体触目皆是。又因深河桥被炸坏，汽车遇阻不能行，被烧毁者数百辆。遗弃的枪弹及公私财物，遍野皆是。"③

12 月 3 日，李朱寨敌军四出搜索，触发寨侧山洞中旧藏炸药，死伤敌兵数十人，居民亦死伤百余人。敌军疑为中国军队预设，是夜即分途撤退。4 日，日军全部原路撤走，城内杳无一人，地方自卫团入城维持秩

---

① 张振镛，龚志銮，等：记军四分校的播迁与解散。见：中国人民政治协商会议广东省广州市文史资料研究委员会：《广州文史资料》第 10 辑，中国人民政治协商会议广东省广州市文史资料研究委员会自印本，1963 年，第 47 页。

② 同①。

③ 蒙明儒，邓善渠，万大章，等：抗日战争中的"黔南事变"。见：中国人民政治协商会议贵州省委员会文史资料研究委员会：《贵州文史资料选辑》第 1 辑。贵阳：贵州人民出版社，1980 年，第 167 页。

序。①"黔南事变"至此告一段落。

四分校原定12月9日赴黔西暂避，已有一些眷属先行。当日下午3时，接到何应钦自马场坪来电，谎称已将日军击退，准备返独山复课。10日，贵阳报纸也用大号字登出"击灭日军克复独山"。

日军撤出之时，何应钦由贵阳急赴平越县（今贵州省福泉县）马场坪，此时前方溃军不明就里仍在纷纷后退，身兼军训部部长的何应钦认为四分校学生亦有参与，于是电令四分校返回独山，旋得蒋介石令，将该校裁撤。②全校师生开赴湄潭县候命。教职员苦撑待变，许多家眷迫于生计，在湄潭沿街摆卖衣物，以维持生计。几个月后，重庆政府派陈永立到湄潭，组织军官大队，收容军职人员。文职人员，只发给一个月"恩饷"了

图1-5 林浩然、林超然曾借读的贵州省平越县立中学旧影

----

① 张振铺，龚志銮，等：记军四分校的播迁与解散。见：中国人民政治协商会议广东省广州市文史资料研究委员会：《广州文史资料》第10辑，中国人民政治协商会议广东省广州市文史资料研究委员会自印本，1963年，第168页。

② 同①，第171页。

事，这批文职人员只有另谋出路。到 1945 年底，韩汉英被任为第四军官总队总队长，其他官长也分别任用。第四分校至此名实全消。①

在这场变乱中，林浩然一家随教官家眷一起转移。"因为我父亲是军校的，他组织了一些农民挑夫帮我们收拾行李，由独山步行到都匀，走了四天四夜，这段路的的确确难走，大队的难民拥挤不堪，路上都是人……"一路上，全家随人流步行，晚上借宿在别人的牛棚里。到了都匀，好不容易遇到一辆拉军校学员的军车，全家人在车上颠簸了一两天才到贵阳。② 途中，家人的行李被人卷走，母亲也曾一度走失，父子三人几近绝望。幸而母亲凭着坚韧刚毅、永不服输的性格，沿着车行方向前行，才免于亲人离散。

到贵阳好不容易找地方住下，湘、桂、黔三省逃难的人挤满了贵阳。此时，林彦廷听说四分校已奉令解散了，万般无奈，他只好设法另找工作。打听到平越县立中学有一个教员的职位，在贵阳住了半个月左右，林彦廷带全家辗转至平越县，一则有薪水养家，二则保证两个儿子继续读书。林浩然从五年级跳级读初一，哥哥读初三。两人结伴上学，生活倒也简单。哥哥偶然拾到一本书，内有介绍做毛发湿度计的方法，两人依样画葫芦做了一个，做完后天天盼下雨，检验自制湿度计灵不灵。自己动手做"实验"带来的快乐，林浩然至今仍有印象。

父亲有一次打了一只麻鹰回来打牙祭，用麻鹰的皮毛做了标本。林浩然跟着拿麻鹰标本的父亲走在路上，后面跟着一群看热闹的小朋友，觉得这父子俩好神气。长大后，林浩然选读生物学系，得偿所愿。

1945 年 2—7 月，林浩然一家在平越度过了半年平静的时光。那是个安详静谧的小山城，赶集时会遇到许多穿着民族服装的苗族、布依族村民。当年贵州的基础教育因高校内迁得到较快发展，平越县立中学也得益于曾迁至此地的国立交通大学唐山工程学院的帮助，教学和管理水平很

---

① 张振镛，龚志銮，等：记军四分校的播迁与解散。见：中国人民政治协商会议广东省广州市文史资料研究委员会，《广州文史资料》第 10 辑。中国人民政治协商会议广东省广州市文史资料研究委员会，1963 年，第 51 页。

② 林浩然访谈，广东广州，2017 年 6 月 20 日。资料存于采集工程数据库。

高。期间，林彦廷辗转经同乡林英介绍，得到去中央警官学校任理化教官的机会。

8月初，林彦廷辞去平越县立中学的教职，全家人经贵阳转往重庆。林浩然清楚地记得：[①]

那时候很有意思，汽车是要烧炭产生动力。走半道上，司机要下来摇，摇了才有动力，下坡又要摇。从贵阳到重庆是山路，上下坡度很大，车外就是万丈悬崖。就这样走了两三天。

1945年8月，快到重庆的时候，路上听到大家很高兴，到处放鞭炮、欢呼，报童高喊"号外！号外！日本人投降了！"我们也很高兴！

图1-6 日本投降当日的《大公报》

从重庆到南京

一到重庆，林彦廷就设法安排林超然到重庆附近的綦江华侨中学借读，当时林浩然刚过10岁，送寄宿制学校不太放心，就近的学校又不合适，只好在家自学。最初的十几天没找到住处，林浩然暂住在国府路（今人民路）上父亲的孙姓同学家中，斜对面不远处就是蒋介石的临时政府。

在此期间，母亲联系到胞弟龙家浩，此后一家人就借宿在龙家浩在重

---

① 林浩然访谈，广东广州，2017年6月20日。资料存于采集工程数据库。

庆化龙桥的家里，龙家浩那时在国民政府资源委员会担任工程师。中央警官学校当时在重庆南岸区弹子石童家花园，要坐渡船过江。林浩然去过一次当时中央警官学校的理化实验室，父亲的住处很简陋，就在实验室旁边一个小房间。

抗战刚胜利的几个月里，人们都扬眉吐气，兴致很高。周末的时候，舅父龙家浩就带着家人和林浩然到重庆周围转一转，有时还会看场电影。

林浩然一直没有找到合适的学校读书，当时在家自修。父兄都不在身边，林浩然缺乏指导和督促，只好读小说、医书解闷。这闲暇的半年，他看了许多部小说，既有《封神榜》《西游记》《三国演义》之类的传统小说，也有《阿Q正传》《呐喊》《家》《春》《秋》《福尔摩斯探案》等当代作品。初看时是盲目追求故事情节，囫囵吞枣，但渐渐地受到书中人物的影响，精神受到鼓舞，希望将来也能成为作家或记者。于是，林浩然开始每天写日记，最初的日记都是流水账，每日起床、洗脸、刷牙都记一笔，过后自己看都觉得单调乏味，再看书才留心作家们对景物、人物、心境的描写，自己也慢慢学着记叙更多、更有趣的事。这种写日记的习惯一直坚持到"文化大革命"（以下简称"文革"）爆发。十余年写作的锻炼，对日后工作中撰写各种材料、论文大有裨益。

1946年2月5日，蒋介石宣布国民政府计划在5月前还都南京。先是政府机关回迁，不久中央警官学校也奉令复员南京。5月5日，国民政府还都南京，重庆作为战时首都的历史使命随之结束。

当年的交通远不及今天方便，从重庆去南京，水路主要靠江轮，半年内的船票早就订完了。林彦廷考虑再三，决定选择陆路——当时学校发给教员一笔复员费，交通工具自行选择。

1946年3月下旬，全家收拾好行李，登上装货物的大卡车，离开了居住不足一年的重庆。从重庆经成都到广元，在旅店等了几天，买到去陕西宝鸡的车票后，父亲带他们参观广元和因武则天出生于广元而得名的皇泽寺。经宝鸡抵达西安后，稍事休整，领略了古都西安的风貌，全家人再转乘火车，一路东行。到开封时，林浩然得了重感冒、发高烧，全家不得不住店休息，待林浩然痊愈才继续行程，经徐州到南京。

这趟长途旅行历经20多天，横贯四川、陕西、河南、江苏四省，把全家人累得够呛，兄弟俩一路上也长了不少见识。父亲林彦廷是一个国学基础较好的文化人，历史知识也很丰富，旅途中每经一座古城，他都给兄弟俩讲有关的历史典故，因此在漫长的旅途中，兄弟俩不但没感到寂寞无聊，反而增加了对历史典故的感性认识，加深了对中华民族丰富历史文化的了解。

1946年3月，林彦廷一家抵达南京。由于政府机关和大批机关人员涌进南京，市区的

图1-7　寓居南京时期林家合影（左一为林浩然，林浩然供图）

住房非常紧缺，一家人最初只能租住在太平路的亚洲旅店。初到南京时，战争的痕迹随处可见，被炸房屋的残垣断壁，马路上炸弹留下的坑坑洼洼，都未来得及修整。

初到南京的日子是快乐的，空气中弥漫着和平的气息。林浩然兄弟俩喜欢跑到长江边玩儿，宽阔的长江里往来的大轮船比重庆多，挂着各色国旗，使他们产生无限遐想，这些船要到哪里去？外面的世界又是怎样的？他们也很想有一天能乘船到国外看一看。哥哥有时会带林浩然看美国电影，林浩然心中探求外面世界的愿望更强烈了，这愿望也变成了他学习英语的动力。因为住处邻近夫子庙，他们也常去逛夫子庙，看秦淮河畔的人文景观，感受六朝古都的繁华与热闹。

到南京不久就赶上春季开学的日子，林浩然兄弟俩都入读中华南路的南京市立第一中学，这也是兄弟俩最后一次就读同一所学校。不久，林家搬到白下路124号一栋小木楼，上学很方便，走十分钟就到了。

图 1-8 1946 年复校后重建的南京市立第一中学校门
（南京市立第一中学综合档案科供图）

南京市立第一中学坐落在秦淮河畔，校址原为清代江宁府衙。1907 年（清光绪三十三年），邑绅就府署旧舍创设崇文学堂，是为建校之始。1910 年，思益学校并入，改称江宁县公立二等小学。1927 年 8 月，李清悚校长于崇文校址创办首都中区实验学校，1933 年改称南京市立第一中学。① 此后数年间，李清悚组建了强大的教师队伍，形成了严谨活泼的校风，教育教学质量较高，"要用功，进一中"成为当时南京市民的共识。该校毕业生中有吴良镛、尹文英等 11 位中国科学院院士，李泽椿、林浩然 2 位中国工程院院士。

1937 年抗战爆发，部分师生西迁，李清悚在著名民族企业家卢作孚的帮助下，择重庆合川和北碚两处，与苏、浙、皖入蜀师生联合组成四川临时中学，后改称国立第二中学。1945 年年底，该校于南京原址复校，推行"真教育"，主张"寓严于爱""做人重于为学"。1946 年，经李清悚推荐，陈重寅任该校校长，直至 1949 年初。

---

① 李清悚：我与南京市立第一中学。见：中国人民政治协商会议江苏省暨南京市委员会文史资料研究委员会：《江苏文史资料选辑》第 3 辑，中国人民政治协商会议江苏省暨南京市委员会文史资料研究委员会自印本，1964 年，第 177-199 页。

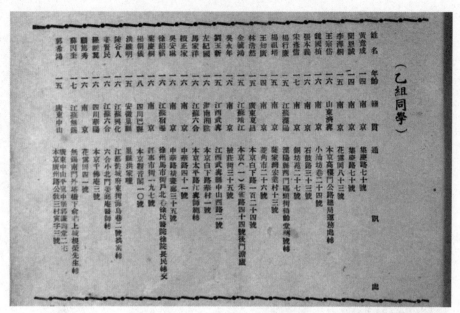

图1-9 《南京市立第一中学初中第十四届毕业同学通讯录》（林浩然右起十一，
南京市立第一中学综合档案科供图）

　　林浩然就读该校时正是陈重寅任校长时期。陈重寅早年追随黄炎培组
建江苏教育会、中华职业教育会，推广职业教育，深受黄炎培、陶行知教
育思想的影响。抗战前在该校任教育长多年，深得李清悚校长办学理念的
影响。

　　每周一的早上，全校师生都在操场开晨会，陈重寅校长要总结上周学
校的纪律、学风。林浩然印象最深刻的是陈校长讲述孙中山总理遗嘱中
"自由、平等"的理念。陈校长将"五育"的次序改为"体、德、智、群、
美"，提出"体育是根本"，把"营养、锻炼、卫生、医药、娱乐"包括在
体育之内。学校设置了国文、英文、数学、历史、地理、生物、物理、化
学、动植物、卫生生理等课程，并安排有"劳作"课，包含手工编结、园
艺、裁剪、烹饪、石膏塑模、瓦竹金石雕刻等内容。话剧队、国乐队、田
径球类活动、学科竞赛活动颇受师生欢迎。每年春秋两季，学校还组织学
生到南京的名胜踏青或郊游，林浩然先后去过鸡鸣寺、燕子矶、中山陵、
镇江。

学校的教学工作搞得有声有色，1945 年在南京复校后，除了南京市立第一中学的老教师外，还聘请吴正维、唐圭璋等，以及该校毕业生夏祖炎、冯钟阳、涂世泽、沈超等名师。此外，学校还邀请文化名流如任中敏、卢冀野、高二适等为学生开讲座。该校的办学理念和卓越的办学成效曾引起各方关注，联合国教科文组织代表和澳大利亚教育部代表都曾到校参访。

陈重寅校长　　　　夏祖炎先生　　　　冯钟阳先生　　　　涂世泽先生
（1946—1948 年任职）

图 1-10　陈重寅校长及当年教师夏祖炎、冯钟阳、涂世泽（南京市立第一中学综合档案科供图）

说起南京市立第一中学，林浩然颇有感触："我接受正规基础教育就是这三年。"[1] 从初一下学期到高一上学期，在南京市立第一中学的近三年，奠定了林浩然知识结构中重要的部分，为他以后从事科学研究打下了基础。这段时间，学习环境稳定，学习的知识比较系统。林浩然的学习也由童年时的被动变为主动、自觉，因此学习成绩一直名列前茅。

有一次，博物课老师让大家在假期做生物标本，许多同学都是捕捉蝴蝶或甲虫烘干而成，既简单又美丽。林浩然因怀疑书上说的"青蛙有许多骨头"，而想做一个青蛙骨骼标本来检验课本上的对错。最初制作标本不是肉扯不下来就是扯断了骨头，以至于总是制作失败。有一天吃鱼时，林浩然突然发现煮熟的鱼肉和骨头很容易分离，于是想用这种方法剥离青蛙的骨肉。他央求妈妈到街市上买只青蛙，煮熟后慢慢去皮除肉，用缝衣针按原来的结构把骨头固定在纸盒上，最终做成了一个完整的青

---

① 林浩然访谈，广东广州，2017 年 6 月 20 日。资料存于采集工程数据库。

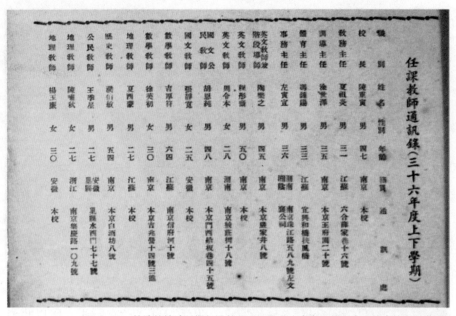

图 1-11　林浩然就读时期任课教师通讯录（南京市立第一中学综合档案科供图）

职别	姓名	性别	年龄	籍贯	通讯处
校长	陈兼善	男	四七	南京	本校
教务主任	夏祖灵	男	三一	江苏	六合薛家伦十六号
训育主任	徐世泽	男	三五	南京	本京王府园二十号
事务主任	左宾宜	男	三六	江苏	宜兴和桥长凤桥
体育主任	冯锡绲	男	三三	湖南	湘阴莲公祠
英文教师	陶梨之	男	四五	南京	本京桑家井八号
英文教师	程彤森	男	五〇	南京	本校
英文教师兼段段塔	周合本	女	二八	湖南	南京晓庄板桥巷十八号
民国文公	胡恩荔	男	四八	南京	本京门西船板巷四十五号
国文教师	孙静宽	女	二五	安徽	本校
数学教师	吉厚祥	男	六四	江苏	南京信府河十号
数学教师	徐英初	女	三〇	南京	本京吉兆营十四号之二进
地理教师	夏西蒙	男	二七	江苏	本校
历史教师	梁伯敏	男	五四	南京	本京白酒坊八号
公民教师	王季星	男	二七	安徽	恩屿
地理教师	陈蘭秋	女	二七	浙江	黑睡水西门七十七号
地理教师	杨玉辰	女	三〇	安徽	南京集庆路一〇九号

蛙骨骼标本。交作业时，他诚实地告诉老师，青蛙是妈妈从菜市场买来的，但骨骼标本是自己亲手做的。林浩然制作的标本受到老师的称赞。后来老师把大家的作业展览出来，各式各样的生物标本琳琅满目，林浩然发现生物世界是那么奇异、美丽和丰富多彩，也许他的生物学情结就是从那时开始的吧！

　　1948年6月，林浩然完成初中学业，升入南京市立第一中学的高中部。9月12日开始，中国人民解放军先后发起辽沈战役、淮海战役、平津战役，国民党军队节节败退。国民政府、军政机关纷纷准备南迁广州。中央警官学校也准备迁往广州，父亲要随警校南撤，母亲希望留在南京，为此他们争论不休。林彦廷因为在国民党办的中央警校、军校教书，担心8年的工作经历不见容于新政权，如果留在南京一定会失业，所以决意随中央警官学校撤离。林浩然的母亲只希望全家人不分离，林超然要留在金华等待解放，她担心一家人分开后不知何时才能再团聚，也担心林超然一个人生活无着。林超然当时已接触中共的地下组织，加入了地下学联，所以决定不跟父母走，也劝父母不要跟着国民党走。林彦廷则认为儿子已经可以独立

图 1-12　林浩然初中毕业合照（摄于 1948 年夏，南京市立第一中学综合档案科供图）

图 1-13　林浩然初中毕业证明书（现藏于南京市档案馆）

生活，也会学有所成，所以也没有强求他随家南迁。

林浩然目睹了街对面中央银行的分行挤兑的人群，金圆券贬值，物价飞涨，人心惶惶；历史老师在课堂上的牢骚也越来越多，林浩然对局势的认知更加具体而真切。

一家人反复商议之后，父亲的意见占了上风。林浩然那年只有 14 岁，只能随父母南下。1948 年 11 月，林浩然高一上学期的课尚未结束，随父母踏上迁徙之路，随中央警官学校南下。三人坐军用列车途经上海、金华、南昌、长沙、衡阳，火车停停走走，经十多天才到达目的地——当时国民政府所在地广州。

困顿与抉择

初到广州，林浩然随父母住在一位本家亲戚家里。人地生疏，语言不通，哥哥又远在金华音信全无。当时恰在学期中间，林浩然无处借读，倍感失落。

1949 年 2 月，林浩然考上了位于广州越秀山下应元路的广州市第二中学。该校创建于 1930 年 8 月，校址曾是清代岭南著名的学海堂、菊坡精舍、应元书院的所在地，书香浓郁，闻名遐迩。有书读、可上学，林浩然也开朗许多。这时，全家租住在广州市第二中学附近的德宣路（今东风路）上的一处房子。眼看国民党已穷途末路，父亲决心脱离中央警官学校，费了些周折后，拿了一点遣散费，失业在家。

当时广州的中学授课只用广州话，林浩然听课十分吃力。唯一的办法是先预习，提前一天把第二天要上课的内容先看一遍，第二天老师讲课时就比较容易懂，这样不但学了功课，也慢慢学会了广州话！那时，靠近德宣路的汉民路（今北京路）是广州市最繁华的地段，有很多书店，许多人站着看书，林浩然每天下午放学后，就先去书店看书，直到天黑才回家，只要不耽误晚饭就行，父母还以为他在学校学习。他陆续看了不少中外文学名著，文学修养也提高了不少。离学校不远的中央公园（今人民公园）亦是林浩然课余爱去的地方。

中央公园的报栏上贴有各种报纸，那时他最关心的是报上的时事新闻。从那时起，林浩然就养成了天天看报、关心时事的好习惯，影响一生，以至于 20 世纪五六十年代中山大学举行时事测验时，林浩然经常得满分。

脱离中央警官学校的林彦廷不打算跟随国民党逃往台湾，亦无法回海南教书，于是托朋友在香港中正中学找到一份教职，他便一人先往香港任教。到 8 月学期结束，林浩然才和妈妈一同赴港与父亲团聚。1949 年，内地与香港之间还没有关卡，往来比较方便。大批官员、富商巨贾及民众涌入香港，导致香港的各种费用高得惊人。林浩然和父亲只好在中正中学的实验室暂时栖身，实验室白天上课做实验，晚上父子俩打开铺盖睡觉，早上必须早起收拾铺盖。在清苦的生活中，林浩然养成了整洁、东西摆放条理的习惯。

1949 年 9 月新学期开始后，林浩然转读其父任教的香港中正中学高二年级。中正中学位于落扶林道，附近就是著名的香港大学。傍晚，他常常到香港大学走走，目睹大学生们的生活，心中异常羡慕，希望自己有一天也能成为一个真正的大学生，这也成了他更加勤奋用功的动力。

母亲到香港后，只能在西环与一位同乡女子合租一个床位。父子俩只在周末从中正中学步行至母亲住处，一起吃顿饭共叙天伦。有时三个人会一起去逛逛街，因为物价奇高，逛商店也是只看不买，偶然看一场电影就是最奢侈的消费了。多年来，全家的生活全赖父亲菲薄的薪俸。在时局动荡、物价飞涨的年代，生活的困窘不难想象。幸而母亲是勤俭持家的好手，什么都是亲手做，甚至中山装的领子磨破了，她可以拆洗翻过来再缝好，又是一件新衣裳。当时林彦廷在中学教书，是按课时付酬，收入不高，而香港的生活费极高，房租更非一般人所能承受。无奈之下，林彦廷决定另谋出路。经南洋一位堂侄介绍，林彦廷于 1951 年离开香港，远赴马来西亚一所华侨中学教书。父亲离港后，林浩然就不能继续住在中

图 1-14　1949 年，林浩然与香港同学合影（二排左二为林浩然，林浩然供图）

正中学的实验室，要另觅居所。为了节省开支，减轻家中负担，父亲鼓励只念完高二的林浩然回内地报考大学。受哥哥的影响，林浩然也对新中国充满向往，热切盼望能回内地报考大学，早日学有所成。

1950 年 7 月初，林浩然毅然跟随一些高中应届毕业生回到广州，备考大学。孰料，因为没有高中毕业证书，不但北大、清华等名校不接受报名，连一般的大学也没有报考资格，招生工作人员的冷淡态度也让林浩然很失望。盘桓数日，他只好打道回港。到了中港边界的罗湖桥，港英当局突然关闭边界，只许有香港身份证的人回港，当时罗湖桥内地一侧挤满了无法入港的人群。大家情绪激动，焦急不安，秩序混乱。林浩然的行李包被小偷割破，衣物险些被偷走。

1950 年 1 月 6 日，英国政府宣布承认中华人民共和国中央人民政府为中国合法政府，即日起与中国政府建立外交关系，同时声明取消对国民政府的承认。港英政府规定在港住满 7 年才可以申请香港身份证，算是正式香港居民。林浩然居港刚满一年，自然没有香港居民身份证。同回内地报考大学的香港同学也因为没有随身携带香港身份证而不能返港。正当大家束手无策时，有一位同学想起自己有亲戚在宝安县的一个小村庄，于是几个人往该同学亲戚家度过了凄惶的一夜。第二天一早，在村民的带领下，他们经元朗回到香港。

返港后，适逢广州的岭南大学到香港招生，并招收同等学力考生，林浩然抱着试一试的心态参加了考试。父子俩曾商量过将来的职业选择，父亲觉得自己辛苦半生，处处求人，抱负难以施展，还饱受政治局势影响，觉得医生是个不错的选项，收入可观、受人尊敬，又可以回避政治风险，填报志愿时就让林浩然报考了岭南大学医学院。

当时医学是热门专业，报考医学院的人非常多，竞争激烈。林浩然因学业基础稍逊而在医学院落榜，被录取为理学院预备生。父子商量后，最后选择了岭南大学理学院的生物系，"还是希望将来生物系可以转到医学院。"[1]

---

① 林浩然访谈，广东广州，2017 年 6 月 20 日。资料存于采集工程数据库。

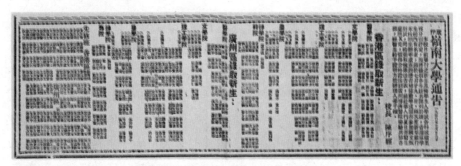

图 1-15 岭南大学发布的录取通告（林浩然名字在"香港区录取新生"
右起第五项"神学院转院"第 5 行居中，林浩然供图）

被录取后，林浩然的心情十分矛盾，有机会回国读书固然高兴，但随
之而来的学费问题让他很伤脑筋。岭南大学是私立学校，学费和生活费都
非常高，被称为"贵族学校"。当父子俩为高昂的学费发愁时，林彦廷打
听到岭南大学校长陈序经是自己的同乡——海南文昌人时，他们仿佛看到
一线曙光。林彦廷辗转求到著名侨领邢定陶先生，邢先生写了一封情真意
切的信给陈序经校长，请求给予林浩然减免学费并半工半读的机会，好让
这位来自故乡的寒门子弟能顺利完成学业。

1950 年 9 月，不满 16 岁的林浩然，满怀读书报国的热情进入岭南大
学学习，开始了人生中新的一页，这亦是他进入生物科学世界的起点。

在香港进退失据的一年多，家里也接到过林超然的来信。他于 1949 年
后加入共青团，正在积极申请入党。

1949 年英士大学并入浙江大学，林超然也随之转入浙江大学化学系。
1952 年即将毕业时，鉴于林超然在中华人民共和国成立前后的积极表现，
学校征得他的意见，让他留校任教，转为政治课教师。此后林超然一直在
浙江大学工作，直到退休。

当时，林浩然的父亲已联系好马来西亚华侨中学的教职，准备暑假
启程。林浩然考录的情况也让父亲很挂心。后来林浩然到岭南大学报
到，呈上邢定陶的信，陈序经果然免去林浩然的学费，直到岭南大学并
入中山大学。

1950 年秋，林浩然和母亲一同回广州，租住在海珠区同福路一处民
房，后来在越秀区瑞南路买下一处房子，母子俩才算安顿下来。父亲远赴

马来西亚做中学教师,辗转沙捞越、柔佛等地教书。三年后,林彦廷经人介绍往新加坡华侨中学任教,方才逐渐稳定下来。①

一家人从此天各一方,聚少离多。

---

① 林浩然访谈,广东广州,2017 年 6 月 20 日。资料存于采集工程数据库。

第二章
问学岭南

初入康乐园

岭南大学是由美国长老会牧师哈巴博士（1818—1894）首倡创办的。历经广州四牌楼（今解放中路）福音堂、花地的萃花园和澳门，后定址在广州河南（珠江南岸）的康乐村，因此岭南大学新校址也被称为康乐园。1930年，岭南大学接办广州医学传道会名下的博济医院，并将其改名为孙逸仙博士纪念医学院。1939年，广州沦陷第二年，岭南大学先迁香港，1942年再迁粤北，1944年分别内迁至连县、梅县以及湘粤交界处，战后才迁回康乐园。1948年，自1937年接任校长的李应林被迫辞职，由陈序经继任，是为岭南大学最后一任校长，直至1952年。

陈序经认为，一所大学能否成为名牌大学，关键在于拥有多少著名教授，当时特殊的政治局势为他广纳贤才提供了机会。中华人民共和国成立前夕，陈序经婉言谢绝了到台湾、香港任职的邀请，并利用这个机会，亲自拜访、挽留，说服了一批著名教授留在岭南大学任教。其中有史学大师陈寅恪，语言学家王力，经济学家梁方仲、吴大业、王正宪、彭雨新，政治学家张纯明，人类学家吴家梧，英国文学专家周其勋，社会学家杨庆堃，中国现代数学奠基人、中央研究院院士姜立夫，测绘专家陈永龄，曾任西南联大土木工程系主任的陶葆楷，医学专家谢志光、陈国桢、陈耀真、毛文书、秦光煜、许天禄等[①]，为中华人民共和国的文化教育事业发展作出了杰出贡献。陈序经还反对将岭南大学迁往香港的提议，表现了对祖国的强烈感情和对中国共产党的信任。在招生问题上，陈序经亦力排众议，除招收应届高中毕业生外，亦招收同等学力的社会青年和在校高中生，只要入学考试成绩优异就可被录取。因陈序经此举，林浩然才有机会进入岭南大学，成为中华人民共和国第一代大学生。

第一次面见陈序经校长

1950 年 8 月底，林浩然告别父母，带着简单的行李，和同学一起离开香港，乘火车回到广州。随后由岭南大学负责接待的同学带领他们坐车到天字码头，再乘渡轮到达珠江南岸的岭南大学。

在渡轮上，林浩然的心情就像他眼前的珠江水，明洁平静却微有波动，这是他第一次离家独立生活。当他在船上远远看见耸立在珠江畔，由两根华表石柱支撑的岭南大学的石牌坊时，心情激动，上大学的梦想终于实现了。

1950 年入学新生的宿舍安排在中区的爪哇堂楼下 115 号，各系学生混住；理学院的教学、实验则全部集中在当年的科学馆，一层是数学系和物理系学生、二层是化学系学生、三层是生物系学生。当时生物系四个年级全部学生仅有 30 人左右。1950 年招生最多，也仅有 10 余人，动物学专业有 6 人。

初入康乐园的林浩然，惊异于各处美丽的建筑。校园很大，从北门到南门要走 20 多分钟，从东到西要走 30 多分钟。当年校园中区十分漂亮，

---

① 杨重光：美帝控制岭南大学六十年。见：中国人民政治协商会议广东省广州市文史资料研究委员会，《广州文史资料》第 13 辑。广州：中国人民政治协商会议广东省广州市文史资料研究委员会，1964 年 6 月，第 4-29 页。

是主要教学区，每幢大楼都是统一风格的红墙绿瓦而又各具特色；道路两旁树木成荫，球场上绿草如茵；校园东西两边还有很多荒草乱冢。林浩然在赞叹美丽校园的同时，努力记住各个建筑的名称，以免日后迷路或找不到教室上课。

图 2-1　当年耸立在珠江南岸、岭南大学北门前的石牌坊（摄于 1927 年）

到校的第二天，林浩然就迫不及待地去见陈序经校长，把邢定陶先生写的、几乎决定自己求学命运的介绍信呈给他。怀着紧张不安的心情走进校长室，原以为会见到一个不苟言笑的严肃老者，不料出现在他面前的是一个中等身材、微胖、慈祥、面带微笑的中年人。林浩然自报姓名并把信递给陈校长，陈校长看了之后很亲切地问了他几个问题，然后就告诉他减免学费基本上没有问题，但还需要在校务委员会上讨论通过，随即写了便笺让林浩然带去教务处和生物系，以便安排他入学注册和勤工俭学的具体事情。林浩然至今仍记得，陈校长语重心长地对他说："你能够上大学不容易，你的基础也不够好，一定要努力学习，生活上遇到什么困难可以来找我。学习上没有捷径可以走，必需勤奋、再勤奋。"

想到学习机会着实来之不易，需要倍加珍惜，林浩然暗下决心，今后无论遇到什么困难，都要努力克服，才对得起给他提供读书机会的陈校长，对得起素未谋面却用信为他叩开岭南大学校门的邢定陶先生。这时的林浩然心里倍感温暖和亲切，离家的孤寂和失落一扫而光。后来在校园里常常遇见面带微笑的陈校长，他都会恭恭敬敬地向陈校长问好。

在岭南大学就读的两年期间，林浩然的勤工俭学由教务处安排，课余去学校图书馆帮忙整理书刊。图书馆丰富的馆藏让林浩然目不暇接，他心

图2-2　岭南大学时期的爪哇堂——林浩然的宿舍

里惊叹这么多书何时才能看得完，更感到时间的宝贵，不想浪费一分一秒。整理图书很有规律，按馆员介绍的方法整理、放置图书、期刊，还要学会做卡片等。林浩然对这项工作产生了浓厚兴趣，利用这个机会学到很多知识，知道了许多世界知名英文期刊的名称，特别是生物学期刊。整理完书刊，他会浏览书刊的目录和标题，为以后收集和整理科研资料打下了良好基础。有时也要干些体力活，如帮忙搬书、打扫卫生之类。林浩然那时年轻，从不吝啬气力，所以深受图书馆员的好评。这份勤工俭学的工作持续了近两年，直到1952年院系调整。

　　勤工俭学的另一项内容是在生物系帮忙准备实验，包括配药、采制标本、准备教具等，课后还要收拾整理实验室。刚开始，什么都不懂的林浩然全靠老师不厌其烦的指导，从怎样配制生理盐水、各种试剂，到怎样从水稻田里采集草履虫，在池塘、溪边采集各种原生动物，再到如何在校园的树林、草丛中捕捉昆虫，林浩然对此很感兴趣，很快就掌握了实际操作技巧。如果下午要上动物实验课，他吃完午饭就去实验室准备材料、配制试剂。有一次林浩然到池塘采了水样，因没有考虑季节变化因素，匆忙中没有在显微镜下抽检就离开了，导致参加生物实验的学生没有在镜下找到要看的原生动物，他内心十分愧疚。这一次的马虎失职，给林浩然留下了深刻的教训，从此对工作更加认真细致，不敢稍有懈怠。

当时生物学系里用的是英美原版教科书，所以常常要刻蜡版、印讲义。蜡版有专人刻，但核对、油印就要林浩然帮忙。这种工作既枯燥又费时，而且学不到什么新知识，是参加勤工俭学的林浩然最不喜欢的工作，有时不免马虎。几次出错以后，负责该项工作的老师严肃地对他说："核对好每一份讲义是你的工作，年轻人要对自己的工作负责，就是对自己的人生负责。"以后核对蜡版时，他认真核对每一个字、每一个标点符号，不再出错。半个世纪后，林浩然忆及此节，感慨地说这养成了他一丝不苟的做事习惯，直到晚年看稿子、改论文，依然认真对待每一个字、每一个标点符号。

岭南大学生物学系

岭南大学生物学系是国内公、私立大学中较早设立的生物学系。1916年，岭南大学分文、理、医、神四科，其中的理科已开设生物学课程。1917年，岭南大学生物学系正式成立。岭南大学文理学院成立后，设有植物学系、动物学系。1928年，文理学院调整学系设置，植物学系和动物学系合并为生物学系。1931年，生物学系组织研究部，开始招收研究生。1934年，岭南大学首次授予生理学（生物学）硕士学位。1937年，国民政府教育部正式核准岭南大学生物学系研究部为自然科学研究所生物学部。1938年，文理学院文、理分家，生物学系划归理工学院。同年10月，日军侵占广州前，生物学系随岭南大学迁至香港办学。1941年香港失陷后，生物学系随理工学院转移到南昌。1945年9—10月，生物学系返回广州康乐园继续办学，直至1952年与中山大学生物系合并。

当年岭南大学生物学系的教学及管理是按照欧美模式进行的，教材都是美国原版教材，从理论课到实验指导全部用英文，林浩然回忆说："我记得当时编写动物学的实验指导，教科书《动物学》是英文的，实验指导也是这位讲师用英文写的，而且填写实验记录、课堂回答、考试全部都是英文。"[1] 任教的中国教授多有留学经历，来自美国的教授并不多。当时的生物学系主任是植物学家容启东。[2]

林浩然记得，容启东非常有个人魄力，学术水平也很高。第一年上容启东教授的《植物学》时，这种印象进一步加深了。《动物学》是任教不久的江静波[3]主讲。这位日后公认的才子型学者，出身岭南大学，没有

图 2-3　1952 年在香港大学植物系担任高级讲师的容启东

留学经历。林浩然说，"我记得刚开始他是用中文讲的，但是学生们起哄说岭南大学的老师一定要用英语讲，不能讲中文。他只好用不是那么流利的英语讲课了。"[4]

后来，林浩然从系主任容启东那里得知，陈序经曾打过电话给容启东，谈了林浩然的情况，要容启东安排半工半读。林浩然被叫去见容启东时，容启东和颜悦色地说，"那你就看看有什么可以帮忙的吧！"

当时岭南大学生物学系的全部课程共有 20 门左右，科目不多，但每门课持续时间长，化学、植物学、动物学等主要课程都是要上一年。60 多年后回忆当年，林浩然认为，这种注重打基础的训练方式对日后开展研究

①　林浩然访谈，广东广州，2017 年 6 月 20 日。资料存于采集工程数据库。

②　容启东（1908—1987），祖籍广东香山，生于香港。著名植物学家。1929 年毕业于清华大学生物学系，后留校任教。1935 年赴美国留学，1937 年获芝加哥大学哲学（植物学）博士学位。1937 年任西北联合大学生物系主任，1938 年任岭南大学教授。1951 年后，历任香港中文大学高级讲师兼植物学系主任、香港崇基学院校长、香港中文大学第一任副校长，并两度兼任香港中文大学副校长。

③　江静波（1919—2002），福建永定人，寄生虫学专家。1945 年毕业于福建协和大学生物系。随后考入岭南大学研究寄生虫学并担任助教，1948 年获硕士学位留校任讲师，1951 年晋升副教授。1952 年院系调整后在中山大学历任副教授、教授。曾任无脊椎动物学教研室主任、寄生虫学研究室主任，主编教材《无脊椎动物学》被广泛采用。1982 年获英国皇家医学研究院热带病研究奖。1985 年被法国国家自然历史博物院推选为外籍院士。

④　林浩然访谈，广东广州，2017 年 7 月 5 日。存地同①。

工作大有裨益。"化学是无机到有机，动物由低等到高等，基础打得非常扎实。"①

林浩然在学习上遇到最大的困难是语言。岭南大学当年使用的教材全是原版美国教科书，上课全部用英语讲授。岭南大学的学生大多数是从香港英文书院毕业的，而一般中学生在读岭南大学本科之前，要在岭南大学预科先读一两年，以适应大学的学习，并过英语关。林浩然不但没有念过预科，而且没有读过高三，第一次上课时教授们用英语讲课，他完全听不懂。林浩然虽然在中学也学过英语，但只是一些基础知识和日常简单会话，和大学的专业英语相差很大，更何况外国教授讲课语速较快，一堂课下来不知所云，心中非常着急。于是，林浩然课后抄同学的笔记，努力复习功课，可是上课时依然听不明白老师讲什么。几堂课后，林浩然意识到课后拼命跟、玩命补并不是一种好方法，于是改为课前预习，先把课程内容看一遍，把不懂的英语单词查出，把专业英语单词反复背熟，这样有准备地去听课效果就好多了。

学习只能靠勤奋，绝无捷径。林浩然每天早起晚睡，反复朗诵单词和课文，才渐入佳境。林浩然发现中、美教授讲课是有区别的：中国教授用英语讲课语速慢，文法标准，句子清晰，较美国教授易懂好听，课后提问老师也会用中文解答，讲解透彻。于是，选课时林浩然尽量先选中国教授开设的课程，再选美国教授开设的课程。经过一年的努力，林浩然总算克服了听课的困难，学习成绩逐步提高。到第二年，学习成绩已名列前茅。在岭南大学两年的艰苦学习，他打下了较好的专业英语基础，为以后继续巩固和提高英语水平，不断从欧美的书籍文献中汲取新的知识提供了许多便利，也为日后留学和开展科研合作创造了良好的条件。

1950 年，入读学费昂贵的私立大学的人很少。当时读医科的人较多，读理科的人很少，生物学系更是冷门。林浩然所在的专业当年总共只有6 人。

在班上和系里，林浩然的年纪最小，个子不高，又很腼腆，头发不

---

① 林浩然访谈，广东广州，2017 年 7 月 5 日。资料存于采集工程数据库。

多，性格随和。有一次在越秀山参加庆祝广州解放大会，听叶剑英市长作报告时，下雨淋湿了，头发粘在一起，高年级的同学为他取了个外号叫"三毛"。当时，电影《三毛流浪记》正在上映，这个外号后来变成了昵称。许多年后，相熟的人仍然叫他"三毛"，低年级的同学则尊称他为"毛哥"，直至今天。

班上同学少，大家相处很友善，常常一起复习功课。第一年上课听不懂英语，林浩然向同学们求教、借笔记，经过一年苦读和努力后，变成有些同学要向他求教了。他的笔迹总是整齐，有条理，几乎没有遗漏。他上课听讲很专心，下课以后立刻整理笔记，若有记不全的就马上补齐。

课余饭后，同学们常常一起散步，到校门外的珠江畔、岭南大学码头旁吃岭南木瓜。晚自修累了，偶尔到八角亭去吃碗鸡粥，大家轮流作东。1950年年底之前，岭南大学校园里仍然是一片祥和的气氛，当年的圣诞节前夜，全系同学二十多人还结伴到系主任容启东教授家里庆祝圣诞节，唱英文歌、吃蛋糕，其乐融融。

在岭南大学校园里，常常可以看到骑自行车的同学一袭白衣，飘然而过。当时自行车全是进口货，由于岭南大学华侨子弟多，家境普遍殷实，骑车的学生也多。见此情景，林浩然羡慕不已，因为从宿舍走路到教室需要十多分钟。他觉得时间很宝贵，除了上课还要勤工俭学，骑车可以分秒必争，节省一些时间。

林浩然在岭南大学的课余生活充实而丰富，他参加了几乎所有体育活动，还参加了许多课外活动小组，如"劳动创造世界""人类的进化小组"等。大多数情况下，林浩然参加这些活动，只是做听众，认真听同学们讨论甚至热烈的争论。他向来不喜欢与人争长论短，尤其是在公开场合。

当时，广州市为了普及卫生知识，要举办"人体解剖展览会"，请求岭南大学支援，由生物学系组织师生参加。林浩然以极大的热情参与展览会的准备工作，布置会场、绘图、做模型、做标本、写说明、写讲解词等；展览会开始后，又当讲解员，为展览会的顺利举办做了大量工作。

抗美援朝运动中的岭南大学

　　朝鲜战争爆发前，岭南大学基金会主席海恩斯于 1950 年 4 月写信给岭南大学，提出美国人员应否撤回的问题。富伦代表美籍教师们回答说："大家的共识认为，此时撤走是不明智的，他们的处境并不十分危险。他们正在做的事情是有用的，仍是中国当局所期望的。如果由于纽约理事会的提议，全体一起离去，后果将是十分严重的……"他们选择继续留在岭南大学任教。①

　　1950 年 8 月 5 日，《南方日报》转载《人民日报》社论，要求稳步改革高等教育，整顿学风。② 8 月 14 日之后的三周里，广州全部 10 所高校的校长、教务长、院长、系主任、教授、讲师和助教共 375 人参加了"广州市公私立大专院校教师暑期研究会"（以下简称"暑期研究会"）。暑期研究会以思想方法论为主要内容，结合土改、财经、时事、新教学等问题，展开集体讨论和自我研究。9 月 4 日，暑期研究会在岭南大学举行了闭幕典礼。③ 刚刚接受了肾结石手术的岭南大学容庚教授，8 月 13 日出院当天即决定参加暑期研究会。9 月 5 日，容庚参加暑期研究会的感想发表在《南方日报》上。④

　　这一切都无法避免受到远在朝鲜半岛的战事影响。1950 年 9 月 15 日，美军从仁川登陆，11 月底已逼近中朝边界，朝鲜的内战迅速升级为两侧阵营之间的较量。

　　岭南大学的秋季学期恰在 9 月 15 日开始，这年"入学人数比以往都

---

① 李瑞明编：《岭南大学》。香港岭南（大学）筹募发展委员会，1997 年，第 124 页。

② 《人民日报》社论：稳步改革高等教育　整顿学风，《南方日报》，1950 年 8 月 5 日，第 1 版。

③ 佚名：广州大专院校教师暑期研究会昨在岭大举行闭幕典礼，《南方日报》，1950 年 9 月 5 日，第 1 版。

④ 容庚：我对于暑期研究会的感想，《南方日报》，1950 年 9 月 5 日，第 4 版。

多，大家普遍感到乐观"。① 10 月初，教育部接管了天主教会主办的辅仁大学。② 在广州，随着战事的发展，岭南大学美籍教师的处境发生了变化。

"11 月初，岭南大学开始出现反美情绪，这显然是由于北京决定大规模派兵参战，但是愤怒情绪没有很大影响，直到 12 月 1 日才开始出现针对美国人的大字报，并逐渐牵涉学校的所有美国人。最终在 12 月 14 日和 15 日，全校召开两天的声讨大会，全体美国人都被称为帝国主义分子。他们不得不停止同中国朋友和同事的往来。这种情况并不牵涉岭南校园里的其他外国人（英国人），但在 12 月 11 日，他们也同尚未申请离境的美国人一道申请离境。第一批离境许可在 1951 年 1 月 20 日下达，最后一批是在 2 月 4 日。在这段时间里发生的一些事件使人们或多或少的紧张。"③ 对于已有 62 年历史的岭南大学而言，这些仅仅是开始。

11 月 28 日，美国驻联合国大会安理会代表奥斯汀在安理会发言时提到，"中国全部大学毕业生中有八分之一曾在美国基督教新教传教会建立的 13 所大学中的一个或一个以上中受过教育"，岭南大学名列这 13 所大学之中。岭南大学校务委员会随即于 12 月 14 日在《南方日报》头版发表宣言，表示严重抗议。④

12 月 14 日上午，岭南大学全校师生在怀士园举行控诉美帝大会，当天到会人数超过 2700 人。校长陈序经在会上发言并宣读了岭南大学校务委员会发表的抗议宣言。许多资深教授、青年教师和职工，表示决心要同美国生活方式彻底决裂。

12 月 15 日，岭南大学全校员、生、工、警继续举行控诉美帝大会。20 日，广州市 15 所教会学校的学生集会交流经验，并一致通过 5 项决议，决定举行抗美援朝保家卫国示威游行。⑤ 青年团华南工委会、广东省工委

---

① 李瑞明编：《岭南大学》，香港岭南（大学）筹募发展委员会，1997 年，第 125 页。
② 佚名：政务院政务会议听取接办辅仁大学经过的报告 并通过任命陈垣为校长，《南方日报》，1950 年 10 月 16 日，第 4 版。
③ 同①。
④ 佚名：岭大校务委员会发表宣言抗议 对奥斯汀污蔑提严重抗议 号召全校师生员工坚决抗美援朝，保家卫国！《南方日报》，1950 年 12 月 14 日，第 1 版。
⑤ 佚名：交流经验展开新爱国运动 市教会学校抗美大集会 十五间学校同学一致通过五项决议 决举行抗美援朝保家卫国示威游行，《南方日报》，1950 年 12 月 21 日，第 1 版。

会、广东省总工会筹委会、广东省学联会遂于 21 日发表《告华南青年书》，号召团员、青年工人和学生响应祖国召唤，投考军事干部学校，从而在广东全省学校中掀起踊跃参加军事干部学校的热潮。[①]

1950 年 12 月 29 日，中央人民政府政务院第 65 次政务会议通过了《关于处理接受美国津贴的文化教育救济机关及宗教团体的方针的决定》及《接受外国津贴及外资经营之文化教育救济机关及宗教团体登记条例》。此后，抗美爱国运动一浪高过一浪，广州市接受外国津贴的文教、救济、宗教机构都被勒令到指定机关登记，岭南大学的外籍教师和管理人员分批撤往香港。1951 年 2 月 4 日，最后一批外国教职员离开了岭南大学。

1951 年 4 月 27 日至 5 月 4 日，广东省人民政府在省府第一招待所召开处理接受美国津贴的教会学校会议，会议制订了广东接受美国津贴的教会学校初步改革方案。[②]岭南大学也发生了深刻的变化，校园里升起了中华人民共和国国旗，"岭南大学的师生们目睹抗美援朝的伟大胜利和祖国各项建设的成就，他们愈加感到祖国的可爱。"1950 年暑期，毕业学生服从人民政府分配工作的有 10%；1951 年暑期，这一比例增加到 75%。在响应政府号召，报名参加军事干部学校运动中，该校学生报名人数占全校学生总数的三分之一。[③]

这一年的"五一"劳动节，岭南大学 90% 的学生参加了反美爱国游行。在随后的抗美援朝捐献运动中，岭南大学涌现了捐献飞机大炮支援朝鲜战争的热潮。许多同学捐献了金戒指、金项链或手表，全校学生、教师和工作人员捐献了 6 亿多元（旧币）。岭南大学副教授陈长敬在接受采访时说："岭南大学过去是面向美国，现在是面向北京。"[④] 这年冬天，原岭南大学生物学系主任容启东举家迁往香港，离开任教 13 年的岭南大学，转

---

① 佚名：青年团华南工委会、广东省工委会、广东省总工会筹委会、广东省学联会发表告华南青年书 号召团员、青年工人和学生响应祖国召唤投考军干校，《南方日报》，1950 年 12 月 21 日，第 1 版。

② 佚名：广东接受美国津贴的教会学校初步改革方案已制定 广东处理接受美国津贴的教会学校会议闭幕 出席代表更加深刻认识美帝文化侵略罪行，《南方日报》，1951 年 5 月 18 日，第 1 版。

③ 章洛，路平：岭南大学的变迁，《南方日报》，1951 年 9 月 30 日，第 3 版。

④ 同③。

赴香港大学任教。①

6 月，林浩然向生物学系团组织提交了入团申请书。

据林浩然回忆，1951年初抗美援朝运动中，学校开始动员同学们参加军事干部学校，许多学生都报了名，林浩然也毫不迟疑地报了名。1951 年 5 月，经体检合格后，公布批准参军的光荣榜上，林浩然也名列其中。因为事先没有征求父母意见，林浩然便向学校请求，出发前请假回香港与父母告别。经校方批准，林浩然兴冲冲地返回家告诉父

图 2-4 1951 年 5 月，广州市抗美援朝示威游行中的岭南大学行列

母，原以为父母会与他一样兴奋，不料立刻被父亲锁在房间不许出门。眼看报到的日期已过，林浩然无计可施。母亲的眼泪、父亲的训斥，时年 17 岁的林浩然对父母的决定毫无反抗能力。

1951 年 8 月，第二学年将要开学了，参军的人早已走了。父亲启程到马来西亚沙捞越州古晋市华侨中学教书，林浩然与母亲一起返回广州。父亲安排母亲暂时租住在广州市同福东路一位李姓旧同事家中，林浩然返回岭南大学继续大学生活。在学校里，林浩然除了努力学习外，仍积极参加各种社会活动。

1951 年 11 月，生物学系团组织批准了他的入团申请，介绍人是生物学系 1949 级本科师兄马炳章。

---

① 冯双，武少连：《著名植物生理学家和种子生物学家傅家瑞传》，广州：中山大学出版社，2014 年，第 62-63 页。

经历院系调整

1951 年 11 月 3—9 日，全国工学院院长会议在京举行，由此拉开全国高等学校院系调整的序幕。1952 年 4 月 6 日，《人民日报》发表社论，标志着院系调整的开端。教育部成立了院系调整办公室，全国分华北、华东、东北、西北、西南、中南 6 个大区，自北向南进行。1952 年 4 月 18 日，教育部《关于全国工学院调整方案的报告》刊发于《南方日报》，同日该报第四版转载了《人民日报》社论，号召积极实施全国工学院调整方案。

1952 年 10 月 25 日，《南方日报》社邀集中山大学、岭南大学、广东法商学院、华南联合大学等院校行政负责人、教师举行座谈会，了解广东省及广州地区高校对院系调整工作的认识及进行情况。岭南大学医学院白施恩教授、文学院外文系钟奋举副教授到会。陈序经校长因事未能参加，向会议提交了书面意见。陈序经积极响应政府的号召，认为："这次高等学校的院系调整是中国有史以来最伟大的学制改革，它的特点是扭转高等学校的教学方向，确定高等学校要为工农兵服务，迎接即将到来的我国经济建设的高潮，培养大量的人民干部，全心全意为人民服务。这是中国教育史上一个里程碑，只有在共产党和人民政府领导下，我们才有可能完成这一伟大的人民事业。这也是新民主主义制度优越性的具体

图 2-5　1952 年中山大学生物系全体师生合影（一排右四为林浩然，林浩然供图）

表现。"① 各院校与会代表一致表示拥护院系调整，服从祖国需要，愉快接受组织分配的工作。

在此次院系调整中，中山大学改为综合性大学，专门培养研究人才和高等级中等学校的师资；岭南大学并入新的中山大学，原岭南大学的工学院和农学院分别调整到新成立的华南工学院和华南农学院等专门学院。中山大学医学院和岭南大学医学院先调整一年级为华南医学院，其余各年级则延至 1953 年暑期再做调整。调整后，新中山大学有教师 353 人，学生 2247 人。②

1953 年 5 月 13 日，卫生部分别电告中山大学、原岭南大学医学院等，"关于两院合校问题，经得中央人民政府政务院文化教育委员会同意，定期今年 8 月 1 日进行全面合并，改称为华南医学院。"③ 经过紧张筹备，华南医学院于 1953 年 8 月 12 日正式成立。岭南大学医学院自此不复存在。

1953 年 9 月下旬，按照高等教育部指示，再次进行院系调整工作，至 1953 年底宣告基本完成。④ 经过两次大的调整后，作为中南区两所综合性大学之一，新中山大学也将主校区由广州市东郊的石牌迁至原岭南大学所在的南郊康乐园，开始了新的办学历程。

1952 年秋，中山大学生物系迁来康乐园，落户于哲生堂。哲生堂是孙科担任铁道部部长时，由铁道部拨款兴建的岭南大学工学院大楼，1931 年竣工，并冠以孙科之表字，名为哲生堂。由于初来乍到，中山大学生物系在哲生堂内安置师生、排课调课，忙活了好一阵子。当时，原岭南大学生物学系部分依旧在陆达理堂，过渡到次年的新生入学才全部迁往哲生堂，与原中山大学生物系实质性的合并。

---

① 佚名：中大、岭大等校教师参加本报座谈会 一致表示坚决拥护院系调整 决服从祖国需要 愉快接受组织分配的任何工作，《南方日报》，1952 年 10 月 30 日，第 3 版。

② 佚名：广东省、广州区高等学校院系调整工作已基本完成 各新院校规模宏大，为国家培养高级建设人才开辟了宽阔的道路，《南方日报》，1953 年 1 月 14 日，第 3 版。

③ 佚名：中大和前岭大两个医学院将合并为华南医学院，《南方日报》，1953 年 5 月 20 日，第 3 版。

④ 佚名：全国高等学校院系调整工作已基本完成，《南方日报》，1953 年 12 月 22 日，第 4 版。

思想改造与学习苏联

教师思想改造的目标，是通过知识分子的自我改造，从政治思想上提高教师们的水平，以使之成为名副其实的人民教师。

1952 年 6 月下旬，中山大学开展教师思想改造运动。[①] 6 月初至 7 月下旬，在岭南大学"三反"学习临时委员会的领导下，师生们开展了关于"三反"和思想改造问题的学习。

1952 年初，为配合思想改造和院系调整，岭南大学停课半年，让全体师生参加社会实践和政治运动锻炼。文学院师生参加农村土改运动，理、工、农、医学院师生参加广州市的"三反""五反"运动，使师生受到一次深刻的阶级斗争教育。

3—6 月，在学校统一安排下，林浩然所在年级停课参加中大"五反"工作队，队长是物理系助教李华钟，工作队由干部、教师、学生和后勤工人组成，队部驻扎在原华南艺术学院校园内。林浩然被分配到广州市越秀区饮食行业"五反"工作组并担任副组长，工作内容包括清理资本家偷税漏税、行贿等经济犯罪问题；通过发动工人，开展调查研究，理清账目、核实对证，开资本家批斗会等。这是林浩然第一次参加政治运动，从中锻炼了人际

图 2-6　参加"五反"工作队的师生合影（后排左一为林浩然，林浩然供图）

---

① 佚名：中山大学全校教师展开思想改造运动　普遍开始批判反动和错误思想　已有一百多教师作了自我检讨　运动正逐步深入、健康发展，《南方日报》，1952 年 6 月 24 日，第 3 版。

交往的能力，培养了遇事谦虚谨慎和独立思考的作风，也认识到社会各阶层关系的复杂性，思想逐渐由青年学生的单纯幼稚走向成熟。[①]

1952年6月，全体师生回校，开展为期一周的"忠诚老实运动"，每个人都要忠实地向组织交代自己的家庭情况、个人经历、社会关系和思想情况。在岭南大学的思想改造运动中，林浩然受命参加该校思想改造运动宣传组工作。[②]

10月初，近三个月的教师思想改造运动宣告结束。"这次岭南大学教师思想改造运动所取得的成绩，为即将展开的高等学校院系调整工作打下了良好的思想基础。[③]"10月21日，中山大学生物系从广州东郊的石牌迁入原岭南大学所在的康乐村，办公地址在哲生堂。中山大学与岭南大学合并后，生物系的师资力量、图书资料、仪器设备、标本等都得到加强和充实。

与院系调整同时，给中山大学带来的另一个影响深远的变化是，"初步决定拟设置的专业后，各校教师即开始根据苏联高等学校内各专业的教学计划拟订本校教学计划，成立或充实教学研究组，实行集体教学，并采用苏联高等学校的教材，积极改革教学方法和内容。"[④]新的中山大学全部185门课程中，1953年已有98门课采用了苏联的教学大纲或教材，占课程总数的53%。

林浩然亲历了岭南大学最后两年的种种变迁，也在这所宗教色彩并不浓厚的"教会大学"度过了大学生活的最初两年。在哥哥林超然的感召下，他一直积极参与抗美援朝、"五反"以及校园里的各种运动，并在大学第一个学期加入了新民主主义青年团。显然，他确是听从党组织的号召，投身于新中国的建设中。以后的日子里，他始终如一。

[①]　林浩然干部简历表（1953年填写），编号231-007-1-3，第2页。资料存于中山大学人事处档案科。

[②]　同①。

[③]　佚名：岭南大学教师思想改造运动取得显著成绩后已胜利结束　为院系调整工作打下良好的思想基础　亲美崇美等反动思想受到严重的打击，《南方日报》，1952年10月21日，第3版。

[④]　佚名：广东省、广州区高等学校院系调整工作已基本完成　各新院校规模宏大，为国家培养高级建设人才开辟了宽阔的道路，《南方日报》，1953年1月14日，第3版。

第三章
新中大 新生活

新中大的学习与生活

院系调整中的新变化和新面孔

图3-1 1952 年中山大学时期
的林浩然（林浩然供图）

　　1952 年，林浩然随岭南大学生物学系转入中山大学生物系，首次填报了中山大学的学生个人履历表，当年的照片上，林浩然身着中山装，18 岁的脸庞英气勃发。

　　那两年，除了林浩然原来的同学，康乐园先后迎来原中山大学生物系、广东文理学院生物系、南昌大学生物系等校师生。新中山大学 1952 年的开学典礼于 11 月 25 日举行。生物系领导则组织全系师生在学生食堂举行了一次联欢活动，林浩然参加了这次大联欢，大家在欢声笑语中开始了新的中山大学生物系的生活。林浩然对当年合并后的情形记忆犹新。

  两校生物系合并后，学校把理学院300多位男生安排在西区的张弼士堂（现为档案馆使用）。我们生物系和数学系住在三楼，每个房间住8～10人，双层木床，每人配一个小书桌，一张木椅，半层行李架；每层楼只有一个公共洗澡房和卫生间，供百多人使用，每天早上和傍晚都要排长龙。尽管生活设施简陋，住得亦拥挤，但每个人都像刚入学的新生一样，高高兴兴地安顿好，开始紧张而规律的学习生活。早上六时广播一响就起床，在宿舍旁边的篮球场（现为研究生宿舍）集体做完早操，匆匆忙忙到学生第二食堂（现今永芳堂位置）用完早餐就得抓紧时间准备当天的功课。那时正是学习俄语的热潮，清早就是运用"循环记忆法"背单词的最好时机。每天上午都在科学馆（现为化工学院）的教室上满四节课，因为一个学期要修五六门课程；

图3-2 张弼士堂——林浩然就读中山大学时期宿舍所在地

下午除政治学习外都安排了实验课，课后的文体活动是我们一天中最感轻松愉快的时刻，校园里好像沸腾起来，同学们不是在教室和草地上练习唱歌跳舞，就是在运动场上进行各种体育锻炼和球类活动。晚饭后校园恢复平静，大家都在宿舍和教室里埋头自修，直至深夜全校熄灯。[①]

张弼士堂于 1921 年落成，总建筑面积 1702 平方米，是用主要捐款者张秩捃先生父亲的名字张弼士命名的。当时，岭南大学为了方便华侨子弟归国读书，1921 年特设华侨学校。张弼士堂建成后，最初作为岭南大学附属华侨学校的校舍，教室、办公室和学生宿舍全部设在楼内，华侨学校部分教职员工也寓居于此。

在学生管理方面，生物系决定在全系成立系会（相当于现在的学生会），在班级成立班会（相当于现在的班委会）；党组织建设方面，成立了学生党小组。生物系领导为了促进院系调整后学生的团结和融合，有意安排系学生党小组组长由来自原中山大学的黄溢明担任，系会常务由来自原岭南大学的林浩然担任，系会副常务则由来自原广东文理学院的谢申玲担任。当选为系常务，体现了大家对林浩然积极参与集体活动和工作能力的肯定，同时，也让林浩然深感责任重大，他既要带头学好功课，又要组织全系同学搞好学习。

开学后不久我被选为生物系学生会主席（当时称为系常务），感到担子很重，既要带头学好功课，又要组织全系同学搞好学习。我们动物学专业三年级的组织学和胚胎学由原岭南大学的知名教授陈伯康主讲，上课前大家对这门课的兴趣很浓，期望亦高，因为陈教授留学美国，学术造诣颇深，平易近人而又幽默风趣，在岭南大学用英语讲课，很受学生欢迎。不料第一次听课后同学们面面相觑，笔记本更是一片空白。原来院系调整后要求教师都用普通话讲课，而陈教授是江

---

① 林浩然：回忆在中山大学的从学和早期从教生涯。见：舒宝明主编，《校影》（中山大学 80 周年校庆丛书），广州：中山大学出版社，2004 年，第 110 页。

浙人，他的"普通话"同学们都听不懂；因为我在中华人民共和国成立前曾在南京住过三年多，所以能听懂他的话并做了详细的笔记。当时没有教科书，亦来不及印发中文讲义，同学们纷纷向我"求救"，不但借我的笔记去抄，还推选我为这门课的"课代表"，要我向老师反映他们的意见，充当学生和老师之间的"翻译"。①

林浩然深感"课代表"的责任重大，于是一方面帮助同学们整理好课堂笔记，及时向老师反映学习上的疑难之处，另一方面建议陈教授对重要内容多写板书，多用图解，加强课后辅导，从而提高了教学效果。

学校提倡德、智、体全面发展，林浩然在做好功课、参加政治学习之外，积极进行体育活动，争取达到当时推行的苏联"劳动卫国制"（简称劳卫制）标准。球类和田径是他的强项，特别是足球。张弼士堂前面电影广场（现梁球琚堂）的草地除了星期六晚上放电影或举办文艺晚会之外，平时就是小足球场，林浩然每天课余总要踢一阵球。有一次生物系的高年级学生和新同学开展足球友谊赛，一位新生精湛的控球技术和准确有力的射门引起大家的注意，休息时他特地来问林浩然怎样学好生物学。不久，这位新生就离开学校去参加专业足球队，他就是后来我国著名的足球运动健将和国家足球队教练的苏永舜。20 世纪 70 年代初，林浩然从英德"五七"干校返校途中还曾在火车上和他不期而遇，谈起当年往事，仍然十分感慨。

同时并入中山大学生物系的，还有原位于广州石榴岗的广东文理学院生物系的丘华兴、李定华等人。1953 年 7 月，南昌大学生物系 49 名同学并入。

随着院系调整工作的推进，不断有新同学加入大四的学生队伍中来，如何让他们融合到新队伍中来，林浩然花费了不少心思。

院系架构调整与苏联模式

合并后的中山大学生物系，教学力量明显加强。以师资队伍为例，中

---

① 林浩然：回忆在中山大学的从学和早期从教生涯。见：舒宝明主编，《校影》（中山大学 80 周年校庆丛书），广州：中山大学出版社 2004 年，第 110 页。

山大学生物系汇聚了一批全国著名的专家教授，在植物学方面有分类学家陈焕镛教授、吴印禅教授，植物生理学家于志忱教授；在动物学方面有寄生虫学家陈心陶教授、昆虫学家蒲蛰龙教授、生理学家戴辛皆教授、组织胚胎学家陈伯康教授、鸟类学家周宇垣教授等。专家教授们高尚的品德、渊博的知识、严谨求实的学风，通过言传身教和潜移默化，影响和哺育了青年学子的成长。

对于新的中山大学生物系而言，变化还远不止这些。除了上文提及的仿照苏联高等教育模式重塑课程体系之外，1952 年 12 月，生物系也仿照苏联，成立了动物学、植物学教研组。"教研组是教学改革工作的中心环节，是教师在教学和科学研究工作中，进行集体主义教育、提高社会主义的学校。"[1] 这种学术建制一直保留到改革开放后，对中华人民共和国高等教育影响至深。

1953 年 2 月，从原岭南大学调整进中山大学生物系的教师和学生参加学校组织的第二次思想改造运动。[2] 3 月，中山大学全面实行系主任负责制，将系作为二级教学、行政单位。经中南军政委员会教育部批准，戴辛皆[3] 出任系主任。[4] 戴辛皆主政生物系期间，勤勉工作，颇多建树，动物学、植物学两个教研组都成为中山大学教学改革的先进单位；3 月，戴辛皆邀请武汉大学教务长何定杰教授来校 3 个月，主讲"米丘林科学理

---

[1]　吴定宇：《中山大学校史（1924—2004）》，广州：中山大学出版社，2006 年版，第 262 页。

[2]　易汉文：《中山大学编年史（1924—2004）》，广州：中山大学出版社，2005 年版，第59 页。

[3]　戴笠（1894—1970），字辛皆，湖北云梦人。1917 年在国立武昌高等师范学校毕业。1926 年自费赴法国留学（后获官费），主攻海洋生物的附着问题。1933 年获里昂大学生物学博士学位，毕业后任法国海军部海滨生物研究员。1933 年秋回国，任北平研究院研究员、生理研究所研究员、青岛观象台海洋研究所研究员，在青岛从事船底附着生物的研究，发表多篇论文。1936年 8 月受聘为国立中山大学生物学系教授。抗战期间，随同国立中山大学迁校，仍一丝不苟坚持教学工作，自制小件仪器开展教学实验，并编著《生理学实验》（商务印书馆）。20 世纪 50 年代院系调整后，戴笠受聘为中山大学生物系主任，直到"文化大革命"爆发。1955 年 7 月，戴笠经校领导冯乃超、黄焕秋的介绍，加入中国共产党。

[4]　佚名：我校文、理各系科主任人选正式批准，《人民中大》，1953 年第 18 期。见：冯双编著：《中山大学生命科学学院（生物学系）编年史：1924—2011》，广州：中山大学出版社，2011年，第 133 页。

论"。^① 6月，中山大学生物系成立了遗传学教学小组^②，推行集体教学体制。20世纪50年代，米丘林学说在中国盛极一时。后来，米丘林学说中关于生活条件改变所引起的变异具有定向性以及后天获得性状能够遗传等理论因缺乏足够的科学事实而逐渐走向低谷。亲历这些学术思潮在中国生物学界的演变，对林浩然此后从事生物学工作颇有帮助，使他认识到真正的科学是需要大量的事实依据来支撑的。他后来从事鱼类生理学研究，特别强调科学实验、水产养殖等实践的重要性。

1953年，中山大学进行第二次院系调整。经此调整后，中山大学共设包括生物系在内的18个系，11个专业，理学院的设置被取消。生物系内设动物学、植物学两个专业，动物学、植物学两个教研组和人体解剖学教学小组。^③ 动物学、植物学教研组各有9位教师，分别由陈伯康、于志忱任主任。在动物学教研组内，分为无脊椎动物学和脊椎动物学两个方向，以从原岭南大学合并进来的江静波、陈俊民等教师为主承担无脊椎动物学教学工作，以从原中山大学合并进来的周宇垣、李国藩等教师为主承担脊椎动物学教学工作。

除课程体系、学术建制、管理体制等方面进行改革之外，师生们还要参加俄语学习班，学习和阅读大量俄语的教学参考书。

"科学讨论会"的形式从中国人民大学传到了华南地区。^④ 1953年12月，中山大学植物学教研组等举办了科学研究学术报告会，傅家瑞作了广州水生植物的研究报告。^⑤ 此后，陆续多次举办科学讨论会。

---

① 佚名：米丘林生物学学习小组：本校生物系、植物研究所教师学习米丘林科学理论有成绩，《中山大学周报》，1953年第28期。

② 冯双编著：《中山大学生命科学学院（生物学系）编年史：1924—2011》，广州：中山大学出版社2011年，第134页。

③ 同②。

④ 佚名：中国人民大学举行第三次科学讨论会，《南方日报》，1952年11月28日，第1版。

⑤ 佚名：历史系、语言学系、植物学教研组分别举行科学研究学术报告会，《中山大学周报》，1953年12月17日，第45期。

暑假实习与北上旅行

图3-3　1953年，林浩然参加生产实习（左下着白衣者，林浩然供图）

根据教学计划安排，生物系三年级的学生要在暑假前参加实习，动物学专业安排在汕尾遮浪，即今天的红海湾，进行海洋无脊椎动物考察实习。李国藩老师任领队，指导老师有陈如作、唐瑞斌、潘茂源等。20世纪50年代，遮浪海边还是一片原生态景象，白白的沙滩环绕着蔚蓝的大海，辽阔无际。在夜晚，银白色的月光照得海面闪闪发光，微风拂面，漫步在宁静的沙滩上，别有一番情趣。这次实习去了十几天，跑了几个实习地点，当时遮浪海边捕获的鱼比较少，但是沙滩上有很多贝壳，大家收集了很多贝壳标本。

实习过程中趣事连连。潘茂源老师骑着自行车驮着行李，快到遮浪时，要经过一片水田，走过一段不足一米宽的弯曲田埂，忽然听到哗啦一声水响，潘老师连人带车掉入水田，因为驮着行李，费了很大劲才把自行车拉上来。

林浩然的同学华立中曾回忆这次实习：①

　　第二天，实习正式开始了，大家穿上游泳衣，背着水镜（约有一尺多长，木制的四方形器具，底部镶有一块玻璃）和采集用具，跟随着李老师前往浅海区，首先用水镜观察海底的底栖动物，然后到较深

——————————
① 华立中：50年代汕尾遮浪渔村实习记，《中山大学报》，2008年12月1日，第4版。

的海域，在大石块下，伸手摸那些行动缓慢、软绵绵、滑溜溜的海参、海兔等，还可到露出海面的大石块群周围寻找黑色、圆球形、周身是刺的海胆……同学们兴高采烈，忙得不亦乐乎！……

实习之余，大家前往小餐馆，品尝"遮浪龙虾"，两指多粗的龙虾，足足有半斤重，一只只收一角钱，价钱不算贵，活生生的龙虾，投入热水锅中煮熟后，剥去虾壳，把鲜美的虾肉蘸上酱料，大快朵颐！……

实习后期，有一天，我从远处看到陈如作老师从他自己腿上撕"尼龙薄膜"，走近一看，吓了我一跳，原来他在剥自己腿上的皮！我问陈老师痛不痛，他说不痛。陈老师说："因为裸露的双腿长时间受高强度紫外线辐射导致脱皮。"

周末实习将结束时，我们还与当地篮球队进行了一场友谊赛，由李国藩老师带队并亲自出场，他还用潮州话作了开场白，感谢当地政府和群众对我们实习工作的大力支持和帮助，出场的还有林浩然、黄溢明、陈启临、徐梅吉等同学。

林浩然和同学们回忆起这次实习，大家总有说不完的话。实习收获颇丰，李国藩老师根据收集的贝壳标本撰写了"汕尾海产软体动物的调查"一文，作为动物学专业师生们实习的成果，该报告后来参加了中山大学的学术讨论会。

实习返校后，暑假的旅行活动开始了。由中山大学学生会发起组织北上旅行队，旅行的目的是了解祖国的美好河山和社会主义建设的伟大成就，接受一次生动的爱国主义教育。旅行队成员来自中山大学和广州市其他高校的学生代表，共有30多人，中山大学学生会主席陈国强特地在怀士堂二楼的学生会办公室与林浩然见面，委托他担任旅行队队长，授给他"中山大学北上旅行队"小旗一面，以及给林浩然等人开的十多封介绍信。各地的学联组织为他们的暑假旅行提供了很大的帮助，每到一地都有学联组织派人接车和安排住宿，火车票一律半价优惠，在学生饭堂吃饭，在当地学校的教室住宿，旅行队在各地的观光尽量步行，尽可

能节省旅行的费用。大家从广州出发后，一路途径长沙、武汉，风尘仆仆地抵达首都北京，京华美景给这些远在南方的学子们留下深刻印象。旅行队由北京南下到南京、上海、杭州、长沙，最后返回广州。那时的林浩然和同学们风华正茂，大家一路欢歌，尽抒情怀，不但饱览了祖国美好河山，瞻仰了向往已久的天安门，还和兄弟院校的同学们交流参访心得，更加坚定了报效祖国、为祖国科教事业奉献终身的决心。这次旅行前，林

图3-4　1953年夏，林浩然带队北上旅游途中在南京雨花台留影（前排执旗者，林浩然供图）

浩然征询母亲意见，母亲很支持儿子的活动，还拿给他100元作路费。

跟随廖翔华开始科学研究

　　身为生物系常务，林浩然的大四生活充实而忙碌。生物系教师不多，大四本科生经常被安排担任预助教，表现积极的林浩然自然成为预助教的合适人选。林浩然承担的是傅家瑞主讲的微生物学和苏镜娱主讲的生物化学两门课的预助教工作，备课、准备实验材料、协助指导实验课程，每门课一干就是半年，他在预助教工作中熟悉了教学工作的基本流程和内容，学习、教学能力都得到了很好的锻炼。

大学四年级的时候，因为选修鱼类学课程，林浩然初识廖翔华教授。[①] 在他的指导下，从稻田养鱼这一课题开始，进行了科学研究的初步尝试。

在利物浦大学获得博士学位后，廖翔华的导师希望廖翔华能继续从事水生生物学研究。当时美国密歇根大学淡水生物研究中心也聘请廖翔华为研究员，但他到驻英的美国使馆签证时，美方提出到美后不得返回中国大陆，只能在美国定居或赴台湾服务。美方

图3-5 廖翔华

这一无理要求深深刺痛了廖翔华，他毅然放弃了这份待遇优厚的工作，决心回国服务。经过香港时，他又拒绝了港英政府和英国文化协会让他到加拿大、澳大利亚或留港工作的邀请。廖翔华怀着振兴中国水产科学的抱负，坚决携眷踏上了归途。归国后，廖翔华被岭南大学生物系聘为副教授。当时新中国百业待兴，根据国家的需要，他毅然转向淡水鱼病害的研究。

中国稻田养鱼有悠久的历史，中华人民共和国成立时，稻田养鱼主要分布在西南和东南的山地，尤以四川、贵州、湖南、江西、浙江为多。1953年，第三届全国水产会议号召试行稻田养鱼。在1954年的第四届全国水产会议上，中共中央农村工作部邓子恢部长指出："稻田养鱼有利，要发展稻田养鱼。"于是，全国各地普遍推行了稻田养鱼。1959年，全国稻田养鱼面积曾一度突破1000万亩，并且有两个明显的变化：一是由局限于少数民族聚居区拓展到民族杂居或汉族地区；二是由局限在内地山区、半山区逐步延伸到平原地区。廖翔华让林浩然开展稻田养鱼的科学观测，正

①　廖翔华（1918—2011），福建将乐县人。1943年毕业于福建协和大学。1943—1948年先后在厦门大学和清华大学生物系任教。1948年获英国文化奖学金赴英国学习海洋鱼类生态学，1951年获利物浦大学博士学位后回国。历任岭南大学、中山大学、暨南大学生物系副教授兼副主任，1978年被聘为教授。1986年经国务院学位委员会批准为动物学专业博士生导师。从事教学60多年，开设脊椎动物学、鱼类学、寄生虫学等课程。20世纪50年代，研究头槽绦虫病，创立了鱼病生态防治的先例；1958年成功进行家鱼人工繁殖；70年代提出鱼类营养和饲料研究，1983年承担的国家"六五"水产科技重点攻关项目"草鱼营养需要量与饲料配方研究"。1987年承担国家"七五"科技重点攻关项目"水生动物营养标准和检测"。

是在这一背景下进行的。①

　　到了大学四年级，除了几门主课外，还要做毕业论文。刚从英国留学回来的廖翔华教授，向我们展现了丰富多彩的水生动物世界。在选择毕业论文方向时，我和另一位叫邓世章的同学毫不犹豫地选择了鱼类学。廖教授重视理论结合实际，在实践中培养学生的技能，提出"稻田养鲤"的研究课题。于是，我和邓世章两人以当时学校园林科仅有的两块水稻田（现今中大南校区游泳池一带）为实验场地，和工人一起犁田耙田、施肥灌水、播种插秧，到附近鱼塘买来鲤鱼苗；每天上午、下午二人轮流到水田测量水温，检查稻田出水口有无逃鱼，观察水稻和鱼种生长状况，还做稻草人防止水鸟捕食鱼苗，定时定量取样解剖记录养殖鱼的食性和食量，等等。这些实验操作简单琐碎，需要细心和耐心。做到学期结束时收割水稻和捕捉稻田鱼，水稻产量正常，投放的鲤鱼也长大了不少，凭着满满一本的数据，我整理了自己的第一篇论文。这项启蒙性的研究成果虽然还达不到在学术刊物发表的水平，却激发了我研究鱼类的兴趣，亦学会了怎样动手做实验，成为我此后数十年从事鱼类科学研究的起点。②

　　从这次毕业论文的研究开始，廖翔华成为林浩然科学人生中最重要的导师之一。

　　1970 年，廖翔华和他任教的暨南大学生物系并入中山大学。20 世纪 70 年代，他带领师生组成小分队深入顺德县的均安、勒流、桂洲等公社及广州郊区东圃、新滘等公社鱼苗场，组织培训班，让学生把学到的鱼类繁殖理论通过家鱼的人工繁殖加以巩固，同时向渔民普及家鱼人工繁殖的技术。③

----

　　① 《当代中国》丛书编辑委员会：《当代中国的水产业》，北京：当代中国出版社，1991 年，第 268—270 页。

　　② 林浩然：回忆在中山大学的从学和早期从教生涯。见：舒宝明主编：《校影》（中山大学 80 周年校庆丛书），广州：中山大学出版社，2004 年，第 110 页。

　　③ 中国科学技术协会编：《中国科学技术专家传略·理学编·生物学卷》（二），北京：中国科学技术出版社，2001 年，第 482—483 页。

这一时期，林浩然再次追随廖翔华，奔波在学校和渔场、办学点之间。正是在教学实践中，林浩然与廖翔华有了更多的交流，对进一步利用鱼类生殖生理学阐释和提高家鱼人工繁殖的技术有了更多的思考，为实现鱼类人工繁殖研究的突破做好了准备。[①]

毕 业 分 配

　　林浩然在大学期间，经历了抗美援朝、院系调整等时代大潮的洗礼后，即将面临毕业分配。

　　林浩然一直视廖翔华为启蒙老师，正是在选修廖翔华主讲的水生生物学之后，才选定了鱼类学作为自己的主攻方向。林浩然回忆说：

图 3-6　1954 年，中山大学生物系动物学专业同学合影（前排右二，林浩然供图）

---

　① 　林浩然访谈，广东广州，2017 年 7 月 5 日。资料存于采集工程数据库。

我是动物学专业，动物学分了脊椎动物和无脊椎动物两部分，我不喜欢搞那些小东西，喜欢搞大型的脊椎动物，所以我就选了脊椎动物。脊椎动物有鱼类、两栖、爬行、鸟类和哺乳类，后来我就选了鱼类学做我的主攻方向。跟廖翔华学习，就是从这里开始。

后来，廖翔华将主要精力放在水产研究所那边时，林浩然还和几位同学到位于南海县九江的研究所去跟老师们学习如何做鱼类学研究。

转眼就到了毕业分配的时节。林浩然的毕业论文顺利通过考核和答辩，等待学校的分配通知。1950 年 6 月以后，高等学校毕业生全部纳入国家统一分配，毕业生也要填报一张服从分配的表格。据林浩然回忆："当时分配情况学校人事处对我们是保密的。因为是计划经济，学校上报当年有多少个专业、多少个毕业生，国家计委把各地的需求汇总，看需要什么人、多少人，对口分配，全部国家分配。"① 每个学生的就业都是学校和生物系领导根据国家需要、各有关单位对大学毕业生的需求，事先商议

图 3-7　1954 年，中山大学生物系毕业班全体同学合影（立者左八，林浩然供图）

---

① 林浩然访谈，广东广州，2017 年 7 月 5 日。资料存于采集工程数据库。

好后，写在纸上放入信封里。毕业生在参加完毕业典礼后，每人发一个信封，里面的纸条上写着各自的就业去向，写哪个单位就要去哪个单位报到，没有选择的余地。当年高校毕业生很少，主要是分配到科研单位和全国各地的高校。

毕业典礼后，林浩然接到了决定毕业去向的信封，打开一看，上面写着华南农学院。当时，华南农学院提出向中山大学生物系要一位毕业生，担任著名水稻专家丁颖教授的助手。林浩然没有多想，很快就去华南农学院报到。该校人事科的干部在询问了林浩然的情况后，发现林浩然学的是动物学，而他们想要的是植物学专业毕业生，专业完全不对口。林浩然只好返回中大，向生物系党支部书记邵志明及系主任戴辛皆汇报，提出是否可以另换人去。戴辛皆欣然同意，动物学教研室正好缺乏从事脊椎动物学研究的人员，林浩然是很合适的人选。中山大学人事科与华南农学院人事科联系后，双方均同意调整人选。

当时，生物系毕业生张懿宁恰巧是学习植物学的，生物系领导商议后决定派张懿宁代替林浩然去华南农学院工作。张懿宁到华南农学院报到后，勤奋工作，虚心求教，很快成为教学骨干。

林浩然则与同学黄溢明、阮惠扳、王伯荪、华立中、张超常一起留校工作。

第四章
初执教鞭

任 教 之 初

1954 年 7 月，林浩然留校任教时选择了脊椎动物作为研究对象，进了脊椎动物学教研室当助教。脊椎动物学教研室主任是陈伯康教授，还有原中山大学毕业的周宇垣[①]教授和李国藩副教授[②]。当年中山大学要求新入职的年轻教师兼任教研室秘书，协助做一些行政和教学辅助工作，协助实验

[①] 周宇垣（1914—2002），出生于福建长汀。1936 年毕业于中山大学理学院生物系。1937年 8 月—1940 年 7 月任中山大学生物系助教，1940—1953 年先后任同济大学理学院生物系讲师、上海同济大学副教授、江苏省博物标本制造所所长、湖南大学生物系教授，1953 年后任中山大学生物系教授。一直从事动物学教学和科研工作，主讲脊椎动物学和鸟类学课程。20 世纪 50 年代曾任华南资源生物考察队脊椎动物组组长，对中国南方各省的动物资源进行了长期考察。

[②] 李国藩（1915—1998），出生于广东潮安。1940 年毕业于中山大学理学院生物系。毕业后留校任助教，从事动物学的形态、解剖和古生物的教学和研究工作。1981 年 8 月晋升为教授，曾任脊椎动物教研室主任，生物系工会主席。主要讲授脊椎动物学、动物学、无脊椎动物学、动物地理学、鱼类学和脊椎动物比较解剖学等课程，主持编写了多部教材。发表论文数十篇，出版专著 3 部。

教学，还要兼职做动物学专业一年级新生
的班主任。

陈伯康主讲胚胎学，学问很好，但由
于口音问题，教学效果不太理想。从学生
时代，林浩然就协助陈伯康教授开展胚胎
学教学工作。[①] 当年生物系主任戴辛皆教
授，是林浩然一直崇敬的前辈。林浩然在
中山大学 80 周年校庆时的一篇回忆文章
中曾深情地写道：[②]

图 4-1　陈伯康教授
（广西师范大学档案馆供图）

　　中山大学在 1952 年院系调整后
汇集了一大批全国著名的专家教授，
在动物学方面有寄生虫学家陈心陶教
授（因研究血吸虫而受到毛泽东主席接见）、昆虫学家蒲蛰龙教授（因
研究以虫治虫而被誉为华南生物防治之父）、生理学家戴辛皆教授等。
他们高尚的品德、渊博的学识、严谨求实的学风、诲人不倦的情操，
通过言传身教和潜移默化，影响和哺育了我们这一代青年学子的成长。
在他们当中，对我影响较深的是五六十年代生物系主任戴辛皆教授。

　　戴老是我国老一辈的海洋生物学家和生理学家。他早年留学法
国，从事海洋动物凿船虫的研究，抗战后研究木瓜酶生理生化，中华
人民共和国成立后努力学习和掌握巴甫洛夫理论。1952 年院系调整后，
他以 60 岁高龄不辞劳苦担任繁重的系主任行政工作，并参加教学和
研究。他平易近人、作风朴实、谈吐风趣，能和师生打成一片，深受
大家爱戴。院系调整后学校强调建立教学新秩序和学生生活管理，戴
老深入张弼士堂学生宿舍检查和看望学生。有一次他看到我的铺位和
书桌整齐清洁、安排有序时，不仅当面称赞我，还亲自写了一张小字

---

① 林浩然访谈，广东广州，2017 年 7 月 5 日。资料存于采集工程数据库。

② 舒宝明主编：《校影》（中山大学 80 周年校庆丛书），广州：中山大学出版社，2004 年，
第 112 页。

报贴在系布告栏，要大家向我学习。这件事给我很大的鞭策和鼓励，亦使我领略老系主任爱护青年和认真工作的情怀。

20 世纪 50 年代，戴老主要致力于营养生理研究。他忧国忧民，常说中国人缺乏蛋白质，营养不良，却不会发掘自己的资源，如大豆既有营养又很便宜。他一心希望改善国人的营养状况，专门研究大豆脱臭的方法，要把大豆制成像牛奶一样鲜美可口、人人爱喝的产品。当时没有精密仪器检测营养价值和身体耐力，他因陋就简"土法"上马，在实验室里（现岭南学院主楼）用几个秒表和小白鼠做实验，给各组小白鼠投喂不同的食物如谷物、大豆、番薯等，然后把它们放入盛水的玻璃缸中做"游泳比赛"或"负重游泳"的实验，看吃哪种饲料的小白鼠能坚持游泳的时间最长。我们看到他做的这些实验都觉得既有趣又实在，其结果又很有说服力，吃大豆或喝豆浆的小白鼠总是游泳时间最长，证明了大豆具有很好的营养价值。他的学术思想和治学态度给我很大的启发和教育。

1956 年 8 月,《1956—1967 年科学技术发展远景规划纲要（修正草案）》出台，科学技术发展步入快车道。学校原计划选派林浩然去参加俄语培

图 4-2　1954 年，中山大学生物系全体教职工在中山大学北门水塔前合影（前排左一为戴辛皆，前排左四为林浩然，林浩然供图）

训，最后因为在新加坡教书的父亲，失去了到苏联留学的机会。2006年林浩然接受记者采访时，仍将失去这次深造机会引为憾事。[①] 1957年，第一任生物系秘书黄溢明被选派到苏联深造，成为中山大学首批赴苏留学的幸运儿。离开中山大学前，黄溢明大力推荐林浩然接任生物系秘书，得到戴辛皆主任的首肯。据林浩然回忆："当时系里只有系主任、系总支书记，没有设系的副主任，也没有系办公室，有一个人事秘书，管人事工作；系秘书管行政。"[②] 实际上，系秘书就相当于现今的系办公室主任，诸如教材、财务管理、学生事务等，都由林浩然负责。

走马上任后，林浩然很快感受到了工作的压力和责任。当时系办公室仅有文书刘龙光和财务肖某两个人，他俩和林浩然一起支撑起了生物系几乎所有的行政事务工作。每次系主任戴辛皆组织教学骨干教师开会，会上所议事项在会后的执行基本上就靠林浩然一个人。系秘书还要兼管系里学生的学业安排、补考、留级、分配等工作。当时，选拔高年级学

图4-3　1956年，林浩然（右）和周宇垣教授（中）等赴海南岛采集动物标本（林浩然供图）

生到外单位进修，选拔规则制订和实施也靠林浩然去张罗。有一段时间，由于扩招，生物系学生中既有应届高中生，也有同等学力的社会青年，知识水平参差不齐，给教学工作带来很大压力。学校教务处规定，经补考后如果一门功课不及格要留级，两门功课不及格做退学处理。有些社会青年由于基础较弱，跟不上学习进度，生物系每年都有学生因为补考成绩不及

---

①　卢育辉："一介渔夫"的故事——中国工程院院士、中山大学水生经济动物研究所所长林浩然小记，《广东科技报》，2006年8月22日，第8版。

②　林浩然访谈，广东广州，2017年7月5日。资料存于采集工程数据库。

格退学的。为了严格执行学校教学条例，保证培养质量，林浩然要逐个和退学的学生做思想工作，鼓励他们继续努力，为社会服务。由于勤奋努力、认真负责，各项系务工作做得既细致又有条理，林浩然赢得大家好评。那些年，初入教职的林浩然，除了承担教学任务和系里行政工作外，还要参与科学研究。

> 每年夏天学生考完试以后，我们都会组织老师去采集标本，有时候到渔港去，有时候到深山、到森林去。1956年那次是跟周宇垣老师，还有系里标本制作有名的唐瑞斌师傅一起去。[1]

1956年那次去的是海南岛。他们既到山上采集鸟兽标本，亦到河边和渔港收集鱼类标本。经过几年的努力，教研室建立了比较齐全的华南脊椎动物标本室，包括剥制的鸟兽标本和浸制的两栖类、爬行类和鱼类标本，大大地丰富了动物学的教学内容，亦为动物分类学和区系研究提供了必要

图4-4 1958年，林浩然和生物系动物学专业学生合影（右二，林浩然供图）

---

[1] 林浩然访谈，广东广州，2017年7月5日。资料存于采集工程数据库。

的资料。此外，林浩然刚毕业时，仍常和动物学教研室的廖翔华副教授一起到南海县养鱼区开展调查研究和科学实验。

青年教师林浩然

1954年9月，林浩然留校的第一学期，学校在生物系和物理系教职员中试行政治课夜大学学习形式，通过课堂讲授、讨论、辅导、写学习心得、考试等环节，系统学习辩证唯物主义。林浩然虽然刚刚留校，仍被戴辛皆安排做生物系的夜大学课代表。夜大学每周二晚上上课，历时一年多，哲学系罗克汀教授、张迪懋教授等给两系教职工上课，深入浅出地讲解，系统地讲授了马克思主义哲学教育，让林浩然受益匪浅，帮助他成为一名坚定的马克思主义者。

在加紧进行思想教育的同时，学术研讨的氛围逐渐增强。1954年11月13日，中山大学举行第一次科学讨论会。生物系的科研氛围也非常热烈，对科研有着浓厚兴趣的林浩然全程参加了科学讨论会。营养生理学家戴辛皆教授亲自带头，介绍他主持研究的大豆脱臭技术，他的学术思想和治学态度给林浩然很大的启发和教育。林浩然认识到：科学研究的选题首先要结合我国实际，符合广大人民群众利益和国民经济发展的需要，理论联系实际，以解决实际问题为研究的最终目的；其次，在中国搞科学研究要克服科研条件不足的困难，有条件要干，没有条件创造条件也要干。只要有周密而新颖的研究思路，用简单的仪器设备亦可做出创新性成果。不久，生物系开始推行生产实习制度。这种实习制度成为教学和生产实际相结合的有效途径。

1955年1月20日，中山大学校务委员会暨学术委员会正式成立，生物系戴辛皆教授等6人成为学术委员会委员，这标志着中山大学在学术研究的组织机构建设方面迈出了关键一步。不久，生物系动物教研组举行学术报告会，江静波副教授在会上做了"华枝睾活质培养的实验"的报告，其中的实验材料是和学生一起在钟落潭进行生产实习时取得的。李国藩副教授的报告题目是"汕尾海产软体动物的调查",这是以林浩然等学生在大三暑假生产实习收集的贝类材料数据整理分析写成的,讨论中戴辛皆、江静波、廖翔华等老师对报告提出质疑,认为调查报告中使用的研究材料都是贝壳,并非鲜活的软体动物,研究亦未涉及这些软体动物的生活史,学术性有所欠缺;林浩然等青年教师则认为受到当时研究条件的限制,要想采集在海洋底栖生活的贝类活标本非常困难,这场小小的学术争论,使林浩然认识到中山大学开展海洋生物的研究,要走的路还长着呢!

全校推行生产实习制度本来是一件好事,有利于推动师生将科研、教学工作和生产实践有机结合,但半年之后,生产实习就被抬高到不适当的高度,出现过分强调生产,忽视教学和科研的苗头。1955 年 5 月 7 日,生物系召开首次教学与生产相结合研讨会,学生们在会上反映教学内容过多,学习时间不足,政治和社会活动过于频繁,部分学生学习跟不上进度等情况,要求适当精简教材,加强课堂教学与辅导,减轻学生负担。

1956 年 1 月,周恩来在全国知识分子工作会议上做了"关于知识分子问题"的报告,肯定了"我国知识界的面貌在过去六年来已经发生了根本性的变化"。1 月 20 日会议闭幕时,毛泽东号召全党学习科学知识,"向科学进军!"[1]

1956 年 2 月,冯乃超和中山大学党委副书记龙潜从北京参加全国知识分子工作会议返校后,组织传达了会议精神,学校召开了许多学习会和座谈会,切实解决了一些问题;同时,不失时机地确定了学校科研发展的总方向:以华南经济社会建设和热带、亚热带地区的资源利用为中心。随后,中山大学筹建了 6 个科学据点,生物系的教授们也都配备了助手。[2]正是在这一背景下,林浩然成为廖翔华副教授的助教。林浩然成为廖翔华的助教后,两人经常一起到生产现场进行水产养殖考察。

3 月 28 日,生物系召开师资培养与提高座谈会,要求青年教师在三年内把自己提高到具有独立开出本专业一门课程的能力,要掌握两门外语,要具有独立进行科学研究的能力等。作为一名青年教师,林浩然感到巨大的鼓

---

① 邢和明:《非同寻常的 1956 年》,福州:福建人民出版社,2007,第 126-127 页。

② 吴定宇:《中山大学校史(1924—2004)》,广州:中山大学出版社,2006 年,第 264 页。

舞和压力。他更加努力地学习专业知识，提高授课本领和专业外语水平。

既有的基础、政策的春风，有力地推动了中山大学的科学研究工作。随着知识分子政策的贯彻执行，老教授们精神焕发，青年教师积极参与，形成了以老带新的局面，提高了教学和科研质量，产生了一批重要的科研成果。廖翔华副教授历时 4 年研究的成果"广东九江头槽绦虫生活史生态及其防治"在这一年发表，有效地解决了广东淡水养殖中鲩鱼幼苗"口干"病问题，具有重要经济价值。此前，顺德一带渔场幼鲩感染九江头槽绦虫，成活率不足 10%，采用了廖翔华的防治方法后，幼鲩成活率达 90% 以上，对生产帮助很大。①

学生们也踊跃报名参加各种科学小组。全校建立了 78 个科学小组，参加科学小组的学生达 663 人，70 多位教师负责指导学生开展科研。科学小组的活动结合课程学习，使学生们受到很好的科学研究训练。②

对当年热烈的氛围，林浩然记忆犹新：③

> 1956 年，党中央召开知识分子会议，会上周总理代表党中央传达和阐明了毛主席关于"向科学进军"的号召，给予广大科技工作者和全国人民以极大的鼓舞，使中国科学技术发展迎来了第一个春天！学校和各系都先后召开向科学进军的动员大会，我们住在爪哇堂的青年教师更是意气风发，仿佛听到了进军号响，沉浸在跃跃欲试的兴奋之中，每晚爪哇堂都灯火通明，查阅资料，献计献策，讨论选择研究课题。

那两年，年轻的林浩然一直身兼数职，日夜忙碌。在这种热烈的"向科学进军"的氛围中，他抓紧时间，努力学习，在廖翔华教授指导下，选择了鱼类形态学和组织学作为钻研的学术方向，开展几种不同食性鲤科鱼类消化道的组织学研究，一有时间就到组织切片室向实验技师刘元学习组

---

① 吴定宇：《中山大学校史（1924—2004）》，广州：中山大学出版社，2006 年，第 271 页。

② 同①，第 270 页。

③ 舒宝明主编：《校影》（中山大学 80 周年校庆丛书），广州，中山大学出版社，2004 年，第 112 页。

织切片技术。

除了工作，他一直坚持体育锻炼。1956 年 4 月中旬，学校举办首届教职工运动会，林浩然和同事一起组成生物系代表队，他报名参加了 100 米、200 米、4×100 米接力和跳远 4 个项目，都进入前三名；同时，还参加了全校教工足球锦标赛并获得冠军，为生物系获得团体冠军立下汗马功劳。1957 年年初，在中山大学第二届教职工运动会上，林浩然和生物系同事齐心协力，再次以优异成绩夺得团体冠军。

忙碌对于林浩然来说是一种快乐！除了工作的追求，政治上追求进步也是快乐的原因之一。加入中国共产党，是林浩然一生中最重要的政治选择。中华人民共和国成立以来的所见所闻，使他深切感受到中国共产党领导之于新中国各项建设事业的重要性。因此，加入中国共产党成为林浩然心里既迫切又忐忑的梦想。大学毕业后，林浩然就向党组织递交了入党申请书。当时党组织安排林浩然的培养人是同班同学黄溢明，1952 级的师弟邓仕汉协助培养。

当时，中山大学教师中党员人数不多，一个系仅有几个人。林浩然向党组织和培养人坦然交代了自己的家庭背景，每隔一两个月向组织和培养人提交一次思想汇报。林浩然特别强调，父亲虽然在国民党中央军校和中央警校工作过，但他仅仅是一名理化教官，从没有与中国共产党对立。诚恳的态度、勤勉的工作、执着的追求，终有梦想实现的一天。1956 年 9 月，经过组织认真的考察、详细的函调，林浩然终于成为一名中国共产党预备党员，生物系党支部书记邵志明和黄溢明是他的入党介绍人。

风 雨 渐 作

与全国其他高校一样，"1957 年的康乐园经历了不平静的一年"[1]。

1957 年 4 月 27 日，中共中央发出《关于整风运动的指示》，决定在

---

[1] 吴定宇：《中山大学校史（1924—2004）》，广州：中山大学出版社，2006 年，第 272 页。

全党进行一次以正确处理人民内部矛盾为主题，以反对官僚主义、宗派主义和主观主义为内容的整风运动。中山大学师生响应党的"百花齐放，百家争鸣"的号召，召开全校及各系座谈会，师生们就教学、科学等工作提出了许多中肯的意见。整个 5 月，校园之外的各行各业也都按照上述指示组织座谈会，听取各方面群众意见。林浩然也多次参加生物系召开的座谈会。

6 月初的几天，社会各方面的批评更加激烈，紧张局面升级。6 月 9 日—8 月 17 日，《南方日报》转载了《人民日报》的 16 篇系列社论，情势发生突变。"7 月 1 日至 7 日这一周，大学中的运动达到高潮，整整一周都是频密的会议和群众的大字报运动，批评仅仅几周前大字报运动中发表的许多思想观点。"[①]

中山大学错划了 193 名右派分子，其中正副教授 17 名、讲师 1 名、助教 3 名、学生 172 名。这些被错划的师生有的受到开除处分，有的被遣回原籍或其配偶出生地，有的被送去劳动教养或送农场及其他劳动场所监督劳动，留校受降职、降薪、察看处分或监督改造者达 90 名之多，更多的人到了右派分子的"边缘"，其中包括江静波等人。林浩然内心充满了忧虑。直到 1980 年后，这些师生才得到平反，恢复了名誉。[②]

自 1956 年 9 月蒲蛰龙教授和利翠英教授从华南农业大学调入中山大学生物系后，昆虫学方面的教学和研究力量开始加强。1957 年 1 月，蒲蛰龙教授用从苏联引进的澳洲瓢虫防治为害木麻黄的吹绵蚧，使长达 20 千米、宽 100 米的电白县博贺林带免遭虫害，初步显示了生物防治的重要作用。1957 年 9 月，苏联昆虫生态学专家妮·谢·安德列安诺娃到中山大学生物系作为期两年的讲学，同时为中山大学培养研究生、指导和协助开展相关科研、开设新课程。1959 年 5 月，由蒲蛰龙教授主持，列宁格勒大学昆虫生态学专家格里逊指导的昆虫生态实验室建成。实验室装备自动化控制、温控和光照设备，是我国当时比较完备的昆虫生态实验室，中山大学

---

① 傅高义（Ezra F. Vogel）著，高申鹏译：《共产主义下的广州：一个省会的规划与政治（1949—1968）》，广州：广东人民出版社，2008 年，第 185—187 页。

② 吴定宇：《中山大学校史（1924—2004）》，广州：中山大学出版社，2006 年，第 273 页。

实验昆虫生态学自此启航。安德列安诺娃第一次开班授课时，林浩然也慕名前去听讲，他希望拓宽自己的知识面。

10 月，学校进入整改阶段，掀起"大鸣大放"的高潮。11 月 11 日，林浩然参加了生物系召开的全体教工大会，大会报告关于处理群众意见和改进工作的情况。群众在鸣放期间提出的批评和意见，整理后有 88 条，其中 56 条是针对生物系的工作而提出的，这些意见基本都得到了办理。戴辛皆主任代表系里在会上表态，"在整改阶段依靠群众大胆地改，坚决地改，彻底地改；并鼓励群众继续鸣放。[①]"在当年氛围影响下，生物系教工开始整改阶段的"鸣放"。到 11 月 23 日，又提出 150 多条意见。林浩然身兼校报通讯员，如何报道这种消息让他颇费脑筋，写多了可能会偏离教学和科研的主方向，不写会被认为思想跟不上形势。12 月 5 日，他在校报上发表了题为"提高教学质量应该结合实际"的文章，主旨上是希望教师和学生都能保证对教学工作的理性追求，后来任生命科学学院副院长的冯双认为，"文中一些观点至今仍有较大的参考价值。[②]"

1957 年 8 月 1 日，林浩然预备期满时，正值"反右"高潮阶段，因为同情"大鸣大放"中发表过意见的学生，林浩然的转正日期延后一年。[③]

1956—1957 年，中山大学生物系的学科力量格局也发生着变化。自 1956 年 9 月开始，生物系决定精简课程以"减轻学生学习负担"，其中就包括四年级选修课之一的鱼类学。1957 年 8 月，陈伯康教授受命支援广西师范学院，廖翔华教授被调去支援在广州复办的暨南大学。中山大学动物学和鱼类学方面的力量被削弱。[④] 考虑到此后连绵不断的种种运动，很难评价这些变化对林浩然的学术生涯产生了何种影响，但被林浩然视为启蒙老师的廖翔华的调离，显然拉长了林浩然在鱼类生殖生理学方面取得研究成果的时间。

---

① 佚名：生物系召开教工大会，向群众报告整改意见，《中山大学周报》（第 216 期），1957 年 11 月 21 日。

② 冯双编著：《中山大学生命科学学院（生物学系）编年史：1924—2011》，广州：中山大学出版社，2011 年，第 153 页。

③ 林浩然党团材料，编号 231-007-1，第 2 页。资料存于中山大学人事处档案科。

④ 同②，第 155 页。

1958 年 3 月起，中山大学生物系也逐步卷入不断升温的"大跃进"热潮中，师生们都希望通过苦干创造奇迹。3 月 18 日，蒲蛰龙教授代表生物系在中山大学"向又红又专大跃进誓师大会"上表态，响应复旦大学生物系的挑战，这标志着生物系"大跃进"正式开始。这时，许多不切实际的想法被提出来。一次，在现在文科楼位置的露天电影广场上，生物系一位老师提出把猪养得像大象那么大的"跃进计划"。到 3 月 24 日，生物系贴出的大字报已经超过 1 万张。此时的林浩然依然保持着清醒的头脑，当生物系领导提出要举办教学改革和科研改革的"双改"展览会时，他主动承担了许多布置和展出工作。展览会在 6 月 14 日顺利举行，展出了当时生物系"双改"取得的许多"成果"。

　　9 月，学校全面铺开"双改"运动，生物系被安排到广州市新滘人民公社帮助办社。林浩然受命带领部分师生到官洲大队奶牛场，帮助发展奶牛饲养。尽管大家没有怨言，和农民相处也很愉快，但专业不对口客观上并没有帮助农民解决多少实际问题。10 月 17 日，又有 300 多名生物系师生被派到新滘人民公社进行劳动锻炼，林浩然所在的奶牛场也多了一些熟悉的面孔。

　　1958 年 12 月 30 日，生物系在康乐园风雨操场举行"庆丰收晚会"，林浩然和师生们一起参加了晚会。

　　1959 年 1 月，下乡劳动锻炼发展成教学、科研、生产劳动"三结合"。生物系师生被要求到广州市郊的棠下、三元里、杨箕、赤岗四地进行"三结合"，为期半年。当时，生物系已决定组织师生编撰《广东高等动物志》《华南经济昆虫志》《广东植物志》（以下简称"三大志"），这使得一部分师生因参加编志工作而被派到广东各地采集标本和收集资料。1959 年 3 月 11 日，中山大学校报曾以《生物系师生大搞科学研究》为题报道了此事。林浩然负责"三大志"编撰的通讯工作并具体承担《广东高等动物志》中鱼类志的编辑。关于这一时期，林浩然回忆说：[①]

---

　　① 舒宝明主编：《校影》（中山大学 80 周年校庆丛书），广州：中山大学出版社，2004 年，第 112 页。

　　我参加的第一项重大科研项目是当时全系选定的广东省"三大志"中《广东高等动物志》的编写,我具体负责鱼类部分,标本和实验室设在当时的教学楼三楼(现今岭南学院主楼旁边)。在当时标本和资料不齐全、研究人员的外文和分类学基础较差的情况下,要查清和分门别类记载全省各地的动物种类及其分布,任务十分繁重。我从研究队伍(包括青年教师和高年级本科生)的业务培训入手,首先识别和熟悉掌握已有的资料和标本,然后组织队伍到野外采集和调查。师生们日夜奋战,埋头苦干,不到一年工夫就把现有的标本整理完毕,严格按照编"志"的要求对每种鱼类进行分类鉴定、形态描述和绘制图版。在此基础上我组织和带领学生们分批到广东省各主要山区和沿海地区"捕鱼打猎",采集各种动物标本,调查它们的分布和生态,以充实"志"的内容。当时山区和沿海的交通和生活条件都极为不便,既无宾馆可住,亦无饭店可吃,还常常无车可坐,不但行李自己背,还要扛猎枪及携带采集、制作标本的工具。白天爬山越岭,打猎、采集,步行几十公里,晚上油灯下制作标本到深夜是常有的事。

　　这期间我们还接受了中国科学院华南生物资源综合考察队委托的调查广东省各个水系渔业资源的任务,具体负责潮汕地区韩江水系的渔业资源调查。我把资源调查和鱼类志的编写结合起来,经过短暂的人员培训和组织安排,时间紧迫、知难而上,十多位师生分成两组,分别在韩江的上游和下游租了一条小渔船沿江进行野外实地调查。白天抛网捕鱼、采集水样、进行水质化学和浮游生物定性和定量分析测定,晚上对标本做检索和整理资料,穿插安排时间走访渔村,了解风土人情、渔具渔法、渔业经营管理。由于师生们的刻苦努力,我们出色地完成了考察任务。我把大家得到的考察结果综合整理,写成了《广东省韩江流域渔业资源调查报告》上报华南生物资源综合考察队,得到好评。

　　经过一年多野外实际工作,取得了丰硕的标本和资料,基本上摸清了广东省各个自然区域的脊椎动物种类分布和区系组成,《广东高等动物志》的编写亦告一段落。为了进一步提高《广东鱼类志》的完整性和学术水平，并向全国著名专家学者学习请教和交流，1959年秋季，我带着编写成果和一些疑难问题北上走访上海水产大学、中国科学院青岛海洋研究所、北京动物研究所和武汉水生生物研究所等科研单位，得到同行们的热情接待和无私帮助，仔细查对了他们收藏的标本，修正和补充了我们欠缺的内容。特别是鱼类学界的老前辈、德高望重的朱元鼎教授、秉志教授、张春霖教授、成庆泰研究员等都亲自接待我及解答我的问题，对我们群众性大搞科学研究的创举既寄予殷切厚望，又给以指点和鼓励，使我受益匪浅。回校后我又组织师生对《广东高等动物志》的编写进行一次比较全面的修订和补充。

这些基础性和群众性的科研成果是林浩然以鱼类分类学、形态学为起点积极努力取得的，亦为他日后向鱼类生理学和生态学发展的重要基础。林浩然相当怀念当年火热的群众性科研活动中所培养的为科学奋发进取和忘我拼搏的精神，以及通过认真严谨和刻苦钻研的科学实验所积累的科学知识。林浩然认为，对于20世纪50年代成长起来的青年科学工作者而言，那些都是非常珍贵的精神和知识财富，并成为他们进一步成长和提高的基础。

1959年7月1日，生物系用于国庆十年献礼、涵盖广东1400余种高等动物的《广东高等动物志》的编撰基本完成。7月12日，生物系举行庆功会。林浩然撰写的"广东高等动物志通讯"发表在7月25日的《中山大学》（第321期）上。[①]

7月21日，生物系举行科学研究报告会，6位教师作了报告，林浩然第一次与张宏达、蒲蛰龙、马炳章、江静波、曾淑云一起登台做报告，他报告的题目是"广东鲤形目淡水鱼类的初步研究"。[②] 这是他利用参编《广东高等动物志》中《鱼类志》的机会，将属于鲤形目的鲤鱼、鲫鱼、鳊

---

① 冯双：《中山大学生命科学学院（生物学系）编年史：1924—2011》，广州：中山大学出版社 2011 年，第 159 页。

② 同①，第 155 页。

鱼、鲂鱼、鲢鱼、鳙鱼等数十种广东淡水鱼类重点做了深入细致的研究。[①]
林浩然记得，张宏达副教授在会上作了题为"广东植物区系的基本特点"的学术报告，是张宏达著名的"华夏植物区系起源"学说的首次系统展示。

10 月 1 日，编撰"三大志"的调研成果和广州郊区蔬菜丰产经验综合研究等 44 项被选为生物系向学校国庆献礼的成果，接受学校的检验。

继续跃进与全面调整

1959 年初，"大跃进"的弊端已显现无遗，赶超英美的战略被证实尚不具备基础。7 月举行的中共八届八中全会后，全党开展了"反右倾"整风运动，继续错误的路线带来了更大的损失。1959 年 9 月至 1960 年 1 月，中山大学开展了历时 4 个多月的"反右倾"整风运动，一批师生被指为有严重"右倾"思想及"有走白专道路的倾向"而受到不同程度的批判和打击，也为两个月后新一轮"极为广泛、深刻的教学改革运动"做了铺垫。[②]

1959 年夏，林浩然晋升为讲师，并开始讲授基础课《脊椎动物学》的部分内容。原来由周宇垣教授开设的《动物生态学》，因其身体原因不再能主讲时，林浩然和朱金亮两人积极备课，承接下这门专业课，并取得了较好的教学效果。虽然动物生态学和后来林浩然专注的鱼类生理学有一定的距离，但作为青年教师，在相关学科方面打好知识基础，对于学识和学术思想的成长都是很有好处的。

1962 年，党中央和国务院在广州召开了科学规划会议（史称"广州会议"）。会上，周恩来和陈毅肯定了多年来知识分子的进步。会议期间，中山大学邀请许多与会专家到校讲学和交流，其中包括苏步青、郭永怀、卢

---

① 林浩然访谈，广东广州，2017 年 10 月 23 日。资料存于采集工程数据库。

② 吴定宇：《中山大学校史（1924—2004）》，广州：中山大学出版社，2006 年，第 262 页。

嘉锡、唐敖庆、黄子卿、钱人元、裴文中、贾兰坡、童第周等 50 多位专家，举行学术报告 16 次，学术座谈会 20 多次，大大提高了师生对科研工作的认识水平。[1] 林浩然担任专家的秘书，参加了会议的组织工作。

由于当年强调科学研究要结合生产实践，这一时期的林浩然在周宇垣教授指导下，与 1960 年毕业留校的辛景禧及学生们一起，深入广东省中山县，在当地捕鼠土专家的协助下，开展沙田地区黄毛鼠生态及其发育阶段的研究，研究成果先后发表在《中山大学学报》上。[2][3] 这两篇论文参考了苏联啮齿类动物学研究的文献，并结合动物学专业教学工作。在总结大量鼠类生态学观察数据，形成论文的过程中，林浩然的科研设计、分析研究能力大大提高了。这是林浩然在动物生态学方向取得的一些初步

图 4-5　1962 年，林浩然（左一）与戴辛皆（前排左三）等在广东省兴宁渔场推广家鱼人工
繁殖技术（林浩然供图）

---

① 易汉文:《中山大学编年史（1924—2004）》，广州：中山大学出版社，2005 年，第 71 页。

② 林浩然，辛景禧：中山县大沙田区秋、冬两季小拟袋鼠和黄毛鼠生态的初步观察，《中山大学学报（自然科学）》，1961 年第 2 期，第 34-40 页。

③ 林浩然，辛景禧：黄毛鼠发育阶段的初步研究，《中山大学学报（自然科学）》，1961 年第 2 期，第 45-57 页。

图 4-6　秉志（1886—1965）

研究成果。

在此之前的 1959 年 2—4 月，在李国藩副教授指导下，林浩然带领动物学专业 9 名师生，对 1958 年建成的广东省从化县流溪河水库库区的水质、浮游生物生态学及发展库区渔业的前景进行了综合调查，研究报告发表于 1960 年《中山大学学报》（第 4 期）。[①] 同年，林浩然在李国藩副教授指导下完成的动物分类学论文"广东板鳃鱼类的新纪录"发表在《中山大学学报》（第 1 期）上。

尤其值得注意的是，这一时期林浩然独立开展的鲤科鱼类消化道生理学研究，独立发表的第一篇鱼类生理学研究论文"五种不同食性鲤科鱼的消化道"在 1962 年第 3 期《中山大学学报》发表。他查阅了 20 余种英、俄文文献，并参考秉志、孟庆闻、倪达书等国内著名学者的论著，对华南地区淡水养殖较为重要、不同食性的鲤、草、鲢、鳙、鳜鱼的消化道的形态、组织构造做了全面系统的观察和分析。研究过程中，林浩然经常请教已调去暨南大学的廖翔华先生；成文后，他还将文稿寄给中国科学院动物研究所著名鱼类解剖学家秉志教授[②]征求意见，秉志教授也给予热情指导。

在此基础上，结合当时淡水鱼类人工催产技术实现突破后各地大量培育鱼苗的生产实际，林浩然对处于幼鱼阶段（胚胎孵出卵膜到仔鱼发

----

① 李国藩，林浩然，张维欣，等：广东省流溪河水库库区水质及其与浮游生物相互关系的分析，《中山大学学报（自然科学）》，1960 年第 4 期，第 56-62 页。

② 秉志（1886.4.9—1965.2.21），字农山，原姓翟佳氏，曾用名翟秉志、翟际潜，河南开封人，著名动物学家，中国近现代生物学的主要奠基人。清朝光绪三十四年（1908 年）毕业于京师大学堂，1913 年获美国康奈尔大学学士学位，1918 年获康奈尔大学博士学位，1935 年当选中央研究院评议员，1948 年当选中央研究院院士，1955 年被选聘为中国科学院学部委员。秉志在昆虫学、神经生理学、动物区系分类学、解剖学、脊椎动物形态学、古动物学等领域均有许多开拓性工作，对进化理论深有研究，晚年系统全面地研究鲤鱼实验形态学，充实和提高了鱼类生物学的理论基础，为开创和发展中国的生物学事业作出了历史性的贡献。

塘饲育之间，约 4 天）的白鲢消化道器官的发育生长进行了深入研究。论文"白鲢幼鱼消化器官的发育成长"发表前，林浩然再次得到了秉志教授的指导。后来该论文发表在《中山大学学报（自然科学）》（1964 年第 1 期）上。

大学期间严格的学术训练，师长们的言传身教，悉心指导；参加编写鱼类志的工作经历，都对林浩然认识自身学术取向有所帮助。研究鲤科鱼类消化道生理的经历，标志着林浩然具备了独立开启鱼类学研究大门的能力。

他开始思考自己的学术研究方向。一方面，必须适应当时教学与科研改革的需要，紧密结合生产实际，努力做好本职工作。另一方面，根据自己的学习兴趣和学科发展，认为分类、形态和组织结构等作为鱼类学的基础是重要且不可缺少的，但鱼类生理学和生态学作为实验性学科，是新兴的、有活力的，既是自己感兴趣的，亦是解决生产实际问题所需要的，他下决心朝着这个学术方向做一番努力。

遗憾的是，政治运动打断了他学术成长的正常进程，"白鲢幼鱼消化器官的发育成长"是林浩然在这一阶段发表的最后一篇论文，下一次公开发表论文已是十年以后的事情了。

在此期间，林浩然与中山大学生物系在读研究生卢爱平组建了家庭，1962 年 7 月，生物系举行青年教师集体婚礼，这一年林浩然 27 岁。1964 年、1967 年，女儿林虹、林颖相继出生。

参加"四清"工作队

1964 年 7 月 1 日，中共中央中南局书记处书记吴芝圃到中山大学向师生作当前形势和学习毛主席著作的报告。1964 年起，"以阶级斗争为纲"成为高校的工作要点。中山大学工农出身及老干部家庭出身的学生入学率大幅提高，作为培养革命事业接班人重要措施之一的劳动锻炼开始占用越来越多的时间，更多的师生被组织到农村基层参加"四清"运动。①

当年农村开展社会主义教育运动，以清理账目、清理仓库、清理财务、清理工分为主要内容，即"四清运动"。运动深入后，又将"四清"规定为清政治、清经济、清组织、清思想。

中山大学分批安排教师参加"四清运动"。7月，林浩然和朱金亮、周少钦等人被列入第二批名单，被安排到广州市花县新华镇（今广州市花都区新华镇）的赤坭公社参加"四清"，林浩然负责其中一个生产队的"四清"工作。

"四清"工作极为辛苦。运动中要与"扎根"对象"三同"，即同住、同吃、同劳动。"同住"是在柴堆旁临时支个铺位，天一亮就要收起；"同劳动"不仅白天参加田间生产劳动，还要做家务劳动，包括挑水、运柴火、养猪、扫地等脏活、累活、体力活；当时"四清"要求工作队员不能吃肉、不能吃鱼，"同吃"只能吃米饭、吃青菜，即使是米饭也吃不饱，早饭时一碗稀粥，午饭和晚饭也只有一碗干饭。由于营养条件差，体力劳动多，晚上又开会，整理材料，天天熬夜，休息时间很短，林浩然越来越瘦，身体每况愈下，一次在挑水时还扭伤了腰，不得已住院治疗了几天。卢爱平来看望时，心疼不已，但也无可奈何。

1964年10月—1965年3月，近半年"四清"的辛劳付出彻底透支了林浩然的身体。1965年3月，临近"四清"收尾总结阶段，上级领导派出医疗小组下乡给"四清"工作队队员检查身体。一位中山医学院刚毕业的青年医生给林浩然检查，发现他黑瘦无力，体重大幅度减轻，颈部淋巴结明显肿大，可能患有恶性肿瘤，随即向"四清"工作团领导反映，提出必须尽快把他送到广州大医院进一步体检并接受治疗。

返回广州后，林浩然已经变得黑瘦异常，身上穿的衣服都显得松松垮垮。母亲看见推门进来的林浩然，简直认不出这是自己心爱的儿子，心痛得泪流不止。

林浩然被送到中山医学院附属医院接受体检。医生一开始就提出了手

---

① 吴定宇:《中山大学校史（1924—2004）》，广州：中山大学出版社，2006年，第293-294页。

术取样活检等治疗方案，卢爱平和医生们仔细分析了体检报告后，认为不像是恶性肿瘤，也不适合开刀取组织样本活检，决定让林浩然在家静心休养，增加营养，再做进一步检查。得到"四清"工作团批准，林浩然提早结束"四清"工作回校。

此后一段时间，林浩然得以享受天伦之乐，每天能和家人，尤其是和出生刚半年的女儿在一起，精神放松了，身体逐渐康复。不久，广州地区这一期的"四清"工作亦宣告结束。

1965 年 5 月，学校考虑到林浩然上有老、下有小，在学校东区的职工宿舍区，即今水厂附近，给他分配了一间 20 平方米的宿舍，虽然厨房和洗澡间公用，生活条件艰苦，但一家人总算可以团聚了。

第五章
蹉跎岁月

天堂山干校

1966 年夏天，"文化大革命"开始了。像其他地方一样，中山大学校内形势的发展逐渐超出了人们的预期。据林浩然回忆，开始大家以为像往常的运动一样，搞一两个星期大概就过去了，根本没想到会持续了 10 年。林浩然那年 32 岁，既不是斗争对象，也不是斗争主力；既不是"红五类"，也不是"黑五类"，在运动中一直做"逍遥派"。他后来回忆，那个时候几乎人人被卷入、人人搞运动、人人被运动。其结果，不管是斗争对象，还是斗争主力，都会受到摧残：要么身体被摧残，要么心理被摧残。

1966 年深秋，林浩然也和青年教师们去"串连"。他回忆当时的情况：

> 我们是尾声的时候去的，当时革命群众都可以去。革命对象都关在学校。我们为了表示自己是革命群众，不是革命对象，就组织一批年轻的教师、革命群众也去了。我们从广州乘船到梧州、柳州——那

时候火车不要钱——搭上火车，经过庐山，到了贵阳、重庆。所到之处，都有接待站，都是睡地铺、领馒头。

我们一群人大概十几个人，每人背了一个包袱。到了重庆，渣滓洞、白公馆都去了，沿途都是革命群众。后来一行人从重庆到南京、上海、杭州、长沙，大约用了不到1个月，十几位青年教师回到广州。①

1966—1971年，全国高校没有招收新生。许多老师无事可做，每天看大字报成了必修课。林浩然感到无所适从，既不愿卷入纷争，又无书可教，安心研究的条件也荡然无存。闲来和妻子逛书店，发现外文书店已无专业书可买，只有各种版本的《毛泽东选集》和英、日、德、法文版的《毛主席语录》。他就想通过这些书来巩固英语，掌握日文，以待来日。

1966年5月7日，毛泽东给军委后勤总部写了一封信"关于进一步做好部队农副业生产的报告"，要求机关干部参加生产劳动，时称"五七指示"。1968年5月7日，毛泽东"五七指示"发表两周年时，黑龙江省革委会在安庆县柳河办了一个农场，把机关干部和所谓的走资本主义道路的当权派送去劳动改造，农场定名为"五七"干校。10月4日，《人民日报》刊登了"柳河'五七'干校为机关革命化提供了新经验"和毛泽东关于"广大干部下放劳动"的号召。各地随即办起了各式各样的干部下放劳动的"五七"干校或农场。"五七道路放光芒""五七指示万岁"等口号，也随之传遍大江南北。②

中山大学的知识分子劳动改造地点定在粤北坪石天堂山，是广东省革委会的决定。中山大学的军管会及校领导曾派出军宣队、工宣队负责人前往粤北坪石选择具体地点。起初选在坪石镇，抗战时中山大学曾迁往坪石办校，那里有中山大学的校产，加上坪石位于粤湘交界处，京广铁路贯穿其间，交通便利，经济比较发达。选点人员考察后却认为坪石镇有旧校

---

① 林浩然访谈，广东广州，2017年10月23日。资料存于采集工程数据库。

② 徐位碧：在英德茶场红桥"五七"干校。见：广州市政协学习和文史资料委员会编：《广州文史》（第七十四辑），广州：广州出版社，2010年，第512-527页。

址，不利于干部锻炼。最后选定条件艰苦的乐昌县坪石公社天堂大队的长江村，即今金鸡岭所在的自然村。金鸡岭峰顶海拔 800 米，山势险峻，当年山上既无耕地和果树林木，也无道路等，遂选定为中山大学"五七"干校校址。①

1968 年 11 月，卢爱平随中山大学首批 430 名教师被派往天堂山干校劳动，劳动的内容包括给后到的老师搭茅棚和背粮上山。12 月，经过动员，中山大学全体教工"自愿"去干校当农民。"出发那天，人人身背行李、手持'忠字牌'，浩浩荡荡向干校进发，老师们乘火车于清晨到达罗家渡，立即奔赴天堂山。登山之路都是当地农民走出来的，年轻人空着手爬上去，也得二三个钟头。老师们背着笨重的行李沿着崎岖的山路登山，而且又是大队人马，其中许多人一生从未下过乡，更未爬过山，所以行程很慢。特别是过'老虎嘴'，更是险象环生，该处路仅尺许，一边是峭壁，一边是深谷，有的人甚至是爬过去。虽然沿途安排有宣传员宣传、鼓气，他们敲竹板、读'语录'、唱革命歌、跳'忠字舞'，还有'一不怕苦，二不怕死''下定决心，不怕牺牲，排除万难，去争取胜利！'等口号声响彻山岗，但毕竟是男女老少齐上路，青年教师都颇感气喘吁吁，体弱多病的老教师和女教师就更可想而知了，一路走走停停，直至傍晚才达到目的地。"②

图 5-1 中山大学"五七"干校所在的乐昌市坪石镇金鸡岭

下放到中山大学"五七"干校之前，林浩然正带着 1966 届、1967 届的毕业生在军垦农场劳动锻炼。这两届学生因为

---

① 中山大学地理系教授红冰的回忆录：乐昌坪石探密：中山大学一代知识分子与坪石天堂"文革"缘，武水河畔的博客，2012-06-30，13：46：54。

② 吴定宇:《中山大学校史（1924—2004）》，广州：中山大学出版社，2006 年，第 297 页。

"文化大革命"耽误了毕业分配，后来按照"面向农村、面向山区、面向基层、面向边疆"的原则，大多分配到艰苦地区的工作岗位。①

11月中旬已经入冬，1968年的冬天格外寒冷。第一批到干校的教师（包括卢爱平）住的是茅棚，蒲蛰龙教授也跟他们一样住茅棚。第二批教师来到天堂山时，金鸡岭最高处已经无法搭建更多的茅棚，于是文科各系的教师都安排在山腰处，化学系、外语系则只能安排在山脚。②

> 劳动锻炼是去干校"改造"的基本要求，但山里田地很少，秃山居多，又是冬天，农民都不出工。团部抽调了一部分学员进行社会主义教育运动和修公路，剩下的人基本上就是为一日三餐而劳动，主要是背米、挑菜、砍柴、扛柴、做饭……人人都为菜、米、油、盐、柴而奔波。那时煮饭、炒菜、烧水都用木柴，同时还要为过冬取暖准备燃料，所以刚到干校那阵子，几乎天天都是全体出动下山（山谷）砍柴、运柴、劈柴、锯柴。年逾花甲的老先生也要参加运木柴，即使扛一两根树枝也不容易，光是爬上爬下就够辛苦了。除此以外，一些年轻力壮的学员还要修路、搭棚、自建厕所、开荒种菜，由于土地瘠瘦，种下的蔬菜只有寥寥收成。③

政治学习和一些具有仪式感的行为必不可少，干校当然不仅是劳动锻炼，锻炼的目的是要改造思想。抵达干校后，林浩然、华立中等人每天从早到晚从事种菜背粮、修公路、打柴等体力劳动，根本没有时间和精力学习和研究。林浩然至今难忘的是，下放干校的第一个除夕（1968年）是在海拔近千米、冰天雪地的天堂山上度过的。当时适逢大雪，山上粮食告罄，必须下山去运粮。山路崎岖，加之雪后路滑，无法挑担运粮，老师们灵机一动，想了一个特别的办法：大家将各自的裤管扎起来，在裤筒里装

---

① 林浩然访谈，广东广州，2017年10月23日。资料存于采集工程数据库。

② 卢爱平访谈，广东广州，2018年1月2日。存地同上。

③ 中山大学地理系教授红冰的回忆录：乐昌坪石探密：中山大学一代知识分子与坪石天堂"文革"缘，武水河畔的博客，2012-06-30，13:46:54。

满了粮食，携手上山。这样走起来既扎实又御寒，可谓一举两得。每个人臃肿的双腿看起来特别滑稽，大家一路上谈笑风生，苦中有乐。

更让老师们挂心的是，下放时军宣队和工宣队亦曾多次告诫大家要自食其力，长期做农民，不领工资，只领工分等。他们在干校劳动时，曾有传言说中山大学这样的综合性大学要撤销，只保留医药、农业等实用的理工科专业，这意味着许多老师将面临失业，不少人感到前途渺茫，甚至有人开始学习木工等手艺，准备另谋出路。所幸中山大学教师下放干校是采取连队编制方式有组织进行的，下放老师在学校的房子得以保留，这才免去了大家的后顾之忧。林浩然内心始终不相信中国的知识分子已经太多，总觉得掌握的学问应该会有用场，因此能保持乐观的心态，把艰苦的劳动当作是锻炼身体和磨炼意志的机会。他在干校三年，当过炊事班长、养猪放牛、挑砖盖房、种菜养鱼、割稻插秧，还开过拖拉机。每当节假日，林浩然开着拖拉机送同事们去赶集，看到大家快快活活出发，又大包小包有说有笑的上车回队时，总有能为大家做点事内心好踏实的自豪感。林浩然在干校的几年，最大的收获是锻炼了身体。

1969年3月6日，中山大学"五七"干校革委会成立，设委员8人，常委7人。7月，中山大学"五七"干校迁往英德红桥茶场。①

干校迁往英德红桥茶场时，部分教师已抽调回校，林浩然亦可适当做些"专业对口"的事，帮当地水产部门搞些生产调查，制定发展规划之类。在干校，他们也有了一口山塘，几个研究鱼类的老师主动请缨，要养鱼为大家改善生活。当时大家热情很高，觉得"专业对口"，可以理论联系实际了。他们购鱼苗放养、割草喂鱼，把书上讲的都毫无遗漏地照做了，就盼鱼儿长大。可是年底抓鱼时，大家都傻了眼，投放的草鱼、大头鱼寥寥无几，而个头很大的生鱼（乌鳢，又名黑鱼）倒是有一些。原来，他们只顾投料喂鱼，却忽视了堵住入水口防止野杂鱼侵入鱼塘。侵入鱼塘的野杂鱼中最厉害的是专吃小鱼的生鱼，结果是投放的鱼苗把它们喂大了。虽然生鱼味道更好，但是产量低得可怜。他们这几位鱼类学家"养鱼

---

① 易汉文：《中山大学编年史（1924—2004）》，广州：中山大学出版社，2005年，第77页。

无收成"的趣事，让人记住了"实践出真知"的真理。

在干校，林浩然唯一的思想包袱是他的党组织生活还没有恢复，原因是他有海外关系，父亲仍然在新加坡生活。林浩然始终保持着党员的坚定信念，积极靠拢党组织，按照党员的要求去做，希望以自己的真诚取得组织的信任。1971年年底，林浩然终于结束了三年的干校生活，调回学校参加"教育革命"。次年，党组织恢复了他的党籍，使他又能以党员教师的身份继续履行各项职责了。

6年后，对干校期间的情况，中山大学革委会的报告是这样描述的，"从1968年冬到1970年底的两年时间里，干校学员做木工、建房屋、养猪种地、办工厂，开展了科学种田和养鱼研究活动；与附近农村建立了稳定的挂钩关系，利用派出去请进来的办法，'接受贫下中农的再教育'；组织教育革命小分队到各工厂、工矿、农村开展教育革命调查活动。"①

开 门 办 学

1970年年底，由于各地生物防治工作需要，卢爱平随同蒲蛰龙教授先期回到学校，随即到外地培训农业技术员。林浩然直到1971年4—5月才回到学校，那时候各地干校也基本结束了。

1970年，中山大学以及生物系发生了一系列重要事件：7月1日，选举产生了新一届学校党委，不再使用"革命委员会"名称；8—9月，按上级要求，参照清华大学经验，制定出《中山大学建校方案》（试行稿）。方案中提出理科实行"开门办学，厂（社）校挂钩，校办工厂，厂带专业，建立教学、科研、生产三结合的新体制。"全校原有的9个系17个专业，调整成9厂（系）17个专业。生物系设工业生物学、农业生物学、药用植物学三个专业连队和生化厂。②

---

① 易汉文：《中山大学编年史（1924—2004）》，广州：中山大学出版社，2005年，第77页。
② 同①，第78页。

这年 7 月，暨南大学再遭撤销。该校生物系和廖翔华教授并入中山大学，意外的撤并给了林浩然追随廖翔华学习的难得机会。

10 月 16 日，广东省革命委员会发出《转发政工组关于广州地区大专院校招生（试点）的请示报告》，批准中山大学等院校招收工农兵学员。11 月，中山大学共 12 个专业的招生工作开始。11 月 22—26 日，中山大学首批 545 名工农兵学员入学。[①]

当年中山大学生物系招收了工业生物学、农业生物学、药用植物学 3 个专业的工农兵学员共 147 名，占全校学员总数的 27%。[②] 打破常规，吸收更多工农子弟上大学，是此举的根本目的。工农兵学员基础很差，给教学带来不少麻烦。半年后，生物系的调查报告提到，"……原来只有小学、初中一二年级程度的学员，目前专业学习中已基本上达到中等或中上水平。……"[③]

卢爱平当年承担了教学任务，还被选做班主任。头一节课下来，她才认识到问题的严重程度。

一开始以为教学跟以前一样，结果一开口谁都听不懂。学生的文化水平有小学四年级程度的，有初中程度的，也有高三程度的，课是上不下去了。改为上基础课，也把我拉去上化学。我做了三年班主任，无机、有机、生化都给他们上。有位女学生到我那儿辅导功课直到晚上 12 点，小学四年级程度。她说："卢老师，我宁愿回去切猪菜，在这里太痛苦了。"

她毕业以后，在农业局工作，也只能接接电话。[④]

1971 年，生物系没有招生；1972 年，生物系招生专业调整为昆虫学、生化微生物学、药用植物学。动物学和鱼类学专业连续三年都没有招生，

---

① 易汉文：《中山大学编年史（1924—2004）》，广州：中山大学出版社，2005 年，第 78 页。

② 冯双编著：《中山大学生命科学学院（生物学系）编年史：1924—2011》，广州：中山大学出版社，2011 年，第 178 页。

③ 卢爱平访谈，广东广州，2018 年 1 月 2 日，资料存于采集工程数据库。

④ 同③。

林浩然没有教学任务。他从1972年起跟廖翔华教授到南海县九江公社去蹲点，收集淡水鱼养殖和繁殖方面的材料，编写培训教材。1973年起，连续三年与顺德县农业技术学校合作举办鱼类人工养殖和繁殖培训班，根据当地淡水渔业生产需要，给当地渔民开展技术培训。①

图5-2　1974年，林浩然在顺德农业技术学校举办水产养殖班（前排右一为林浩然，右二为廖翔华，林浩然供图）

关于那几年，林浩然曾回忆道：②

  1971年4月，我从"五七"干校回来，怀着喜悦的心情参加学校的教育革命，心想自己又有用武之地了，但那时学校只为工农兵开门。工农兵学员进大学为的是"上、管、改"，不仅上课学习，还要管理大学、改造大学，包括改造当时的知识分子。那时教师在讲台上常常左右为难，无所适从。生物系只开设能直接为生产服务的病虫害、工业微生物、中草药等专业。我所在的动物学专业一时不了解结合生产的专业方向，只好分头下乡向工农请教，探索办学的新路。于是我们几位学鱼类的教师就到我省最大的南海鱼苗场蹲点向渔工学习，边劳动边调查研究，为生产解决了一些问题，受到工农群众的欢迎。我们体会到知识还是有用的，知识分子还是有作为的，逐渐恢复了自信心和自豪感。

  我在鱼苗场待了几个月，对当时鱼类养殖生产存在的问题有了初

---

① 林浩然访谈，广东广州，2017年10月23日。资料存于采集工程数据库。

② 林浩然：《有关"文革"的回忆》，未刊稿，林浩然提供。

步了解，亦学习和总结了一些养鱼的高产、稳产先进经验。大家在调查研究过程中逐渐明确"科学养鱼"的重要性。为什么有的渔农养鱼养得很好，产量很高、年年丰收，有的鱼塘就不行，甚至亏本？关键就在于能否按照鱼类生存和生长的需要投放饲料、改善水质、防治病害，加强管理等。当时，全省鱼塘最多的顺德县正在推广科学养鱼，要求顺德农校举办科学养鱼培训班，为当地培育养鱼技术骨干。知道这个消息后，我们主动请缨，把办班的全部教学任务无偿地承担下来。根据养鱼的几个主要环节，我们几位教师组织起来到生产现场一边调查学习，一边编写教材。研究鱼类分类、形态结构和对水环境的适应和要求，研究鱼类生理和生态的教师负责讲授鱼苗鱼种培育和高产稳产的措施、经验，研究藻类和水生生物的教师负责讲授鱼塘的施肥和投饵，研究鱼类寄生虫和鱼病的教师讲授鱼病防治。由于分工明确，每个学科领域都能和生产实际有机结合，大家热情很高，不到三个月就把教材编好投入教学。顺德农校在容奇的西江堤岸附近，生活和教学条件都很简陋，教室旁边就是集体宿舍，教师和学生只一墙之隔，同吃同住同学习，教学工作没有任何报酬。学员都是来自当地的青年渔农，他们虽只有小学或初中文化，但对养鱼知识如饥似渴，希望学成后能迅速改变家乡养鱼的落后面貌，所以学习很认真，师生关系融洽，教学效果很好。培训班连续办了三年，我是主要讲课老师，每年都有好几个月的时间在生产实践中和渔农打成一片，把广大渔村当作课堂，既教亦学，在业务和思想上都有很大的收获。科学养鱼培训班不仅为顺德当地培训了养鱼技术人才，亦锻炼了一支既懂生产实践又有理论知识的教师队伍，为以后回校创办以水产养殖为方向的新型动物学专业和组建鱼类研究室打下了良好基础。

廖翔华、林鼎等一批鱼类学研究人员并入中山大学生物系，使该系再度形成植物学、昆虫学、鱼类学三足鼎立的局面，林浩然长期以来盼望的良师益友终于回归，他的欣喜之情可想而知。他没有浪费这样的难得机遇，这一阶段成为林浩然科学生涯中第二个活跃时期。

1976年经学校批准，以廖翔华教授为首的"鱼类研究室"正式成立，一方面承担培养工农兵学员的教学任务，另一方面紧密结合当时广东淡水鱼类养殖业迫切需要解决的饲料欠缺和种苗不足的问题开展研究工作。林浩然参加了廖翔华教授主持的饲料研究组，开展糖化凤眼兰饲养鲩鱼的研究，同时和林鼎一起继续多年的鱼类生殖生理和人工繁殖技术研究，在南海、中山一带渔场合作进行草鱼和鳗鱼的人工繁殖实验。在草鱼饲料研究方面，林浩然还和放射性同位素室的陈舜华老师合作，采用放射性同位素标志技术研究草鱼对凤眼兰的消化吸收情况，完成了"草鱼营养代谢生理研究"的系列论文，发表在《中山大学学报》。在鱼类生殖生理研究方面，林浩然和林鼎合作，对鳗鱼的繁殖生物学进行初步研究并发表系列论文，还对草鱼等四大家鱼的人工繁殖进行了较为深入的探讨。林浩然曾回忆到：

　　我们蹲点的鱼苗场是最早进行四大家鱼人工繁殖的渔场之一，渔工经验丰富，生产技术水平很高。虽然每年承担的鱼苗生产任务很重，但他们都能千方百计完成。在和渔工们一起劳动生产中了解到，他们在每年五、六月甚至七、八月间还能把三、四月份已催情产卵的亲鱼经过人工培育后再次催产成功。这是提高鱼苗产量，延长鱼苗供应季节，满足渔农常年补充苗种需要的重要途径之一。我最初对此半信半疑，因为许多学者对四大家鱼进行调查研究后认为，它们卵巢里的卵母细胞发育完全同步，一年只产卵一次。如果将已经产过卵的亲鱼再进行人工催产，能否正常产卵？是否符合鱼的生殖生理？渔场的生产实践一再表明，四大家鱼一年多次催产是行之有效的。

　　为了研究这个问题，我们和渔场技术人员及渔工组成科研小组，以草鱼为研究对象，系统地分析研究，还解剖了几十尾亲鱼，取样进行组织学和组织化学分析。经过两年的研究，终于探明草鱼经过强化培育后一年多次人工催产具有正常的生殖生理基础，因为它们的卵母细胞发育并不完全同步，第一次催产后卵巢里还存在许多未同步成熟的卵母细胞，它们在温度适宜和养料充足的条件下，经过一段时间能够发育成熟，卵母细胞滤泡膜上的碱性磷酸酶（AKP）活性反应和脑垂体促性腺激素细胞的分泌活动亦在持续进行，对促进卵母细胞继续发育成熟起着重要作用。因此，我们在渔工富有创新性的生产经验基础上进行科学实验，证明一些养殖鱼类在自然条件下一年只产卵一次，但人工培育能够调控它们的生殖活动。特别是华南地区，水温较高、饵料充足，亲鱼有良好的性腺发育条件，完全可以一年多次催产，提高产卵效率。我们的论文发表后，对华南地区推广家鱼一年多次催产起到推进作用，亦得到同行的赞许。通过这项研究，我深深体会到"在生产实践中可以发现问题，亦可以解决问题；生产实践是科学创新的丰富源泉"。

人工合成鱼类催产剂的出现

早在 1937 年，英国学者哈里斯（Harris）根据实验结果首次推论，动物丘脑下部神经细胞能分泌一些化学物质，控制和影响脑垂体的分泌活动。至 60 年代末、70 年代初，科学家从动物丘脑下部分离出促甲状腺素（TSH）和促黄体素释放激素（LRH），上述认识先后得到证实。其中与动物生殖生理直接相关的是促黄体生成激素释放激素（LH-RH）和促卵泡成熟激素释放激素（FSH-RH），合称丘脑下部促性腺激素释放激素（Gn-RH）。丘脑下部产生的 Gn-RH 经过垂体门脉系统对垂体进行控制调节，促使垂体分泌促黄体生成激素（LH）及促卵泡成熟激素（FSH），合称垂体促性腺激素。垂体促性腺激素经血液到达靶器官——性腺，促进性腺发育、成熟。性腺的内分泌素——雌激素或雄激素的变化又通过反馈作用于丘脑下部或垂体，或同时作用于两者而影响丘脑下部或垂体激素的分泌。丘脑下部的分泌活动，除受性腺激素反馈调节外，同时也受中枢神经系统控制。脑神经纤维到达丘脑下部形成突触联系，这些神经纤维末梢能释放单胺类介质或乙酰胆碱，以调节丘脑下部 Gn-RH 的合成和分泌，这样就形成了一个丘脑下部、垂体和性腺环路。丘脑下部是沟通神经系统和内分泌系统之间的桥梁，丘脑下部的分泌活动，直接调节着动物的正常生理活动。

鱼类是否也存在丘脑下部、垂体和性腺环路，自从家鱼人工繁殖成功后就成为水产科技人员的关注点之一。20 世纪 70 年代我国的刘筠、赵维信、严安生、曹杰超等开展了深入研究，并初步探明了三者之间相互联系的基本脉络，从而为合理地解释淡水鱼类的生殖生理基本规律提供了依据。[①]

1973 年，中国科学院上海生物化学研究所用改进的固相接肽法率先在国内人工合成促黄体生成激素释放激素（luteinizing hormone-releasinghormone，LHRH），并在小范围试用，证实了其生物活性和功能。1975 年，中国科学院上海生物化学研究所人工合成成功 LHRH 的 9 肽类似物，称为促黄体素释放激素的类似物（LHRH-A），从而大大降低了被水解的可能性，增强了和脑垂体的亲和力，生物活性大幅提高。[②]

促黄体素释放激素（LHRH）人工合成成功后，水产部非常重视，曾在北京召开协作会议，指导开展试用和观察。1974—1975 年，我国先后在云南、四川、广东、福建、江苏、上海、湖北、北京、河北等地进行了 LHRH 及其类似物家鱼催熟、催产试验，都获得可喜的成果，并证实 LHRH-A 活性比 LHRH 高几十倍至上百倍，而且成本低、药源丰富、使用方便、剂量低、分子结构小、副作用少。[③] 据报道，1975 年全国应用 LHRH-A 催情的四大家鱼共 515 组，获产 397 组，产卵率 77.1%，孵出鱼苗 1 亿多尾。1976 年，仅据江苏省 18 个单位的统计，共催情 1092 组，获产 862 组，产卵率 79%，孵出鱼苗 3 亿多尾，应用范围也由四大家鱼发展到团头鲂、鳜鱼、黑鱼、鲌鱼、鮰鱼等近 10 种。应用 LHRH-A 配合少量

① 潘英焘：内分泌学的进展与鱼类生殖生理,《淡水渔业》, 1980 年第 9 期, 第 21-24 页。
② 佚名：释放素及其类似物,《水产科技情报》, 1975 年第 9 期, 第 1 页。
③ 佚名：在无产阶级文化大革命和批林批孔、学习无产阶级专政理论运动推动下 我国用合成释放素及其类似物对家鱼进行催产获得成功,《水产科技情报》, 1975 年第 9 期, 第 1 页。

鲤鱼脑垂体（PG）催产青鱼获得满意效果，更是取得了一项重要进展。[①]

1975 年 11 月 10—15 日，农林部水产局和中国科学院一局在湖南省衡阳市联合召开了鱼用新激素应用经验交流会议。参加会议的有北京、天津、上海、黑龙江、内蒙古、新疆、青海、四川、云南、江西、福建、江苏、浙江等 28 个省、市、自治区的代表共 136 人。会上，各地交流并进一步肯定了 LHRH 和 LHRH-A 的作用，一致认为 LHRH-A 的活性比 LHRH 高几十倍乃至上百倍，副作用小，是一种很好的催产剂。会议要求各地积极推广，以有效解决鱼用激素供不应求的矛盾。[②] 1975 年，以生产鱼用激素著称的宁波水产养殖场激素制品厂敏锐地抓住了这一水产科技新动向，转而投入九肽释放激素（即 LHRH-A）的生产筹备中。[③]

1975 年 4 月，根据北京协作会议精神，中国科学院生物化学研究所、动物研究所、长江水产研究所与中山大学、厦门水产学院 5 个单位在广东南海、顺德地区开展了联合试验。"用 LHRH 及其类似物催情草、鲢、鳙共 31 组，获产 21 组，催产率为 68%。同时，各单位交流了经验。"[④]

新的鱼用激素带来的显著效果吸引了全国各地的鱼类学者，林浩然所在的中山大学生物系动物教研室的激素免疫组也对这种九肽小分子化合物进行了研究。

1976 年 5 月 8 日—6 月 27 日，在林浩然、林鼎等教师的带领下，中山大学动物学专业 1973 级部分学员组成的毕业实践小组在顺德县勒流公社鱼苗场、伦教公社鱼苗场和桂洲公社鱼苗场，开展了 LHRH-A 用于鲮鱼的催产试验，对这种九肽小分子化合物在鲮鱼体内引起的免疫反应进行了观察，并对人类绒毛膜促性腺激素（HCG）、鲢鳙鱼垂体及下丘脑促黄体素释放激素（LHRH）类似物 3 种不同鱼用激素对家鱼免疫反应进行了

---

① 江苏省水产研究所：江苏召开应用释放激素繁殖家鱼经验交流会，《淡水渔业》，1977 年第 1 期，第 34 页。

② 佚名：全国合成激素应用会议在衡阳市召开，《水产科技情报》，1975 年第 12 期，第 20 页。

③ 佚名：大干快上 因陋就简 土法上马 积极筹建鱼用九肽释放激素生产，《水产科技情报》，1975 年第 8 期，第 18 页。

④ 湖北省长江水产研究所养殖室鱼类生殖研究组：LRH 及其类似物催产鱼类试验的初步总结，《淡水渔业》，1976 年第 3 期，第 22-25 页。

图 5-3 1977 年，林浩然与中山大学动物学专业 1974 级同学合影（二排右六，林浩然供图）

比较分析。他们的论文发表在《淡水渔业》[1][2][3] 和《中山大学学报（自然科学版）》上。

　　这些工作使林浩然得以在那个特殊年代里保持着与鱼类生殖生理学前沿的接触，也使他对进一步开展鱼类生理学理论研究的方向有了更多思考，随后成为他后来争取到鱼类生理学研究领先国家进一步深造的动因。

────────────

　　① 中山大学生物系动物学专业 73 届鱼用新激素毕业实践小组：促黄体素释放激素类似物对鲮鱼催产简报，《淡水渔业》，1977 年第 2 期，第 12-13 页。

　　② 中山大学生物系动物生理教研室动物教研室激素免疫组：促黄体素释放激素（LRH）类似物对鲮鱼的免疫反应研究，《淡水渔业》，1977 年第 11 期，第 12-16，18 页。

　　③ 中山大学生物系动物教研室：人类绒毛膜促性腺激素（HCG）、鲢鳙鱼垂体及下丘脑促黄体素释放激素（LRH）类似物对家鱼免疫反应的初步研究，《淡水渔业》，1977 年第 6 期，第 10-19，35 页。

第六章
春天里　再出发

向科学进军

1976 年 10 月，"文化大革命"结束。1977 年，中国共产党第十一次全国代表大会召开。这次大会提出，到 20 世纪末，要把中国建设成为社会主义现代化强国。一年后，党的十一届三中全会召开，会议一致同意，从 1979 年起，全党的工作重点转移到社会主义现代化建设上来，由此开启改革开放的历史。

为集中力量发展科学技术和教育事业，1977 年 7 月 8 日，中共广东省委统战部邀请中山大学生物系蒲蛰龙等多位知名的高龄党外知识分子参加"向科学进军座谈会"。[①] 8 月 4—8 日，中共中央在北京邀请了 30 多位著名科学家和教育工作者座谈，调查研究科学和教育问题。座谈会结束前，邓小平作了题为"关于科学和教育工作的几点意见"的讲话。讲话充分肯

---

① 冯双编著:《中山大学生命科学学院（生物学系）编年史：1924—2011》，广州：中山大学出版社，2011 年，第 184 页。

定了中华人民共和国成立后 27 年科研和教育工作的成绩，肯定知识分子的工作成绩，强调要特别注意调动教育工作者的积极性，尊重教师。①

1978 年，林浩然晋升为副教授，成为中山大学"文化大革命"后第一批晋升的 9 名副教授之一。

1978 年 3 月，全国科学大会在京召开。郭沫若在大会闭幕时以"科学的春天"为题，号召与会者和全国科技、教育工作者积极投身于四个现代化建设。中山大学随即开展拨乱反正工作，落实党的有关政策。

形势发展超出预期，1977 年下半年恢复高考，动物学专业正式招生了。1978 年研究生招生工作也恢复了，林浩然终于可以从下乡蹲点、培训渔业生产技术骨干的渔场回到学校，从事教学和科学研究了。

1977 年，全国高等学校都在忙于编写适合新形势要求的全国统编教材，教学计划也一起修订和恢复了。这年秋天，教育部主持的全国高等学校教材编写会议在四川成都举行。林浩然代表中山大学参加了会议，并承担了脊椎动物学、脊椎动物学生态学两部教材的部分编写任务。林浩然回忆说：

> 其他老师都有编写任务，各个学校都有分工，那个时候就有事情做了。到 1977 年恢复高考，我们动物学专业也招生了，但最初招进来的学生基础还是比较差的。②

1977 年 12 月 7 日至 1978 年 1 月 14 日，中山大学举行第八次科学讨论会，距 1964 年举行的第七次科学讨论会已相隔 13 年，而参加上次会议的一些教授已不复得见。

良好的氛围显然激发了林浩然的科研工作热情，此前数年的大量研究工作实践为他提供了丰富的研究素材。1978 年，林浩然和合作者共同完成的论文"应用放射性同位素 ^{14}C 研究草鱼对粗纤维的消化吸收"获得中山大学科研奖三等奖。后来，这篇论文发表在 1980 年《原子能农业应用》创刊号上。

---

① 吴定宇：《中山大学校史（1924—2004）》，广州：中山大学出版社，2006 年，第 328 页。
② 林浩然访谈，广东广州，2017 年 11 月 24 日。资料存于采集工程数据库。

图 6-1　1977 年冬，林浩然在成都参加教材编写会议（前排右三，林浩然供图）

登 堂 入 室

中山大学鱼类学研究重新发展起来，是在廖翔华教授等并入以后。林浩然回忆：

当时组织了鱼类研究室，最早就是一个小小的两层楼，叫鱼类研究室。廖先生的研究方向本来是搞鱼类生殖和鱼类寄生虫的，60 年代他搞鱼类繁殖生殖，到 70 年代，他开始研究鱼类营养和饲料，到我出国前后，包括林鼎等一批人都跟廖先生搞饲料研究。廖先生的鱼类饲料研究比较切合实际，饲料用大豆、鱼粉是很贵的，所以他用蔗渣、水浮莲这些廉价材料经过发酵，转变成糖或蛋白质后喂鱼。当时想找这样的出路。所以，他跟甘蔗所合作，研究甘蔗渣能否作为鱼饲料的来源。①

---

① 林浩然访谈，广东广州，2017 年 11 月 24 日。资料存于采集工程数据库。

这一时期，林浩然跟随廖翔华的鱼类营养学研究方向系统地做了淡水经济鱼类的消化生理研究；同时，通过参与 LHRH 及其类似物的全国科研协作，逐步转向经济鱼类生殖生理学研究。1977—1979 年他先后发表的学术论文反映了这一重要的变化："流水密养高产试验""大沙河水库调查和发展渔业生产的意见""鲩鱼营养代谢和饲料的研究——无粮糖化发酵凤眼兰饲养鲩鱼报告（摘要）""草鱼鱼种对 5 种青饲料的消化吸收""白鲫鱼种对水绵消化吸收率的研究""草鱼一年多次人工繁殖的生物学基础""鳗鲡繁殖生物学的研究""鳗鲡繁殖生物学研究 I""鳗鲡繁殖生物学研究 II""应用雄性激素诱导罗非鱼雌鱼雄性化的试验简报"。

实际上，林浩然开展的"草鱼一年多次人工繁殖的生物学基础"已经开始探讨家鱼人工繁殖的生殖生理学，通过观察比较草鱼脑垂体在催产前后的变化，已触及人工调控淡水鱼类生殖的关键问题。尽管当年所能依靠的实验、检测设备水平仍停留在 1950 年时的水平，对于林浩然而言，这样的研究工作显然意味着更多的内容。[①]

数十年过去，林浩然历数鱼类生殖研究进程中的三个里程碑：[②]

过去我们鱼类人工催产，都是拿鲤鱼的脑垂体，细细磨碎，注射到鱼体内，直接用脑垂体所含有的促性腺激素来刺激鱼类产卵。在 20 世纪 70 年代之前，全世界都是一样，但这个工作是比较初级的工作，钟麟那一代水产科学家用的就是这种方法。可以说，这是鱼类人工繁殖研究的第一个里程碑。

为什么鱼类不产卵，因为鱼类生殖类型基本上是一年一个生殖周期，需要自然生态因素的刺激，如温度、光照的季节变化、江河汛期、水流速度等。在人工养殖环境下，缺乏生态因素刺激，鱼类脑垂体分泌促性腺激素的功能受到影响，不足以促进性腺发育成熟，因而不能自行产卵。20 世纪 70 年代初，科学家们首先发现在哺乳类脑垂

① 中山大学生物系动物学教研室，广东省南海县水产养殖场：草鱼一年多次人工繁殖的生物学基础，《水生生物学集刊》，1978 年第 3 期，第 261—269 页。
② 林浩然访谈，广东广州，2017 年 11 月 24 日。资料存于采集工程数据库。

体的各种激素分泌活动都受到下丘脑分泌激素的调控。其中，脑垂体分泌的促性腺激素受到下丘脑分泌产生的促性腺激素释放激素的直接调控。采用人工合成的促性腺激素释放激素可以刺激鼠类等哺乳动物性腺发育成熟，排精和排卵。进一步的研究证明下丘脑分泌激素调控脑垂体激素分泌的作用不仅存在于哺乳动物，亦同样存在于其他脊椎动物当中，包括鱼类。因此，采用人工合成的哺乳类促性腺激素释放激素注射到亲鱼体内，就可能诱导性腺发育成熟和排精、产卵。可以说，这是鱼类人工繁殖研究的第二个里程碑。

　　在没有发现鱼类亦存在这种调控作用之前，中国科学院上海生化所合成了哺乳动物的促性腺激素释放激素，又称为促黄体释放激素（简称为 LHRH），中国科学院的上海生化所和动物研究所组织协作组，用 LHRH 进行家鱼人工催产实验。当时我也参加了协作组，组织科研人员到广东南海九江鱼苗产区进行家鱼人工催产实验。当时有两种注射的方式，一种方法，腹腔注射，把合成的哺乳类促性腺激素释放激素注射到鱼体内去，有一定的催产效果，但是效果不理想。因为 LHRH 经过血液循环会降解，效果就大打折扣；另一种方法，颅腔注射，因为是下丘脑调控，颅腔注射就不必经过身体血液循环的降解，直接产生刺激作用，效果比较好，但是颅腔注射对亲鱼的伤害大，技术亦比较复杂，难以在生产中推广应用。

　　林浩然参与进行的关于促黄体素释放激素及其类似物的应用研究，已经处在鱼类生殖生理学研究的前沿。经过协作组的试验，证明采用人工合成的哺乳类促黄体素释放激素对家鱼人工催产有一定的效果之后，就逐步在生产中推广应用，试图以它作为一种新型的鱼类催产剂。经过多年的生产实践证明，它的催产效果并不稳定，渔农们仍然相信鱼脑垂体，只好把它和鲤鱼脑垂体搭配使用。林浩然原想寻求新型鱼类催产剂以取代鱼脑垂体的目标仍未能实现。当时，林浩然已经认识到：鱼类促性腺激素分泌的调节机理可能还没有完全了解清楚，或者是由于鱼类存在着种族特异性。他想如果能研究鱼类本身的释放激素及其调控作用机理，一定能够研制出适合鱼类的新型催产剂。这一国际前沿的鱼类生殖生理研究课题成为林浩然努力探索的目标。

出国前的选拔和培训

1978 年，教育部决定选送一批教师出国深造，中山大学随即组织了校内选拔，生物系先行组织了小规模的考试，主要是英语和专业课，一些有基础的青年教师参加了考试，44 岁的林浩然也报了名。生物系由植物学家张宏达教授和鱼类学家廖翔华教授负责审阅试卷。林浩然的成绩名列前茅，由生物系里推荐给学校，再去参加广东省高教厅组织的出国人员选拔考试，林浩然的成绩依然很好。

广东省共选出了七八十人，再按成绩分成 A、B 两个班，送到广州外语学院重点进行英语培训，按成绩林浩然被分在 A 班。同去的中山大学青年教师有五六人，生物系还有罗进贤、林哲蒲、王珣章。到 1979 年的 6 月外语培训结束，培训英语的大半年里，大家结合各自专业自己联系国外对口的高校或研究机构。

> 我当时想，在 20 世纪 60—70 年代，我选择的方向就是鱼类繁殖，准备研究鱼类生殖生理的问题。具体点讲，就是怎么促使鱼类在养殖的条件下，能够繁殖，能够排卵，能够生长，解决水产养殖最基础的问题——种苗问题。更具体地说，就是希望研究解决新型鱼类催产剂问题，所以我就选择了鱼类生理学。①

林浩然注意到鱼类生理学方面的两部重要的著作，主编分别是霍尔（W. S. Hoar）教授和兰德尔（D. J. Randall）教授，都是享誉全球的鱼类生理学领域的专家。尽管英国、日本也有些大学在搞鱼类生理学研究，但

---

① 林浩然访谈，广东广州，2017 年 11 月 24 日。资料存于采集工程数据库。

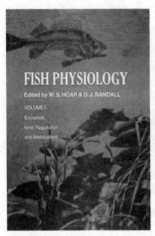
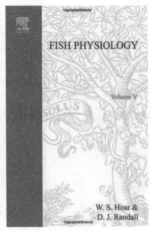

图 6-2　不同版本和卷册《鱼类生理学》的封面

林浩然认为要继续深入鱼类生殖生理学研究，就要去加拿大。于是，林浩然就写信、发传真给霍尔教授。霍尔教授回信说，他已届退休年龄，按所在大学的规定不能再接收海外访问学者了。他答应跟兰德尔教授联系，看他是否愿意接收来自中国的访问学者。兰德尔教授复函林浩然，同意接收林浩然去做访问学者。

　　1979 年 6 月，广州外国语学院的英语培训班结束了。在学校等到 9 月份就正式通知我可以走了。走之前，我们还要到北京语言学院去集训，学习一些外事纪律、交际礼仪。[①]

　　那时候国家给每个人发置装费，我记得发了 800 元，在当时相当可观。可以在出国留学服务部买两套西装，买两双皮鞋，买皮箱、领带。先在北京语言学院集中学习一个礼拜，服装、机票、个人随身带的证件、人民币等都要留下来，统一由教育部给寄回家。出国前到语言学院去集中，一起出发。我们那批好像是几十个人，全国各地留学人员一起出发的，去加拿大的人员都是一起的。[②]

　　林浩然和去加拿大的一行约 20 人，乘机由北京经巴黎，转道飞至加拿大渥太华。到了之后由中国大使馆分别安排，再分别前往多伦多、蒙特利尔、温哥华等处。第一次坐飞机，第一次踏出国门，林浩然非常兴奋。

---

① 林浩然访谈，广东广州，2017 年 11 月 24 日。资料存于采集工程数据库。

② 林浩然访谈，广东广州，2017 年 10 月 23 日。存地同 ①。

图6-3　1979年10月，中国访问学者在加拿大不列颠哥伦比亚大学图书馆白求恩纪念室合影
（左三为林浩然，林浩然供图）

遇良师　得益友

兰德尔教授和唐纳森教授

　　加拿大不列颠哥伦比亚大学的兰德尔教授是研究呼吸生理的专家，当时四十岁左右，比林浩然还年轻，为人热情直爽。林浩然初到该校时，兰德尔教授说："你来了以后，先到我们这里看一下，一个是看我自己的实验室。一个是到附近，温哥华大区有很多研究机构搞鱼类研究，温哥华市还有一个西蒙弗雷泽大学也不错的。我给你一点经费，你到这些地方看一

下，了解他们做的是什么，然后回来跟我讨论一下该做些什么工作。"[1] 于是，在兰德尔教授安排下，林浩然花了约半个月的时间，到附近这些大学或研究所调研，跟他们的主任和一些主要的教授作了交流。了解情况后，权衡各方面因素，林浩然决定先跟随兰德尔教授研究鱼类生理学。

> 当时，兰德尔教授已经在指导几位研究生进行鱼类呼吸代谢生理研究，他有一个学术思路是想对比水栖和水陆两栖动物呼吸代谢的异同和进化，就提出研究一种两栖类海蟾（*Bufo marinus*）的呼吸代谢特点。当时正好我来了，他就让我来做这个课题。我觉得鱼类和两栖类非常接近，从比较生理学的角度进行研究，可以扩大视野，学到更多的知识。[2]

图 6-4　1980 年，林浩然与兰德尔教授在实验室合影
（林浩然供图）

在随后的半年多时间，林浩然在兰德尔教授的指导下和他的研究生一起做实验，从学习给海蟾心脏做导管手术到取血样进行呼吸代谢各项指标的测定、数据分析、结果比较讨论等，兰德尔还别出心裁地把海蟾的整个实验过程拍成小电影，以便进行学术交流。在兰德尔的精心指导和安排下，整个研究过程得以顺利完成，林浩然亦收获了他出国访问后的第一篇学术论文。

初到温哥华调研时，他注意到隶属于加拿大海洋渔业部的西温哥华实验室正在做银大麻哈鱼（*Oncorhynchus kisutch*）的生殖生理学研究，林浩

---

① 林浩然访谈，广东广州，2017 年 10 月 23 日。资料存于采集工程数据库。

② 同①。

摘取皇冠上的明珠　林浩然传

106

然与其负责人唐纳森（Edward Donaldson）博士相谈甚欢，他们有着共同的兴趣和研究领域，因为那时加拿大的鱼类生殖生理学专家们亦正在开始试用 LHRH 对银大麻哈鱼进行人工催产试验。兰德尔教授很开明友善，同意林浩然抽空到西温哥华实验室合作开展银大麻哈鱼的生殖生理研究。

于是，林浩然和唐纳森博士拟定了采用 LHRH 对银大麻哈鱼进行人工催产的实验计划。林浩然每星期抽出 1～2 天的时间到西温哥华实验室与唐纳森及其助手们一起做实验。记得有一次给银大麻哈鱼注射 LHRH 等催产剂后需要在午夜时段观察催产的效果，林浩然和唐纳森一起在水池边观察和记录，还在他家里休息了一晚。由于实验设计完善，取得的研究结果比较完整且明确，证明促黄体素释放激素及其高效类似物能刺激促性腺激素分泌，使卵母细胞核偏位和融化，最后达到成熟，其效果是 LHRH 的50 倍。这项研究后来写成论文"促黄体素释放激素及其高效类似物对银大麻哈鱼血浆促性腺激素和卵母细胞成熟的影响"。[①]

尽管兰德尔教授的研究领域与林浩然不尽相同，但他一直很热心，推荐林浩然去参加温哥华大区和北美地区的各种学术交流活动，到学校来的专家他也都介绍给林浩然。1980 年年初，北美动物学会在西雅图举行学术会议，兰德尔教授让林浩然去参加，这次会议上林浩然第一次做了学术报告，介绍中国淡水鱼类学研究和水产养殖的情况，引起北美同行的极大兴趣。

林浩然清楚地记得，1979 年 11 月，唐纳森的西温哥华实验室邀请阿尔伯塔大学的彼得（R. E. Peter）博士来做学术报告。

　　刚好我那天去了，唐纳森介绍彼得和我认识，彼得对我们正在做的促性腺激素释放激素的实验催产很感兴趣。因为彼得本人亦在做，所以后来我们谈得很投契、很深入。他邀请我到他实验室去看，后来我去了。我问他，能不能第二年转去他那里做实验，他当场答应。第二年我就转到阿尔伯塔大学去了。[②]

---

① 林浩然访谈，广东广州，2017 年 10 月 23 日。资料存于采集工程数据库。
② 同①。

对林浩然的提议，兰德尔欣然同意。在大使馆那边办理了申请、备案手续，使馆也很支持。从此，开启了林浩然和彼得的合作研究，这是他科学研究生涯中最重要的合作伙伴，两人携手向着鱼类生殖生理学发展史上第三座里程碑迈进。

彼得博士

彼得博士，1965 年在卡尔加里大学取得科学硕士学位，1969 年在华盛顿大学取得哲学博士学位。他在英国布里斯托尔完成博士后研究工作后，在阿尔伯塔大学接受了学术任命，并在那里度过了他的整个职业生涯。彼得博士曾两度出任阿尔伯塔大学动物学系主任，两度出任理学院院长。彼得博士还担任过阿尔伯塔研究委员会的副主席和阿尔伯塔政府食品和农业科学研究所的首席执行官。2006 年，他获得加拿大动物学会弗莱奖章。同年，他被任命为巴姆菲尔德（Bamfield）海洋科学中心主任。

图 6-5 彼得教授在巴姆菲尔德海洋科学中心工作的照片（图片来源：阿尔伯塔大学官网，2019-03-05）

1980 年，林浩然在唐纳森博士的实验室里见到彼得博士，自此开始了林浩然与彼得博士合作研究的历史。后来，林浩然转往阿尔伯塔大学彼得博士的实验室，在他的指导下逐渐接触鱼类繁殖生理学的前沿，并最终解决了鱼类繁殖生理的最关键问题，共同创造了"林-彼方法"。林浩然回国后，与彼得博士的交往和友谊一直在延续，前后延续了 26 年，直至彼得博士逝世，缔造了中加学术交流史上的一段佳话。

加拿大的同行们认为，彼得博士颇具文艺复兴时期博物学家的风范，是一位真正的绅士。加拿大动物学会是这样介绍彼得博士的：

　　迪克（彼得的昵称）因其在鱼类繁殖和生长的神经内分泌调节方面的工作而获得国际认可。用 OVAPRIM 试剂盒诱导鱼产卵的林-彼方法是他在该领域研究的实际成果之一。他率先使用射频立体定向热脑损伤和脑室内注射来研究各种下丘脑核、神经肽和神经递质在调节鱼类垂体激素分泌中的生理作用，他还为这些实验目的制作了几种鱼类的脑立体定位图谱。他的实验室也是最早开发和利用当时新的放射免

图 6-6　林浩然在阿尔伯特大学彼得教授实验室（林浩然供图）

疫测定技术来测量 20 世纪 70 年代鱼类垂体激素分泌的实验室之一。由于他对整个比较内分泌学领域的贡献，他于 1985 年获得了 Pickford 奖章。由于他对鱼类内分泌学领域的贡献，2004 年在西班牙举行的第五届鱼类内分泌学国际研讨会上开设了一个名为 "*The R. E. Peter Lecture*" 的系列讲座。这些以及许多其他奖项，包括加拿大皇家学会的会员资格，证明了他在鱼类神经内分泌学和比较内分泌学领域的世界公认的科学贡献。

　　迪克不仅是一位伟大的科学家，而且是一位伟大的导师，他荣获阿尔伯塔大学最佳导师奖。

　　不幸的是，彼得博士于 2007 年 3 月 8 日因心脏病在温哥华岛离世，给

深爱他的人们留下了深深的遗憾，那年他刚 64 岁。

现在，彼得博士曾工作过的阿尔伯塔大学动物学专业的研究生每年都举办以彼得博士的名字命名的生物学会议，以纪念他对动物学系的贡献。

林浩然在阿尔伯塔大学的一年里，和彼得博士用金鱼做实验，系统研究促黄体素释放激素类似物（LHRH-A）对鱼类促性腺激素（GtH）分泌的作用，研究结果为生产实际中应用 LHRH-A 提供了重要的参考资料。他们的研究还初步证实，鱼类下丘脑不仅分泌促性腺激素释放激素，还分泌促性腺激素释放的抑制激素。这种双向调节作用机理明确之后，如果有效地控制了抑制激素的分泌，释放激素的作用就可以大大增强，从而促使脑垂体释放大量的促性腺激素，促进鱼类的生殖活动，实现鱼类繁殖的完全人工控制。

1981 年 12 月，林浩然完成在加拿大的访学任务，取道香港回国。在香港期间，林浩然参加了在香港举行的第九届国际比较内分泌学学术会议，并作了大会学术报告，报告的内容就是在加拿大和彼得教授合作的研究成果。至此，在鱼类生殖生理学领域，林浩然已经走在学科前沿了。

1985 年，第十次国际鱼类生理学会在美国科罗拉多举行年会时，推选

图 6-7 1980 年，林浩然在美国西雅图参加美国和加拿大动物学会联合举办的专题学术会议
（站立者右三为林浩然，右四为彼得教授，林浩然供图）

林浩然作为中国的代表，参加该学会的理事会。

林浩然在加拿大做访问学者期间，与兰德尔和彼得两位教授结下了深厚的友谊，并由此成为长期的科研合作伙伴。为此，林浩然在回国之前，打算办两件事[①]：

第一件事，跟兰德尔教授继续合作，他对中国非常感兴趣。我跟他继续合作，合作的方式就是请他到中国来访问，一起办一个短训班，因为当时中国鱼类生理学是没有基础的，而他是《鱼类生理学》丛书的编辑，专业上很全面，所以请他过来访问、合作办班。

第二件事，我打算跟彼得教授合作，共同申请合作研究项目。当时加拿大的院外学术机构——国际研究发展中心（International Development Research Center，IDRC）由国会拨出一笔专款，用来资助发展中国家开展紧密结合生产实际有应用前景的科研项目。我和彼得商量后决定申请 IDRC 的资助。当时我们的研究没有做完，只是理论上明确了释放激素跟抑制激素的存在与作用，只是拿金鱼一种鱼做了实验。其他鱼呢？鱼类有 3 万种这么多，是不是都有作用？彼得教授对此很感兴趣，中国鱼类养殖的种类多，合作前景广阔。后来双方共同撰写了申请报告，编制了研究计划，提出了经费预算。

访 学 见 闻

初到国外样样感到新鲜，大开眼界，亦学到许多新的知识和技术。现在归纳起来，我觉得是两个方面。一方面，客观条件来讲，人家的设备非常先进，配套齐全，使用非常方便。每个专业实验室都有系列成套的仪器设备，能进行样品的分析、分离、测定和数据处理。

---

① 林浩然访谈，广东广州，2017 年 11 月 24 日。资料存于采集工程数据库。

例如鱼类呼吸代谢实验室，有完整的手术台，对实验鱼进行专门的导管安装手术，便于持续抽取血样，有对实验鱼进行不同处理的呼吸装置，有对样品内各种气体、离子、化学组成进行分析测定的精密仪器等，大大加深了研究的深度……另一方面，图书资料非常丰富、齐全，我们想看的，书架子上都有，而且随便复印，凭借一张复印卡可以复印很多东西。当时我们在国内查资料，找到目录后要去北京查。

从人际关系方面讲，学术气氛非常浓厚，学生和老师的关系非常融洽。兰德尔教授比较随和，研究生可以随便向他提问。每个礼拜都有一个研讨会，大家交流研究的思路、进展和出现的问题，亦可以提出疑问或新的想法，研讨会气氛十分活跃。研究水平非常高，每个人都是独立思考，可以独立做事。

总体来讲，设备非常齐全，非常先进，学术气氛浓厚。研究工作处于国际前沿，开展研究需要的条件样样具备，文献、资料、设备、思路，能够做出高水平的科研成果。①

林浩然没有虚度在异国他乡深造的时光，头几个月尤其刻苦工作。温哥华设有中国总领事馆，林浩然有一段时间担任小组长，每月按时到总领事馆领取大家的生活费，回来发给同来的留学人员。最初是国内的 4 人同住在公寓，后来留学人员日渐增多，大家就分头到外面租房住，以节省开支。平时生活很节省，交际基本上没有。遇有导师、同事的生日，便组织聚会。当地华人也很多，他们对中国派来的学者还是很客气的。华人的教授也想从我们这里了解国内的动态和政策。②

那时候有两次比较大型的活动。有一次，当时中国驻加拿大大使王栋来视察，跟我们一起座谈，我们到总领事馆去活动。另外一次，薄一波副总理访问加拿大，他到了温哥华，要接见留学生和访问学

---

① 林浩然访谈，广东广州，2017 年 11 月 24 日。资料存于采集工程数据库。
② 同①。

者，也叫我们去。①

日子久了，留学生活也逐渐丰富起来，总领事馆还给我们买了网球拍等运动器材。大学里的运动设施也非常齐全，非常方便，运动场可以随便用。我主要是打打网球，有时候看看电影，……但是主要还是抓紧时间学习和做实验。②

当时来自亚洲其他国家和地区的留学人员对中国比较感兴趣，对来自中国的访问学者都比较热情，他们给我们讲哪里买东西便宜，哪些事情需要注意，还帮我们查资料等。当时有一位台湾来的博士生吴仲义，也在不列颠哥伦比亚大学动物学系做研究，跟我们联系比较多。他来得比较早，待了一年就走了，后来就没有联系了。最近我们又在中山大学见面了，他已经是吴仲义院士了。③

林浩然说的台湾博士生吴仲义，是蜚声国际的生态进化学者，台湾"中央研究院"的院士，后来受聘为中山大学生命科学学院的教授，两人的合作更广泛了。

关于在加拿大两年多的留学经历，林浩然曾发表回忆文章，其中谈到：④

1978 年 3 月，邓小平在全国科学大会上明确指出"现代化的关键是科学技术现代化""知识分子是工人阶级的一部分"，重申了"科学是第一生产力"这一马克思主义基本观点，从而澄清了长期束缚科学技术发展的重大理论是非问题，打开了"文化大革命"以来禁锢知识分子的桎梏。随着党的十一届三中全会确定了改革开放的方针，我们迎来了又一个科学的春天，亦打开了祖国通往世界的大门！

国家决定通过选拔一批学者到国外深造，是我难得的机遇。当时

---

① 林浩然访谈，广东广州，2017 年 11 月 24 日。资料存于采集工程数据库。

② 同①。

③ 同①。

④ 林浩然：留学加拿大，《广东第二课堂（下半月）》，2000 年第 9 期，第 10–12 页。

我已四十多岁，亦在"文化大革命"后第一批评上了副教授，好心的同事劝我不必再去拼搏，因为考英语不单考专业，还要考基础和口语，若考不上很丢"面子"，但我决定抓住这个机会，不考虑个人得失，同时我得到全家的支持；我亦充满自信，因为我从未放弃过英语。在由基层到学校以及省、市所设置的几重选择考试中，我都以较好的成绩通过，取得了出国留学的资格。经过半年多的英语培训后，我实现了出国留学的夙愿，于1979年10月成为第一批国家派遣的访问学者到达加拿大。

我选择去加拿大，是因为那里渔业十分发达，鱼类生理学研究水平很高，并有几位和我研究方向相近的国际一流科学家。接受我去当访问学者的不列颠哥伦比亚大学动物学系的兰德尔（D. J. Randall）教授是国际著名鱼类生理学家，《鱼类生理学》系列专著的主编，专长是鱼类呼吸和代谢生理；阿尔伯塔大学动物学系的彼得（R. E. Peter）教授在当时是最活跃的、研究工作处在该学科最前沿的鱼类生殖学家；而唐纳森（E. Donaldson）教授领导着加拿大海洋与渔业部最大的西温哥华研究室，是鲑鳟鱼类繁殖和鱼种培育的权威专家。他们三位被誉为北美鱼类生理学界的"三杰"。我在加拿大的两年多时间，有幸得到他们的邀请，先后在他们的实验室里学习和研究，并且建立了密切的学术交流合作关系和深厚的学者情谊。第一年在温哥华，在兰德尔教授实验室，我一方面系统钻研鱼类生理学，全面掌握教材和学习方法，另一方面和他合作研究一种蟾蜍（两栖类）的呼吸代谢生理，掌握了许多先进的实验设计和技术方法，并将研究过程拍摄成示教电影并发表学术论文。与此同时，唐纳森教授邀请我一起进行银大麻哈鱼（就是我们吃的"三文鱼"）的生殖生理学研究，应用合成的促黄体素释放激素类似物等进行人工授精和孵化，孵出的鱼苗经过一段时间培育后放入江河大海，让它们在自然环境中生长，几年后它们会自己洄游到原来出生的江河产卵，这时再把它们捕捞起来。第二年我转到埃德蒙顿市，在彼得的实验室以金鱼为对象研究促性腺激素合成与分泌活动的神经内分泌调节机理，经过一年的努力取得突破性进展，发现下丘脑不仅能分泌释放激素刺激促性腺激素的合成与释放，还会产生多巴胺来抑制促性腺激素的释放。这种神经内分泌双重调节促性腺激素分泌活动的新理论，使我找到了在国内时单独使用释放激素对鱼类催产效果不好的内因，亦为研制新型鱼类催产剂找到新的思路。留学加拿大的收获是丰硕的，不仅完成了 3 项合作课题，发表了 7 篇学术论文，更重要的是把握了学科发展的方向，带回了新的学术思想和新的实验技术方法，在学科前沿开辟了新的研究领域。

留学的生活既辛苦又丰富多彩。作为我国派遣的第一批访问学者，我们受到加拿大政府和人民以及华侨热情友好的接待和帮助，他们希望通过我们了解信息隔绝了多年的新中国。因此，不少加拿大朋友和华侨邀请我们去做客，带领我们参观当地的名胜，帮助我们解决学习上和研究上的困难。所以我们很快能安顿下来。加拿大幅员辽阔，风光秀丽，我有机会从西海岸横越全境到东海岸，领略它的地貌风光和风土人情，包括举世闻名的落基山脉和尼亚加拉大瀑布。我感到最珍贵的是和加拿大人民建立了真挚的友谊。我的第一位导师兰德尔教授是个热情、幽默风趣的人，我原来申报的导师是霍尔（W. Hoar）教授，但霍尔已到退休年龄，不能接受访问学者，是兰德尔教授主动表示愿意代替霍尔教授接收我，才使我得以实现留学加拿大的愿望。他不但在专业上做了妥善安排，给我提供优越的学习和研究条件，而且生活上也很关照，常邀我到他家里做客，我和他全家都很熟悉，其中他的小女儿安娜和我最谈得来。安娜当年才 5 岁，既天真又好奇，当知道我从中国来，就常常让我讲中国的故事，也主动教我英语，纠正我的发音。她也向我学中文，希望长大后能访问中国。1986年，她终如所愿，和父母一起来到中国，访问了北京、桂林和广州，回国后十分自豪地在学校向同学们做了关于"中国之行"的专题报告，这一年她才 12 岁。兰得尔教授自从和我认识后，和中国结下不解之缘，先后访问中国近十次，和许多中国学者进行了卓有成效的学术交流，建立了合作关系，对中加两国的友好作出了积极贡献。

至 1984 年 7 月，农牧渔业部水产局根据国家派遣计划和世界银行贷款单位派遣任务，由教育部和农牧渔业部先后派往国外学习和从事水产研究工作的进修人员、访问学者共 44 人。

林彼深入合作

跟那个时代许多留学回国人员一样，林浩然回国时带回来的行李中，分量最重的就是学术研究资料。更重要的是，和加拿大同行进行长期合作的计划已在他脑海中形成了。

1981 年 12 月，林浩然回到学校就开始筹办鱼类生理学的专题培训班，邀请兰德尔教授到中山大学讲学并走访国内水生生物学研究机构。1982 年 4 月，兰德尔教授受邀来到中山大学，参加林浩然筹划的鱼类生理学培训班。参加培训班的有全国各个高等学校和科研院所从事鱼类生理学相关的教师和科研人员，由兰德尔教授主讲鱼类代谢生理、呼吸生理、运动生

图 6-8　1982 年，举办全国鱼类生理学讲习班（一排左六为林浩然，左七为兰德尔教授，右五为廖翔华教授，林浩然供图）

理、渗透压调节等专题，林浩然讲了生殖生理专题，培训班历时近一个月。兰德尔教授讲课深入浅出，生动有趣，还编印了简明的教学大纲，学员们认真学习，取得了良好的教学效果，对促进我国鱼类生理学教学与科学研究的开展起了积极作用。培训班结束后，兰德尔教授又到武汉、北京、青岛、上海、杭州，走访中国科学院和各地的水生生物研究机构。他回国后作了几次演讲并发表文章，介绍他眼中的中国以及中国的水产事业发展情况。

与彼得教授合作申报的研究项目，经过激烈的竞争后，于1983年年底获加拿大国际发展研究中心（IDRC）批准。该项目总名称为"诱导鱼类产卵"，分为两期。第一期的名称是："促性腺激素释放激素类似物和多巴胺拮抗物在渔业生产中的应用"（IDRC编号：3-P-83-1011），研究期限为1984—1987年（原计划为3年，后经IDRC同意延长1年）；第二期的名称是："鱼类生殖和生长的调节"（IDRC编号：3-P-87-1028），研究期限为1988—1992年（原计划为3年，后经IDRC同意延长2年）。

林浩然组成了包括9名研究生和技术人员的团队，1982年以后招收的许多研究生都参与了研究工作。通过这项研究，培养了一批掌握先进技术和理论的青年学术骨干，研究水平进一步提高。

为了密切进行合作、培训科研人员和传授实验技术，及时交流研究进展，安排、调整研究计划，中加双方研究人员每年都进行互访。在第一期，阿尔伯塔大学的彼得教授和克拉克（G. Van Der Kraak）博士共来访4人次，林浩然则每年10月到彼得教授实验室进行为期15~20天的学术交流访问，具体分析研究进展，整理研究论文，确定安排下一年的研究工作。

第一期的四年中，双方合作研究取得显著成果。在此期间，林浩然和合作者应邀参加在西班牙、法国、菲律宾、以色列、新加坡、加拿大、日本和我国举行的8次国际学术会议，在会上介绍合作研究成果，受到各国同行的好评。在国内外重要学术期刊发表科学论文19篇。

在第二期的五年研究期间，林浩然和加方的第二期合作研究进一步

图 6-9　1984 年，林浩然和彼得教授在中山大学进行实验（林浩然供图）

取得可喜的科研成果。这一阶段，林浩然的研究条件得到进一步改善，研究团队进一步加强，此时林浩然已晋升为教授，并被遴选为博士生导师，团队里增加了 3 名博士生，硕士生也有 6 名；博士生彭纯由中加联合培养，1992 年在加拿大取得博士学位。1988 年 6 月加方的罗森布拉姆（P. Rosenblum）博士来访 2 周，传授鱼类性类固醇激素放射免疫测定技术；同年 9 月，加方臣治（J. Change）博士和哈比比（H. Habibi）博士短期来访，帮助建立鱼类细胞与组织灌流测定技术。1990 年 5 月，彼得教授短期来访，交流研究工作进展。在此期间，林浩然除了每年的 10—11 月都到加拿大彼得教授实验室进行为期 2 周的学术交流访问之外，还应邀参加加拿大、德国、日本、西班牙、英国、新加坡、爱尔兰、印度、法国、中国香港和国内举行的 16 次国际学术会议介绍研究成果，并在国内外重要学术期刊发表科学论文 34 篇，参加编写专著 1 部。

由于得到加拿大 IDRC 资助，林浩然购置了大量先进仪器设备，实验室装备完全可以与国外同行比肩，从而确保与彼得教授同步开展研究工作，一些酝酿良久的科研思路也因此逐步付诸实施。那几年，林浩然的工作日程排得满满当当，实验室工作、培养研究生、撰写学术论文、开展科研合作，还要参加国内外学术会议，学术研究几乎成了他生活的全部。

　　彼得教授他们在做，我们也在做，他们每年派一个人来指导我们，我每年到他们那里汇报研究结果、撰写论文，讨论下一年工作计划。因为当时这些活动都是有国际影响的，所以 IDRC 资助我去开国

图 6-10　1986 年，林浩然和彼得教授在鱼苗场开展新型催产剂实验（右一为彼得，右三为林浩然）（林浩然供图）

际学术会议，每年我都有 1~2 次参加国际学术会议并报告我们的课题进展。①

　　这样的合作一直持续到 1992 年。林浩然每年都去彼得教授的实验室交流项目进展，彼得教授也来过广州数次。林、彼两人的情谊也在合作过程中与日俱增。而今，彼得教授已不在人世，谈起他来，林浩然眼中依然饱含深情和敬仰，"彼得教授是那种纯粹的学者，工作很认真、勤奋，学术水平很高。在鱼类生理学方面，特别是鱼类神经内分泌学，他是主要的奠基人。"②

接掌生物系

　　林浩然去加拿大访学的两年中，中山大学以及生物系也发生了许多变化，选送青年教师出国留学的效果日益显现，留学回国人员开始越来越受

---

　　① 林浩然访谈，广东广州，2017 年 11 月 24 日。资料存于采集工程数据库。
　　② 同①。

到重视。当时的生物系主任张宏达教授也在有意考察林浩然，一些重要会议带他一起参加，许多工作都安排林浩然负责开展。

1984 年，中山大学全部的系主任都换成了留学回国人员，力度之大，前所未有。这年 6 月，中山大学正式任命林浩然为生物系主任，繁重的科研教学之外，还要做大量管理工作，肩上的担子更重了。

当时，林浩然为了做好业务和行政"双肩挑"的工作，组织了一个肯干、实干而有活力的工作班子，由罗进贤、李植华、陈舜华三位中青年教师担任生物系副主任。在当时社会经济发展的影响下，高校曾非常重视和社会经济建设与生产实际需求相结合，强调学校的教学科研活动和经济效益挂钩，鼓励开展"创收"。林浩然对此很是无奈，组织工作班子多次讨论，亦找不到"创收"的门路。生物系的教学和科学研究很难和经济效益直接挂钩。经多方努力，生物系 1987 年和广东珠江经济广播电台联合举办"金钱龟养殖培训班"。3 月，专门为此成立了"生物科技开发研究室"，负责全系科技的管理工作以及对外联系和成果转让工作。系里教职工可根据不同时期的技术开发任务，自由组成开发组接受科研项目，并取得了较优厚的经济利益。

1987 年 4 月，中山大学生物系校友、曾是林浩然所在动物学专业的学生、香港金利来有限公司董事长曾宪梓先生回母校访问，林浩然参与接待。曾宪梓表示要为母校作贡献，并向林浩然表示想为生物系捐建大楼的意愿，两人还一起实地考察。不久，第一幢"曾宪梓堂"（北院）兴建完工，大大改善了生物系的办学环境。在这期间，陆续有留学国外的人员回来，增强了植物学、昆虫学、动物学等学科的师资力量，为日后加速发展打下了基础。其中，有在英国牛津大学取得博士学位的王珣章、研究植物学的屈良鹄等，都被生物系聘为副教授。不久后，中山大学的昆虫学、动物学被教育部评选为改革开放后第一批国家重点学科，这与师资队伍中留学回国人员占比高不无关系。由此带来的教学、科研、人才培养方面的进步，则在日后更加显著。①

林浩然没有停下手中的合作研究项目，1983 年与彼得教授等合作发表

---

① 林浩然访谈，广东广州，2017 年 11 月 24 日。资料存于采集工程数据库。

了 3 篇论文；1984 年带领研究生发表了 2 篇论文，与彼得教授实验室的博士生合作发表了 1 篇论文。这两年中，林浩然继续与林鼎合作开展的系列研究"鳗鲡繁殖生物学研究"也先后发表于《水生生物学集刊》。[1]林浩然自己也抽出时间，总结鱼类内分泌学研究的新动向，介绍给国内同行，该论文发表在《水生生物学集刊》上。

1985 年 4 月，中国科学院学部委员、中国科学院动物研究所张致一教授受邀参观指导林浩然的鱼类生殖生理学实验室。20 世纪 70 年代，中国科学院动物研究所在张致一教授指导下，开展哺乳类促性腺激素释放激素对养殖鱼类催产作用机理的实验研究。张致一教授对林浩然和加拿大学者合作进行鱼类生殖内分泌研究取得的进展印象深刻，赞扬林浩然科研工作水平超出他们的想象，并鼓励林浩然的团队沿着这个方向继续深入研究下去。

图 6-11 1985 年，中国科学院动物研究所张致一教授（左三）访问中山大学（左二为林浩然，林浩然供图）

---

① 林鼎，林浩然：鳗鲡繁殖生物学研究 III. 鳗鲡性腺发育组织学和细胞学研究，《水生生物学集刊》，1984 年第 2 期，第 157-170 页。

图 6-12　1985 年 10 月，林浩然（二排左三）和苏联鱼类生理学家依林娜·巴拉尼柯娃教授（二排左四）与全国鱼类生殖生理学培训班的全体学员合影（林浩然供图）

　　1985 年年初，学校通知林浩然，苏联鱼类生理学家依林娜·巴拉尼柯娃（I. Baranikova）教授想到中国访学，问生物系能否接待。林浩然了解到巴拉尼柯娃是 20 世纪 50 年代苏联最著名的鱼类生殖生理学家的学生，欣然同意她来访学。这年 6—12 月，巴拉尼柯娃教授受邀到中山大学进行对口学术访问，林浩然专门陪她到厦门等地的高校和科研院所交流，了解到她在鱼类生殖生理学研究方面确实水平很高，而且主要是做鲑鱼、鲟鱼等冷水鱼类研究，对中国很有帮助，于是决定发挥巴拉尼柯娃的作用，于 1985 年 10 月合作举办"鱼类生殖生理学"培训班，国内 30 多位学者参加。

　　1985 年 7 月 19 日，"一种新型的高效鱼类复合催产剂"通过技术鉴定。这种催产剂在多个渔场对多种鱼类有明显的催产效果，可以使草鱼、鲮鱼等鱼类的产卵率达到 99% 以上，受精率达到 90% 以上。鉴定专家组认为这项研究在理论和实践两方面都取得显著成果，达到国内外同类研究的先进水平，是鱼类的理想催产剂，建议有关部门组织生产和推广试用。随后在广东省南海县九江鱼苗场举办第一次"新型高效鱼类复合催产剂"现场应

图 6-13　1986 年，在广东省南海县九江鱼苗场举办第一次"新型高效鱼类复合催产剂"现场应用推广会（林浩然供图）

用推广会。①

　　1986 年 7 月，林浩然晋升为教授。同年，林浩然经国务院学位委员会评定为第三批博士研究生指导教师。

　　生物系的各项工作在林浩然任职期间得到长足的发展。1985 年，改革开放后中山大学第一批 4 名博士生被授予博士学位。生物系南药研究小组、昆虫学研究所荣获广东省高等教育局授予的"先进集体"称号。1986 年 1 月，廖翔华教授主持的"六五"科技攻关项目"草鱼营养需要量和饲料配方研究"获得科技成果奖，张宏达教授等的科研成果"山茶属植物的系统研究"通过国家教委科学技术专家鉴定。5 月，韩德聪教授等的"栽培南药春砂仁的高产荫蔽技术"获得国家教委优秀进步奖二等奖。11 月，在国家教委和广东省人民政府的大力支持和帮助下，国内高校第一个生物工程研究中心在中山大学成立。该中心当时设有植物基因工程、微生物基因工

① 林浩然访谈，广东广州，2017 年 11 月 24 日。资料存于采集工程数据库。

程、昆虫生物工程和石油化工生物工程研究室。12 月，廖翔华、林鼎、毛永庆的科研成果"主要养殖鱼类的营养和饲料配方研究"获得"六五"国家科技攻关奖。①

1989 年 2 月，林浩然担任生物系系主任的任期届满，在生物系全体教职员工大会上，林浩然代表这一届生物系领导班子做了述职报告。他全面回顾了主政生物系四年里教学、科研、技术开发利用、师资队伍建设等方面的工作。在科学研究和科技开发利用方面，他谈道：

> 主要是积极动员与组织力量，努力承担国家和地方的重大科研项目，包括国家"七五"重点科技攻关项目和国际合作项目；同时，积极挖掘潜力开展科技开发活动……我系科学研究以往一直是以基础研究为主，面对科研体制改革和为经济建设服务的新形势，显得很不适应，科技开发活动很难开展，这是我们上任后遇到的难题之一。……近年来，经过广大教职的共同努力，我系的科技开发亦有一定进展。在 1988 年 4 月举行的全校应用科技成果交流会上，我们展出的科技成果有 22 项，为生产部门咨询的项目有 10 项，学员达 1500 多人。……从发展趋势看，各个专业、各个教研室都根据自己的实际情况，在完成教学和科学研究任务的前提下，努力组织力量搞科技开发，成绩还是不少的。

在师资队伍建设方面，实行了教师职务的聘任制度，尤其是一批从国外留学回来的青年骨干，加强了教学与科研第一线的力量，提高了师资队伍的整体水平。对于系领导班子四年的任期表现，林浩然的评价是："我们这个班子是团结合作的，诚诚恳恳、认真负责、注重实际、依靠群众，积极努力做好领导和群众交给我们的任务，虚心谨慎对待职权，不以权谋私、假公济私，称得上是很廉洁的。"

---

① 冯双编著：《中山大学生命科学学院（生物学系）编年史：1924—2011》，广州：中山大学出版社，2011 年，第 197-198 页。

"林–彼方法"的提出与确立

在阿尔伯塔大学的时候，林浩然和彼得教授开展鱼类生殖神经内分泌调节机理研究主要是用金鱼作为模式动物进行的。回国后，结合国情，他选用容易操作的小型鱼类大鳞副泥鳅作为模式动物进行试验，取得初步结果后再选用鲤科的养殖鱼类进行深入研究。实际操作时，林浩然通常要先示范，教会研究生各种技术要领，如何在鱼身上注射、采血、解剖等。研究生们常常叹服林浩然庖丁解牛般的娴熟手法。

尽管出任生物系主任占去了相当多的时间、精力，林浩然的研究工作仍然一如既往地进行，白天学校开会，他就晚上到实验室，安排、指导研究生开展实验，协调与有关单位和部门的合作事宜，回到家里继续修改研究论文，与远在大洋彼岸的彼得教授联系有关工作。

1985 年，林浩然与彼得教授以及加拿大海洋和渔业部西温哥华实验室克拉克教授合作，在中外学术刊物上发表了 3 篇论文；指导彭纯、刘志龙、周溪娟、林鸿平等研究生在国内学术刊物上发表了 4 篇论文。1986 年，林浩然与彼得教授合作发表了 2 篇论文。

1987 年 4 月 7—10 日，林浩然参加在新加坡举行的"诱导鱼类繁殖"专题国际学术研讨会，与彼得教授共同做学术报告，介绍双方 7 年来合作研究的成果。该研究阐明了鱼类脑垂体促性腺激素的合成与分泌受神经内分泌调节的作用机理，为鱼类人工催产的新药物和新技术提供了理论基础，充实了鱼类生殖内分泌学的理论。

1987 年 10 月，作为学会发起人之一，林浩然参加了在日本名古屋举行的第一届亚洲和大洋洲比较内分泌学学术大会，并当选为该学会理事（至 2015 年）。2004—2008 年，林浩然担任该学会的轮值主席。[①]

1988 年 3 月上旬，加拿大国际发展研究中心（IDRC）在多伦多举行

---

① 林浩然访谈，广东广州，2017 年 11 月 24 日。资料存于采集工程数据库。

IDRC 资助中国项目新闻发布会，邀请 12 个项目的中国代表向加拿大新闻界和公众介绍项目取得的最新研究成果。林浩然应邀出席发布会，并与加方合作者——彼得教授在会上介绍研究成果，同时介绍新型鱼用激素以及在渔业生产中推广应用所取得的效果，受到欢迎。《多伦多全球邮报》《金融邮报》《多伦多星报》《太阳报》等多家加拿大报纸对此作了专题报道。中国驻加拿大大使馆科技参赞陈保生对该项目的进展深表赞赏，并且表示积极支持该项目继续申请加拿大国际发展研究中心的资助。①

对于高活性新型鱼类催产剂（林－彼方法）的研制成功，林浩然曾以"探索和创新"为题，回忆他在科学道路上的艰辛历程：

鱼类在天然环境中可以自行产卵，繁衍后代；在养殖条件中，由于环境改变，许多鱼类（包括我国著名的四大家鱼的青、草、鲢、鳙）尽管性腺发育成熟，却由于脑垂体分泌促性腺激素不足而不能产卵，需要人工催产才能获得苗种。长期以来，鱼类催产都是使用外源的促性腺激素，即注射鲤鱼脑垂体的匀浆液或从孕妇尿中提取的人体绒毛膜促性腺激素，效果虽然好，但由于成本高、来源有限、活性不稳定、亲鱼易产生抗药性以及催产后亲鱼死亡率较高等原因，早已不能满足生产需要。寻求一种新的鱼类催产剂是我研究鱼类繁殖生理学、解决养殖鱼类苗种来源的关键课题之一。

20 世纪 70 年代初，人工合成的哺乳类促性腺激素释放激素类似物（能刺激促性腺激素的分泌）刚刚问世，我就和中国科学院的同志一起在珠江三角洲渔场用它进行家鱼人工催产实验，取得初步成效后就在生产中推广，用它作为鱼类催产剂。多年的生产实践证明，它的催产效果不稳定，渔农只好把它和鲤鱼垂体匀浆液搭配使用。这样，我原想寻求新型鱼类催产剂以及取代鲤鱼脑垂体的目标仍未能实现。我想，如果能够研究鱼类本身的促性腺激素释放激素及其作用机理，一定能够研制出适合鱼类的新型高活性催产剂。

---

① 冯双编著：《中山大学生命科学学院（生物学系）编年史：1924—2011》，广州：中山大学出版社，2011 年，第 201—203 页。

1978年，改革开放迎来了科学的春天，亦打开了通往世界的大门，我怀着研究解决新型鱼类催产剂的愿望，决定到国外钻研和取经。1979年9月，我成为第一批赴加拿大留学的访问学者。那时，由下丘脑产生的促性腺激素释放激素的作用机理是国际学术界关注的鱼类生殖生理学前沿课题。加拿大的彼得教授亦正在研究鱼类的这一机理，当他知道我在中国曾进行这方面的研究时，立即邀请我到他在阿尔伯塔大学的实验室作学术交流。次年，我们就进行合作研究，以金鱼为对象研究促性腺激素合成与分泌活动的神经内分泌调节机理。由于我们志同道合，目标明确，配合默契，加上有良好的实验设备和条件，经过一年多的努力，在基础理论研究方面取得突破，发现下丘脑除了可分泌释放激素刺激脑垂体合成与分泌促性腺激素外，还会产生另一种抑制促性腺激素释放的多巴胺。这种新理论不但阐明了神经内分泌对促性腺激素释放的双重调节，并使我们找到了单独使用促性腺激素释放激素对鱼类催产效果不好的内在原因，是由于还存在着多巴胺对促性腺激素释放的抑制作用；必须采用适量的多巴胺抑制剂以增强促性腺激素释放激素的作用，才能达到诱导产卵的目的。这只是在小小的金鱼身上取得的理论成果，如何将新的理论应用于我国各种养殖鱼类人工繁殖的生产实践，还需做大量的实验和研究。

　　1981年年底，我回国后面临没有经费、设备短缺、人力不足、实验场地有限等一系列困难，一切都要从零开始。我还是满怀信心地想继续我在加拿大的研究工作，决心在金鱼为研究对象取得的理论成果的基础上，以我国四大家鱼为实验对象，研制新型的高活性鱼类催产剂。我从

图6-14 "林－彼方法"的两位创立者

招收研究生和在实践中培养年轻的科研队伍入手，通过激烈竞争得到了国家自然科学基金和加拿大国际发展研究中心的经费资助，建立了实验室和实验场地。同时，我和加拿大彼得教授及其实验室继续保持密切的合作，每年都争取参加 1~2 次学术会议，密切关注和掌握国际同类研究的进展和动向。经过五年多夜以继日的大量实验，在研究人员、学生和渔场工人们的通力配合下，终于研制成完全符合我国生产实际需要的高活性新型鱼类催产剂，并通过了技术鉴定，被誉为"鱼类人工催产的第三个里程碑"。由于这种新型催产剂符合鱼类生殖生理的要求，发挥促性腺激素释放激素和多巴胺拮抗物的协同作用，能十分有效地刺激亲鱼自身的脑垂体大量释放促性腺激素，因而对各种淡水养殖鱼类的催产效果都很好。

高活性新型鱼类催产剂不仅在同内是首创，在国际上亦是独创。1987 年 4 月，在新加坡举行的"诱导鱼类繁殖"国际学术会议上，与会学者一致赞同把"使用多巴胺受体拮抗物 pimozide 或 domperidone 和 LHRH-A 或 sGnRH-A 作为高活性催产剂诱导养殖鱼类繁殖的技术"定名为"Linpe Method"（林-彼方法），即以我和加拿大合作者彼得的名字命名，推荐给各国学者。1988 年，加拿大国际发展研究中心在多伦多举行新闻发布会，介绍他们资助中国取得的这项科研成果，有六七家报纸竞相报道，该成果被收录到他们编制的"101"项高新技术中，向世界各国广为介绍。据悉，亚洲、欧洲、北美洲都在生产和使用。

过去，每当春夏鱼类繁殖季节到来之前，各地鱼苗场都要派出大量人力到鱼市场收集鲜鱼的脑垂体，或者砍杀大批鲤鱼取其脑垂体。有些不法分子还制造假垂体坑害渔农。高活性新型鱼类催产剂生产和推广以来，由于它的成本低，来源不受限制，使用方便，催产效果稳定，亲鱼产卵后死亡率低，深受广大渔农欢迎和称赞，逐渐取代传统的催产剂，鱼苗场再不必到处去收集和购买鲜鱼脑垂体了。目前，高活性新型鱼类催产剂已在全国许多地区的鱼苗场推广使用，创造了显著的经济效益，对我国近年来养殖鱼类产量的提高起了促进作用。由于我们盛装催产剂的小型塑料管像一粒小弹头，渔民们还给它起了"中大导弹"这个雅号，广为流传。

1988年5月，中山大学生物系的6项科研成果获得国家教委科技进步奖。其中，林浩然申报的2项成果，"高活性的新型鱼类催产剂"和"促性腺激素释放和多巴胺拮抗物诱导鱼类促性腺激素分泌和排卵的作用"，均获国家教委科技进步奖二等奖。

9月14—16日，经过林浩然和兰德尔教授多年的策划和筹备，第一届"鱼类生理学、鱼类毒理学和渔业管理国际会议"在中山大学举行。这是国际上首次举行的有关鱼类生理学的学术会议，亦是林浩然参加主持的第一次国际学术会议。林浩然曾对这次国际学术会议做了详细的评述：①

　　由加拿大动物学会、加拿大不列颠哥伦比亚大学、美国水产学会、美国国家环境保护局和中国国家自然科学基金会、中国科学院水生生物研究所、中山大学等单位联合发起与赞助的"鱼类生理学、鱼类毒理学和渔业管理国际学术会议"于1988年9月14—16日在广

图6-15　1988年9月，林浩然（一排右八）和兰德尔教授在中山大学主持召开第一届鱼类生理学、鱼类毒理学和渔业管理国际学术会议，全体与会学者在中山大学怀士堂前合影
（林浩然供图）

---

① 林浩然：鱼类生理学、鱼类毒理学和渔业管理国际学术会议在广州中山大学举行，《水生生物学报》，1988年第4期，第385-386页。

州中山大学举行。来自美国、加拿大、日本、英国、以色列、丹麦和香港的 80 位学者参加了会议。中国科学院生物学部常委、水生生物名誉所长刘建康教授代表组织委员会在开幕式上对会议的筹备情况作了简略的介绍，并在大会上作了"科学与技术在保护鲟鱼资源中的作用"的有关渔业管理的报告。会议分为"鱼类的生殖和生长""鱼类的生理、行为和遗传""鱼类毒理和危险率评估"三个专题共宣读学术论文 30 多篇，并进行了热烈的讨论。

参加这次学术会议的各国代表普遍认为这是一次高水平的、富有意义的学术讨论会。在会上做学术报告的许多学者的研究都处于学科前沿，他们成果卓著而又学术思想活跃，报告的内容体现了当前的最新研究成果。

参加这次学术会议的我国学者在会后还举行了一次座谈会，畅谈参加这次学术会议的收获体会与感想。大家都认为，通过会议既进行了学术交流、增进了和各国学者的联系，又看到了我们和发达国家在鱼类生理学与毒理学的某些方面存在的差距，明确了今后研究工作的努力方向。今后，只要我们坚持努力，加强组织与协调，充分发挥中青年科学家的作用，进一步开展和国外的学术交流与合作，我国的鱼类生理学与毒理学的学术水平将得到显著的提高。

10 月，在加拿大举行的国际水产养殖学术会议上，林浩然和彼得教授合作研究的成果——"林–彼方法"的基本理论和应用再次得到与会者的肯定。其后，引用这一理论的各国鱼类学者日渐增多。

教材建设与新成果

林浩然回国时，国内鱼类学方面可以使用和借鉴的鱼类生理学专著十分缺乏，仅有苏联 H. R. 普契科夫编写、何大仁译的由上海科学技术出版社 1959 年出版的《鱼类生理学》，以及英国玛格丽特·布朗（Magaret E.

图 6-16 林浩然编著的《鱼类生理学》第一版、第二版的封面

Brown）编写，由科学出版社 1962 年出版的《鱼类生理学》。国内已经有
20 年没有出版过这方面的新书了。对于没有机会出国学习的鱼类学研究者
而言，资料匮乏，无法获知鱼类学研究的前沿进展，是严重影响研究工作
的一个重要因素。

　　林浩然遂决意利用留学期间收集到的大量资料，编著一部可供教学和
科研使用的基础参考书。经过几年努力，他编著的《鱼类生理学》由广东
高教出版社于 1999 年出版，填补了这方面的空白。

　　《鱼类生理学》收集与综合当前鱼类生理学的研究成果，系统介绍鱼
类在不同的环境条件下身体各个系统的生理功能特点和变化情况，并和鱼
类养殖生产实际紧密联系。全书共 9 章，包括营养生理、消化生理、呼吸
生理、血液和血液循环生理、排泄和渗透压调节、生殖生理、内分泌生
理、神经生理、感觉器官及其生理功能，约 48 万字，插图 170 多幅。内容
充实而新颖，理论性与应用性兼具。

　　该书一经出版，立刻引起鱼类学方面学者的关注，好评如潮。不久，
林浩然开始收集各方评论，以及国内外鱼类生理学方面的新进展，准备
增订工作。2004 年，经过增订该书由广东高等教育出版社出版了第二版。
2011 年，经过再度修订、增补的《鱼类生理学》出版了第三版，作为全国
普通高校统编教材。

图 6-17　油印本《鱼类生理学实验指导》和正式出版的《鱼类生理学实验技术和方法》

改革开放也带来了鱼类生理学研究的许多新技术和新设备，实验技术和教材建设也必须跟上来。林浩然回国后，就注意到研究生在实验操作方面存在的问题，自编自印了《鱼类生理学实验指导》。此后，随着研究工作的深入，实验技术和方法不断改进，林浩然就将鱼类生理学各个主要方面，包括营养、消化、呼吸、血液和血液循环、排泄、渗透压调节、生殖、内分泌、神经和感觉等的实验技术与方法共 42 个，分门别类，与刘晓春合作编成《鱼类生理学实验技术和方法》，2006 年 12 月由广东高等教育出版社出版。除了保留一些经典的实验方法外，该书着重介绍了当前国内外鱼类生理学研究中较常用的新技术，包括鱼的保持、麻醉、标志、取血样方法、注射技术、组织培养等鱼类生理学实验和研究的常用操作方法和基本技能。

该书为各类高等院校的生物学专业、鱼类学专业、水产学专业开展鱼类生理实验提供了详细的技术操作指南，许多技术都是林浩然在国外访学、开展研究时学习和掌握的新内容，与新引进的各种高端仪器设备相结合，对鱼类生理学教学有很大帮助。

第七章
雄关漫道迈从头

十年耕耘结硕果

1982 年回国后，林浩然和彼得教授获得加拿大国际发展研究中心（IDRC）的资助，持续开展了长达 10 年的合作科学研究。这段难得而可贵的工作经历，不仅使他获得了丰硕的科研成果，更重要的是掌握了鱼类生殖生理学发展的方向，以新颖的学术思想和实验技术方法，在学科前沿开辟新的研究领域，为他此后三十多年的教学和科学研究铺平了道路。

十余年间，林浩然和彼得教授合作，以我国主要淡水养殖鱼类为对象，研究调控鱼类生殖活动的脑／下丘脑－脑垂体－性腺轴及其神经内分泌调节机理。研究成果阐明了鱼类生殖内分泌调节机理，摘取了鱼类生殖内分泌学理论研究皇冠上的明珠，同时亦为新型高效鱼类催产剂的研制提供了新思路。

1985 年，新型高效鱼用催产剂通过技术鉴定。林浩然应约在《淡水渔業》①《生物科学信息》②《水产科技情报》③等期刊介绍这一新型鱼用催产剂。国内最主要的鱼用激素生产厂——浙江宁波激素制品厂也从当年起开始与林浩然合作，研发高效鱼类催产合剂（RES+LHRH-A）。这种合剂随后在浙江余姚，安徽滁州，广东兴宁、南海、惠阳，广西梧州、灵山等地试用于青、草、鲢、鳙、鲤、鲮、鳊、胡子鲶等淡水鱼类，均取得满意效果。④

　　1987 年 4 月，在新加坡举行的"诱导鱼类繁殖"国际学术会议上，将高活性新型鱼类催产剂技术命名为"林－彼方法"。其后，加拿大温哥华的 Syndel 公司根据"林－彼方法"制成鱼类催产注射剂，商品名为 Ovaprim，行销全球。同时还确定"林－彼方法"达到的催产效果指标是：①亲鱼的催产率高；②亲鱼催产后排卵完全；③亲鱼高的催产率能够重复而稳定；④注射后到排卵的效应时间短且可以预测；⑤产生的卵能受精与存活；⑥亲鱼经过催产后能在下一个生殖周期中正常成熟和排卵。

　　多个国家的学者采用"林－彼方法"对 40 多种鱼类进行催产实验，都取得良好效果。生产实践结果充分证明"林－彼方法"和以往的催产剂相比，具有明显的优点：催产率高而稳定；成本低，来源充足；没有种族特异性，适用于各种鱼类；能长期保存；排卵和产卵的效应时间短而可以预测，利于安排生产；操作简便；无副作用；亲鱼催产后的死亡率明显降低。

　　1991 年新型高活性鱼类催产剂在国内通过技术鉴定后，林浩然和浙江宁波激素制品厂（现浙江宁波三生药业有限公司）合作组织生产和推广应用，获得显著应用成效，对此后我国养殖鱼类产量持续提高发挥了关键作用，被誉为鱼类人工催产的"第三个里程碑"。新一代鱼类催产剂开始全面取代其他产品，从而引发淡水养殖业的一场革命性变革。

---

　　① 林浩然：高效新型鱼类催产合剂介绍，《淡水渔业》，1987 年第 4 期，第 47-48 页。
　　② 林浩然：介绍效果更好的鱼类催产合剂——高效鱼类催产合剂 2 号，《水产科技情报》，1988 年第 3 期，第 14-16 页。
　　③ 林浩然：鱼类促性腺激素分泌的调节机理和高效新型鱼类催产剂，《生物科学信息》，1991 年第 3 卷第 1 期，第 24-25 页。
　　④ 林浩然，朱玲芬，张修雷：高效鱼类催产合剂（RES+LRH-A）应用的进展，《水产科技情报》，1986 年第 6 期，第 6-8 页。

2000 年，"新一代高活性鱼类催产剂的推广应用"作为中国高等学校通过产学研结合实行科技成果产业化的典型经验之一，由教育部总结并编印成书，由高等教育出版社出版发行，向国内外介绍与交流。谈到上述成果，林浩然说："我是从事基础理论研究的，但目标一定要为生产实践服务。基础理论研究只有与生产应用有机结合，推动应用技术的创新，才能使基础研究推动社会经济的发展。"①

截至 1993 年，我国每年人工繁殖各种淡水鱼苗已达 1300 亿尾，是1958 年前年产天然鱼苗 200 亿尾的 6 倍多，创造了非常惊人的经济和社会效益，也为我国成为世界水产养殖大国奠定了关键的物质基础。这些非凡的成绩离不开新型高活性鱼用催产剂的研制和生产。当时浙江宁波激素制品厂生产的鱼用激素畅销国内 29 个省、市、自治区，还远销日本、泰国、新加坡、荷兰等 10 多个国家和地区。②

借助于上述基础研究成果，林浩然在 20 世纪 70 年代研究鳗鲡生殖生理学的基础上，进一步证明埋植鳗鲡体内的雄激素能够通过正反馈作用刺

图 7-1 1990 年，林浩然（一排左五）在宁波主持召开家鱼人工繁殖新技术研讨会

（林浩然供图）

---

① 于泳：中国工程院院士、鱼类生理学家和鱼类养殖专家林浩然——水到鱼行自从容，《今日科苑》，2012 年第 24 期，第 25-29 页。

② 冀锗：全国家鱼人繁技术研讨会在甬召开，《水产科技情报》，1991 年第 2 期，第 53 页。

激脑－脑垂体－性腺轴，诱导下丘脑分泌产生促性腺激素释放激素，促使脑垂体合成和分泌 GtH；GtH 促使性腺产生性类固醇激素，从而刺激卵巢和精巢发育成熟。这是一项诱导鳗鲡性腺发育成熟的新技术，为鳗鲡及其他鱼类的人工繁殖研究提供重要途径。

使用新型催产剂之后，不仅四大家鱼的产量不断提高，还带动了许多淡水鱼类品种的养殖。比如鳜鱼是肉食性的鱼类，只吃活的小鱼，有了价廉而高效的新型催产剂后，就可以大量生产鲢鱼、鲮鱼的鱼苗用来饲养鳜鱼，大大降低鳜鱼的养殖成本，产量明显增加，价格明显下降。谈及此事，林浩然舒心地笑道："这个不是我的发明，是渔民的功劳，是他们在生产实践中的创造。"①

百尺竿头再进取

1989 年 2 月，林浩然任期届满，卸任中山大学生物系主任，自此将更多的时间花在实验室和渔场，专心从事鱼类生殖生理学研究和水生动物学的学科建设等工作。

1989 年 7 月 28 日，《光明日报》公布 1989 年度国家科技进步奖评奖结果。林浩然申报的"高活性的新型鱼类催产剂"获得国家科技进步奖三等奖。国家教育委员会也在这一年授予该成果科学技术进步奖二等奖。8 月，在北京举行的中国动物学会学术年会和会员代表大会上，林浩然当选为中国动物学会常务理事。

1990 年 2 月，劳动人事部授予林浩然"国家级有突出贡献的中青年专家"的荣誉称号。②

---

① 于泳：中国工程院院士、鱼类生理学家和鱼类养殖专家林浩然——水到鱼行自从容，《今日科苑》，2012 年第 24 期，第 25-29 页。

② 冯双编著：中山大学生命科学学院（生物学系）编年史：1924—2011，广州：中山大学出版社，2011 年，第 206 页。

1991 年 10 月，为贯彻落实广东省科技工作会议精神，总结广东省高校科技工作经验，广东省科委、省计委、省经委和省高教局联合召开广东省高校科技工作会议。会上表彰了一批在"七五"期间业绩突出的先进科技工作集体和先进科技工作者，64 名专家学者受到表彰。林浩然以其丰硕的研究成果被授予"七五"期间广东省高校"先进科技工作者"。[1]

1992 年 10 月，由中山大学主办的中国动物学会比较内分泌学分会成立大会暨学术会议上，林浩然被推选为中国动物学会比较内分泌学分会理事长。在之后举行的第三届亚洲水产学会学术会议上，作为中国的代表，林浩然当选为该学会理事，任期至 1995 年。

1993 年 7 月，在广东省动物学会会员代表大会暨学术年会上，林浩然当选为广东省动物学会理事长，任期至 2013 年。

面对这些成绩，林浩然并未停歇自己的脚步。尽管两度获得加拿大国际发展研究中心经费支持，直到 20 世纪 90 年代初期，中山大学鱼类学研究仍然没有完整的学术建制，缺少学术和技术平台的支撑。对此，林浩然

图 7-2　1992 年，彼得教授访问中山大学时与林浩然（左一）及学生合影（林浩然供图）

---

① 佚名：广东省高等学校科技工作会议在穗召开——我校林立聪副校长出席会议　吴修仁处长被授予科技先进工作者称号，《韩江师范学院学报》，1991 年第 3 期，第 96 页。

一直有自己的思考，也在积极争取。

1991 年 1 月，中山大学水生经济动物繁殖、营养和病害控制国家专业实验室成立，林浩然出任该实验室主任。该实验室的成立，为中山大学水生经济动物研究搭建了一个重要的学术平台，并整合了有关方面的科研力量。同年，该实验室成功申报世界银行贷款资助项目，进一步改善了研究条件。11 月 10 日，中山大学生命科学学院成立。蒲蛰龙院士出任首任院长，原中山大学生物系毕业生、香港著名企业家曾宪梓被聘为该学院荣誉院长。

借助上述平台，包括与加拿大合作开展的研究工作等得以继续开展。林浩然与彼得教授合作的 4 篇论文随后公开发表。那些年，由于林浩然的积极努力，学术影响日渐扩大，中山大学水生生物学专业每年都招收许多研究生，一些优秀毕业生也陆续充实到学术研究队伍。水生生物学主要围绕 4 个学术研究方向开展研究工作：鱼类的生殖、生长、免疫、摄食的神经内分泌调控作用机理。这些研究方向一直延续至今，学术积累日益丰厚，研究内容也从以鱼类生殖生理学领域扩展到鱼类生命的全周期，从而奠定了产、学、研结合的重要基础。

林浩然回忆："在 20 世纪 80 年代，我们的工作是采用生理学和生物化学技术，在组织和细胞水平对各种样品进行定性和定量的分析测定。进入 90 年代后研究逐步深入，随着分子生物学技术的发展和普及，我们的研究亦从神经内分泌因子调节的作用机理深入扩展到相关基因的分析测定，进而进行鱼的全基因组测序，构建鱼的全基因组精细图谱，从细胞水平全面进入分子（基因）水平。"[①]

"学校也关注鱼类学的发展。最初叫作鱼类研究室。王珣章当校长的时候，学校规划学科建设布局，认为水生生物学要发展。学校当时觉得应该成立一个研究所，就这样，1995 年开始筹备成立水生经济动物研究所。"[②] 1996 年，中山大学水生经济动物研究所正式成立，林浩然出任首任所长。

---

① 林浩然访谈，广东广州，2017 年 11 月 24 日。资料存于采集工程数据库。

② 同①。

在此期间，林浩然带领团队，与国内外合作者以重要淡水养殖鱼类鲤鱼、草鱼和海水养殖鱼类石斑鱼、鲷鱼为研究对象，一方面参照哺乳类生长调控的基本模式，研究下丘脑产生的调控脑垂体生长激素分泌活动的各种神经内分泌因子的作用机理；另一方面以进化和比较的观点研究鱼类生长调控的特点，力图发现一些高活性的刺激生长激素分泌的神经内分泌因子和抑制生长激素分泌的神经内分泌因子的抑制剂，以促进脑垂体分泌生长激素，从而提高鱼体生长效率。经过林浩然及其团队十余年的持续研究，取得了显著的成绩：[①]

（1）阐明下丘脑产生的多种神经内分泌因子和性类固醇激素参与鱼类脑垂体生长激素分泌活动的调控。

（2）证明同时采用两种或多种神经内分泌因子刺激鱼类脑垂体分泌生长激素呈现明显的协同作用和叠加作用。

（3）证明刺激生长激素分泌的神经内分泌因子如 GnRH 及其类似物、多巴胺及其激动剂、生长抑素抑制剂等都能通过口服途径（拌入饲料中投喂）而为鱼类消化道吸收并进入血液循环，从而显著刺激脑垂体分泌生长激素和提高鱼体生长速率；鱼体质量的生化分析表明，这种快速生长是均衡和正常的。这为配制新型健康的能促进鱼类苗种生长和提高苗种成活率的饲料奠定基础。

完成了这些重要的基础研究工作，林浩然将自己的研究领域进一步扩大，形成以鱼类生殖生理机理研究为核心，鱼类生长调控和产业化关键生产技术为两翼的态势，研究对象和应用范围也由淡水鱼类为主扩展到海水养殖鱼类，逐步形成产学研共同发展的局面。

---

① 林浩然编著：《林浩然文集》（上），北京：科学出版社，2014 年，第 xiii 页。

"一介渔夫"

　　1990 年，中国科学院组织新增院士申报，并到各地了解符合条件的人选。那时候林浩然还没有将自己跟此事联系起来。这年晚些时候，中山大学科研处的一位负责人来征询意见，希望他能申报院士。"对此我完全没有思想准备，我说看看学校意见怎么样。我可以试一试。"[①]

　　1991 年，林浩然第一次申报中国科学院院士。申报材料交给学校有关部门，由学校职能部门办理申报手续及送交资料，后来学校反馈意见说，"好像评审的结果还可以，可惜没有通过。"[②] 此后，林浩然又经历了 1993 年、1995 年、1997 年三次申报。

　　1997 年，林浩然当选中国工程院院士。11 月 20 日，时任中国工程院

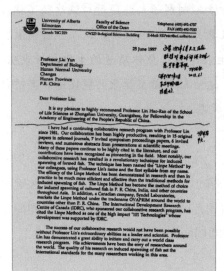
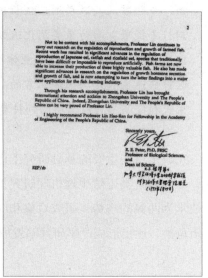

图 7-3　彼得教授为林浩然申报中国工程院院士写的推荐信（图中的中文是林浩然后来做的说明，林浩然供图）

---

　　① 林浩然访谈，广东广州，2017 年 11 月 24 日。资料存于采集工程数据库。
　　② 同①。

院长的朱光亚给林浩然发来了贺信。12月19日下午，中山大学在怀士堂举行"林浩然院士表彰、奖励大会"，会议由郭思淦副校长主持，由王珣章校长宣读了中国工程院朱光亚院长的贺信，学校党委书记许学强和几位副校长都到会祝贺。会上，林浩然也即席作了发言：[①]

尊敬的各位校领导、尊敬的学院领导、各位老师、各位同学：

首先我要感谢学校为我当选中国工程院院士而组织这个表彰奖励大会，感谢学校和学院领导对我工作的评价、鼓励和给予的奖励，感谢学校领导和各部门为我在申请院士过程中所给予的指导和支持！

这次能荣幸地当选中国工程院院士，个人来说是很高兴的。我认为这首先是我们学校的荣誉，我们学院的荣誉，因为我是在中山大学求学和成长的，是中山大学培养出来的。我希望以当选院士来鞭策自己，今后要加倍努力，为中山大学，亦为国家和社会多作一些贡献。

我能够在科学研究和技术方面取得一点成就，这绝不仅仅是由于个人的勤奋努力。它包含了国家、社会和学校的培育和支持，老师们的指导，同事们的相互合作和学生们的辛勤劳动。

在这里，我要感谢我求学时期和40多年工作期间教导和指导过我的老师和前辈，没有他们的教育、指引、关怀和勉励，我不可能有今天的成绩。

我要特别感谢蒲蛰龙院士，是他的指引和教诲，使我明确了自己的前进方向，在前两次申请院士落选时，蒲老仍然不断鼓励我，支持我继续努力工作和多出成果！

我要感谢历届的和现任的学校领导，学院和系领导以及学校各有关部门的负责人，没有他们的指导和支持，我们的研究工作亦不可能顺利完成。

我亦要感谢我们研究室和我一起工作的同事和研究生们。科学研

---

① 林浩然：在"林浩然院士表彰、奖励大会"上的致辞，手稿，1997年12月19日，林浩然提供。

究可以说是一项集体的创作，不是一个人所能做好的，没有他们的辛勤劳动和共同努力，我亦不可能完成各个科研项目和取得预期的成果。

我能取得一些成就是时代所赋予的。社会主义时代是人才辈出的时代。自从1978年十一届三中全会党执行改革开放的政策以来，我们处在一个社会生活安定、社会主义事业欣欣向荣、国家兴旺发达的年代，而我们亦正当年富力强的时候，党和国家为我们提供了良好的研究环境和条件（如出国留学、学术交流、研究经费等），给予我们精神上思想上的鼓励和指引，这是我的事业依托和取得成就的最根本保证和基础。我感到庆幸的是没有辜负党的期望和时代的要求。

这些年来，我们学校在教学、科研和建设各方面都取得了很大的成就，学校的学科建设和学术水平亦得到明显的提高。我能荣幸地当选中国工程院院士，亦是学校不断发展的结果。

我希望，亦深信，我们中山大学在今后的建设和发展中，一定会不断涌现更多的"两院"院士！

谢谢大家！

图7-4　1997年11月，水生经济动物研究所师生们祝贺林浩然当选中国工程院院士（林浩然供图）

由于平素埋头苦干，做事低调，林浩然当选中国工程院院士，在许多人眼中多少有些意外。

中山大学举行庆祝会的当晚，生命科学学院也举行了简单、朴素的聚餐。当时大家都很兴奋，蒲蛰龙教授此前已当选中国科学院院士，林浩然增选为中国工程院院士，"过去大家认为院士好像高不可攀，我当选后，生命科学学院很多同事觉得很兴奋，希望将来生命科学学院可以出更多的院士。"[1]

林浩然常常笑称自己是"一介渔夫"，言下不无谦逊、调侃的意味。当选院士后，更多的科研工作也排上日程，社会活动的邀约比以往更多，但从当年几篇报道中，能够明显地感觉到，林浩然保持着足够的清醒，他甚至提出院士不应被神化。[2]他自己始终没有因为名誉、地位的改变而改变一直以来的学术追求。

当选院士后不久，林浩然曾以"路无止境　学无止境"为题，回顾自己的科研历程：

> 我国是世界第一渔业大国，1999年水产品总产量达到4100多万吨，已连续11年居世界之首；我国也是世界养殖渔业生产的大国，是世界上唯一一个渔业养殖产量超过捕捞产量的国家；我国还是世界上养鱼生产历史最悠久的国家，具有丰富的养鱼经验，养鱼的单位面积产量亦名列世界前茅。当前我国的水产科学技术水平并未走到世界前列，与发达国家相比还有很大差距。对此，我感触很深。
>
> ……
>
> 作为鱼类生理学和鱼类养殖学的中国工程院院士，我深感责任重大，前面的路还很长，真正是"路无止境，学无止境"。当今世界，科学技术的发展日新月异，我国的经济建设突飞猛进，渔业在国民经济中占有重要位置，在21世纪将面临进一步提高产量和产品质量的挑战。我们面对的学科前沿研究课题又是那么丰富多彩。这些都需要

---

① 林浩然访谈，广东广州，2017年11月24日。资料存于采集工程数据库。
② 黄姗：林浩然：院士不应被"神化"，水产门户网，2014-08-13，09：18：55。

图7-5　2017年，林浩然（执权杖者）作为主礼教授参加中山大学学位授予仪式（林浩然供图）

我们以毕生的精力和无比的热情去探索、去追求、去奉献！我从事的鱼类生理学在我国虽然已经有了一定基础，在国际上亦占有一席之地，但还要一步一步地追赶国际先进水平。我还要再接再厉，继续探索和创新。我和我的研究室目前瞄准的目标主要有三个：一是研究解决我国一些重要海水养殖鱼类人工繁殖和苗种培育的问题；二是研究解决我国重要养殖鱼类的苗种快速生长和预防病害的问题；三是应用基因工程技术深入研究鱼类生殖和内分泌的调控机理，并在此基础上研制各种能在养殖生产中应用的基因重组产品。

要实现这些目标，不能只靠我自己，而必须依靠健全而有活力的研究梯队，希望寄托在青年身上。年青一代永远是科学事业持续发展的重要力量。科学家的个人作用是有限的，只有依靠青年科学家群体后浪推前浪，才能承前启后，继往开来，攻克难关，实现宏伟科学目标。因此，我确定的另一个目标就是尽可能挖掘潜力，创造条件，培养一批素质好、有发展潜力的年轻学者，并且帮助和促使他们成为我国未来鱼类生理学和鱼类养殖学研究领域的干将和排头兵。今年的博士研究生招生是新的起点，中山大学校长破例同意我在十多名学生中录取6名来校深造，使我培养人才的目标得以初步实现。

诚如林浩然所说，除了外出参加会议和参加学校公务活动，他每天骑自行车往返于中山大学的西区（教工宿舍区）和水生经济动物研究所之间，直到2013年因为腿部手术，才依依不舍地放下那辆闻名中山大学的自行车。1982年至今，他几乎从未有过星期六和星期天，每天泡在实验室里。如果没有出差，每天早上7点，在中山大学南校区的东区网球场上，他都在挥拍晨练——年轻时他就是网球高手。他对校报的记者说:"人活着就是要做事情,发挥点作用。当学生时,我是'三好学生',当学生干部,养成了积极乐观的人生态度。'文化大革命'那几年不能搞研究,我就到顺德乡下和当地的渔工一起干活,甚至喂猪也干得很开心。[①]"这种朴实、勤奋的风格,林浩然一直保持到现在。

育得桃李遍天下

正如林浩然在庆功会致辞中所说的那样,在他的研究团队中,20 世纪 80 年代以后研究生一直是主要力量。经由他的指导和培养,这些研究生都成了栋梁之材。

从加拿大回国后的头几年里,林浩然依托 IDRC 的支持,与阿尔伯塔大学的彼得教授开展紧密合作,在他心头酝酿许久的研究思路先后付诸实施。1982 年招收的梁坚勇、李帼仪,1983 年招收的彭纯、刘龙志,1984 年招收的周溪娟,1985 年招收的张梅丽、张素敏,1986 年招收的张为民、陶亚雄……都积极参与了林浩然的合作研究项目,承担了大量研究工作。在跟林浩然一起工作的过程中,学生们不仅传承了林浩然严谨、敏锐、刻苦的治学风范,也吸收了林浩然所秉持的学术价值观、世界观,转化为自身的自觉行动。

学生们这样评价林浩然:"林浩然教授对学生的要求特别认真而严格。他的学生常津津乐道他们的林老师每天都在翻阅大量的国外最新研究动态资料,检查数据准确性有着独特的方法。……他关心学生的生活,主动承担起为学生落实分配的工作,好让大家专心做学问。他还给大伙买来乒乓球台,丰富课余生活……"[②]

---

① 廖瑛珊,谢曼华,林希:让我们"天天有鱼"的人——记新当选的中国工程院院士林浩然教授,《中山大学校报》,1997 年 12 月 31 日,第 3 版。

② 同①。

图 7-6　1999 年林浩然（右一）和卢爱平（右三）与研究生同游华南植物园（林浩然供图）

　　我觉得在研究生培养方面，除了培养业务能力，我个人的体会是两个方面：严格的要求和学风的建设。当时我给我的研究生主要提出两个要求：一个是治学严格的要求。对他们从学习到实验到写论文报告到发表文章到毕业答辩要求都是比较严格的，特别是一些在职的研究生，他们以前没有经历过严格的学术培养和管理，有的带着社会上的风气，做工作没有那么认真，所以这方面对他们的培训，对他们出去工作以后的影响是比较好的。另一个是学风。21 世纪初的几年，有一阵子学风比较浮躁，所以当时研究生拿结果给我看，我不但要看他们写的结果，而且要查他的原始数据，这对他们是一个很大的促进。我也拿社会上的例子对他们进行教育，就是不能够弄虚作假。有些学生出去以后，发表文章没有经过我们审查。当时我们就拿这个例子作为典型，教他们一定要严格、一定要认真。当时北京的饶毅、施一公教授写了文章批评造假的作风，我都印了让他们传看并学习讨论。[1]

　　我觉得，这两个方面是比较重要的，我们培养的研究生都是不错

---

[1]　林浩然访谈，广东广州，2017 年 11 月 24 日。资料存于采集工程数据库。

的。现在毕业的研究生已形成一个群体，一方面在本单位发挥作用，另一方面互相联系、互相促进、互相帮助，在社会上产生了比较好的影响。①

目前任职于中山大学肿瘤医院的贝锦新，读完硕士后，在林浩然引荐下到日本留学。谈起此事，贝锦新感触很深："林老师除了引荐我到日本留学，还负责了我大部分的留学生活费用。众所周知，林老师在鱼类生理学和生殖内分泌学研究方面有很高的造诣。他根据我的专长特点，毅然鼓励和引导我在日本留学期间开展鱼类基因组方面的研究。"事实证明，林浩然当初的指引是正确的。贝锦新毕业后进入了中山大学肿瘤医院工作，在曾益新院士的团队从事鼻咽癌易感基因方面的研究，短短几年就已取得了一系列重要科研成果。

毕业留在中山大学水生经济动物研究所的卢丹琪副教授是林浩然团队里的中坚力量。"我在2003—2008年师从林教授，所学专业是海洋生物学。与林教授接触越多，就会发现他有越多的地方值得学习，积极乐观、博览群书、做事果断……林教授非常爱护学生，一直都全心全力帮助学生。去年林浩然院士奖学基金成立时，我也在现场。当林教授上台说设立这个基金是他的毕生心愿时，不禁被林教授的真挚话语感动得热泪盈眶。②"

2009年11月28日，是林浩然的75岁寿辰，也是他从教55周年的纪念日。这一天，在中山大学怀士堂，林浩然院士奖学基金正式设立。林浩然捐出50万元作为启动资金，倡议设立并且得到各界人士热心赞助，旨在关心青年学者、年轻学子的成长，鼓励品学兼优的学生学者潜心科研。

提起设立奖学金的事，林浩然说："75岁生日开了一个简单的会，当时我受邹承鲁教授———一位很著名的生物化学家———的启发。他有一次就讲过这么一席话，大意是，在自己有能力的情况下，应该关心青年学者的成长；如果有条件的话，可以给予一定的资助。"③林浩然第一次捐了50万

---

① 林浩然访谈，广东广州，2017年11月24日。资料存于采集工程数据库。

② 符王润：让名贵海鱼游入寻常百姓家，《广东科技报》，2011年9月10日，第8版。

③ 林浩然访谈，广东广州，2018年3月30日。存地同①。

图 7-7　林浩然从教 55 周年暨林浩然院士基金成立庆典上与弟子们合影（林浩然供图）

图 7-8　从教 55 周年、60 周年时林浩然设立奖学基金的捐赠证书（林浩然供图）

元。截至 2016 年，林浩然本人捐赠的基金已超过 150 万元，现在该项基金的总额已逾 300 万元。

自 1954 年 7 月大学毕业后，林浩然就再没有离开过讲台，始终在教学第一线。他深爱着教师这个职业，并一直默默付出。"没有老一辈老师

图 7-9 2013 年，林浩然和当年毕业的研究生在他简陋的办公室合影（林浩然供图）

的教导，就不会有我今天的成绩。我做了老师之后也一样培养爱护我的学生，希望他们能青出于蓝而胜于蓝。"言谈中，满是感恩和幸福。

"对学生严要求便是对学生的爱护。"对于科学论文，林浩然更是提出了"三严"要求：一是严肃认真，刻苦钻研，求真务实，切不能弄虚作假；二是严密设计，材料方法和技术路线要考虑周到，切不能粗枝大叶；三是严格要求，发表论文一定要反复修改推敲，切不能出现错漏。

林浩然曾立志要为国家培养 100 名研究生。现在这个愿望已经达成，仅他培养的博士生就已过百，毕业研究生更是遍布相关著名高校、科研院所、政府机构和企业，都是所在单位的学术骨干、学术带头人，更有几位业绩突出，已经达到院士候选人的标准。他欣喜地说："人的生命是有限的，而教育和科学事业是无限的，把有限的生命投入无限的事业中，是我一生最光荣的事情。"[①]

让石斑鱼游上百姓餐桌

向海洋渔业进军，将研究领域由淡水鱼类扩展到海洋鱼类，是林浩然酝酿已久的计划之一。经过长期研究实践和深入思考，林浩然先后于 2001

① 符王润：让名贵海鱼游入寻常百姓家，《广东科技报》，2011 年 9 月 10 日，第 8 版。

年和 2003 年在《中国工程科学》发表"海洋鱼类人工繁殖和苗种培育高新技术的研究进展和前景"[①] 及"海洋鱼类资源的可持续利用和海洋鱼类科学技术的研究方向"[②]，论述发展海洋鱼类的增殖和养殖是海洋鱼类的合理开发利用与可持续发展的根本措施和策略。他指出，发展和提高海洋鱼类的增殖养殖技术，特别是作为增养殖基础的人工繁殖和苗种培育技术，是海洋生物技术的一个重要研究领域。他阐述了研究团队此前在诱导海洋鱼类性腺发育成熟和改善卵子质量、排卵与产卵、改善幼苗培育与提高成活率和生长率，以及采用基因工程技术生产各种促进鱼类生殖与生长的激素与神经肽等方面业已取得的创新成果。他提出海洋鱼类科学技术的研究方向，揭示海洋鱼类资源未来可持续利用的良好前景。

这两篇论文是林浩然进军海洋鱼类科学研究和生产应用领域的宣言书。

2001 年，林浩然带领团队承担了国家高新技术研究发展计划的海洋"863 计划"项目"石斑鱼生殖调控和人工繁育技术研究"课题。几年后，他们在石斑鱼人工繁殖和苗种培育技术研究方面取得重大突破，建立了石斑鱼人工繁殖的系列支撑技术，整合并健全苗种培育各环节的技术规范，实现了斜带石斑鱼苗种的规模化生产。

石斑鱼属种类较多，有近百种，其中可人工养殖的有 20 多种。石斑鱼肉味鲜美，是经济价值较高的食用鱼类，也是创汇的优良种类。我国的石斑鱼主要分布在东海和南海。

石斑鱼是雌雄同体，个体发育中存在着先雌后雄的性逆转过程，雄性亲鱼均高龄化且极难捕捞获得，因而缺少雄性亲鱼是人工繁育石斑鱼的最大障碍之一。直到 1995 年，石斑鱼养殖的主要问题仍然是：石斑鱼类生物学和生态学基础理论研究不够深入；鱼苗供应不足；尚未形成一套石斑鱼养鱼技术体系。[③]

---

① 林浩然：海洋鱼类人工繁殖和苗种培育高新技术的研究进展和前景，《中国工程科学》，2001 年第 6 期，第 33-36 页。

② 林浩然：海洋鱼类资源的可持续利用进而海洋鱼类科学技术的研究方向，《中国工程科学》，2003 年第 3 期，第 27-30，43 页。

③ 陆忠康：石斑鱼养殖研究的现状及面临的问题，《现代渔业信息》，1996 年第 1 期，第 8-12 页。

"我们顺利完成了国家海洋'863'计划的课题，主要是解决了石斑鱼苗种规模化繁育的问题。过去，石斑鱼的苗种依靠天然捕捞，数量有限，所以石斑鱼是很小的养殖品种，产量少，价格亦高。现在实现了石斑鱼苗种的规模化生产，苗种来源充足了，促进了石斑鱼产业的发展，产量明显增长，价格亦随之降低。过去，石斑鱼每斤要二三百元，只有少数人吃得起，现在每斤不到一百元，可以游到普通百姓的餐桌上了！"

图 7-10　2003 年林浩然在深圳石斑鱼养殖场观察亲鱼培育成熟情况（林浩然供图）

截至 2014 年，林浩然已有 27 名硕士生、34 名博士生的学位论文、1 名博士后人员的出站报告是关于石斑鱼的生长发育和生殖生理等方面的，同期发表的学术论文有 60 余篇。

十余年里，林浩然的石斑鱼研究团队对我国重要海水养殖鱼类石斑鱼生殖生长调控和人工繁育与养殖技术进行了深入系统的研究，对苗种规模化繁育与健康养殖的关键技术进行了集成与整合，推动了我国南方石斑鱼繁育与养殖产业的快速发展。主要创新性成果有：

（1）阐明石斑鱼生殖的神经内分泌调控机理，创建调控石斑鱼生殖活动理论体系。

（2）阐明石斑鱼生长的神经内分泌调控机理，创建调控石斑鱼生长发育理论技术体系。

（3）建立了石斑鱼人工繁育与健康养殖的系列支撑技术，完成技术集成与整合。

（4）整合并建立苗种培育各环节的技术规范，实现斜带石斑鱼苗种的规模化培育。

（5）建立石斑鱼健康养殖技术体系。

这些成果树立了从基础理论到实践应用的成功范例，通过规范化技术推广，把苗种繁育、饵料生产、人工养殖等作为独立的技术环节，促进了石斑鱼养殖产业的社会化分工，在我国南方逐步形成了一个石斑鱼苗种繁育和健康养殖的庞大产业集群。2001—2005年，在广东省培育2.5厘米以上规格的斜带石斑鱼苗种958万尾。此后，基本实现苗种规模化繁育，满足石斑鱼养殖生产需求；2007—2009年，在海南省培育2.8厘米以上规格的点带石斑鱼、斜带石斑鱼苗种3912万尾。截至2010年，已创造了65亿元的经济价值，极大地促进了我国鱼类养殖业的科技进步与持续健康发展。

在科学研究工作中，林浩然始终强调创新，讲求高端切入，注重结合新方法和新技术。2009年，深圳华大基因研究院（以下简称华大基因）开始筹划"千种动植物基因组计划"。该计划旨在构建一个全球最大的基因组数据库，为各物种的进一步研究提供重要基础和依据。[①]

华大基因找到了林浩然团队，石斑鱼全基因组序列图谱被列入该院"千种动植物基因组计划"的第一批项目，双方立即开展深入的实质性合作。

2011年3月18日下午4时，中山大学和华大基因在广州召开新闻发布会，宣布"石斑鱼基因组序列图谱绘制完成"。这是我国完成的第三个鱼类基因组测序项目和全基因组序列图谱，也是世界上首个鲈形目鮨科石斑鱼类基因组序列图谱。[②]

石斑鱼全基因组序列图谱绘制完成将提供大量的重要性状相关功能基因和分子

图7-11　林浩然与中山大学副校长徐安龙（右）在发布会上

---

① 郑小红："千种动植物基因组计划"一期启动100多种测序，中国新闻网，2010-5-14，10∶18∶30.

② 黄茜，王丽霞：老广喜欢的石斑鱼全基因组序列图谱绘制完成，大洋网，2011-03-19，08∶23∶24.

标记，有利于从功能基因组角度揭示石斑鱼生长、发育、营养、代谢、繁殖、遗传、免疫等重要生命现象的分子机制，建立石斑鱼品种改良的理论基础，为建立石斑鱼基因组辅助育种技术，快速培育抗病、抗逆、优质、高产的优良品种奠定重要基础，进一步推动基因组学研究在水产养殖的应用发展，开辟了我国水产生物研究的基因组时代。[1]

打造石斑鱼养殖产业链和学术交流平台

提出战略构想

2010年12月20日，为期2天的第一届全国石斑鱼类繁育与养殖产业化论坛在中山大学开幕。会上，林浩然做了题为"石斑鱼类养殖产业化持续发展的基本途径"的报告，他首先回顾了石斑鱼类苗种规模化繁育技术

图7-12　第一届全国石斑鱼类繁育与养殖产业化论坛开幕式（左五为林浩然）

---

① 朱汉斌　王丽霞：我国率先绘出石斑鱼全基因组序列图谱，《科学网·科学时报》，2011-03-24，20: 13: 37.

和养殖产业从无到有的发展历史。他指出，我国石斑鱼养殖渔业化持续发展面临两方面的问题：

　　一方面，当前的石斑鱼养殖产业和其他的海水鱼类养殖产业一样，其快速发展是以规模扩大的粗放式养殖技术和养殖模式为基础，导致资源耗费和环境污染，制约了养殖产业自身的发展；另一方面，石斑鱼养殖产业是新兴的海水养殖产业之一，养殖技术基础薄弱，养殖经验还不够成熟，产业结构尚待完善，养殖产业的整体水平尚需着力提升。这和国家倡导的建设资源节约、环境友好、质量安全、节能减排和高效低碳的现代渔业还有很大差距。石斑鱼养殖产业化未来的进步与发展，任重而道远。

林浩然强调，我国石斑鱼养殖渔业化持续发展的主要制约因素有：

　　养殖水体、土地、饲料原材料等的资源短缺；养殖产业化发展和水域生态环境恶化的矛盾加剧；病害对养殖产业化发展构成重大威胁；养殖产品质量安全和市场监管存在问题突出；优质苗种规模化生产仍然是养殖产业化发展的薄弱环节；科学技术支撑和科学技术推广力度还不够。

在这些基础上，林浩然提出石斑鱼养殖产业化持续发展的总体思路是：

　　以建设资源高效利用、改善生态环境、产品优质安全的现代渔业基本内涵为目标，改革和提升传统养殖技术和养殖模式，加快渔业增长方式转变，改善产业结构，不断优化和提高产业链上的各项技术，建立石斑鱼类现代养殖科技创新体系。

最后，林浩然提出石斑鱼类产业化持续发展的关键技术和基本途径：

（1）苗种繁育：要完善苗种人工繁育技术，着力于提高苗种成活率和苗种质量；要攻克一批优质石斑鱼类（如青星九棘鲈、宝石石斑鱼、驼背鲈等）的苗种人工繁育难题，以扩大石斑鱼养殖产业化规模；要合理组织石斑鱼苗种生产结构，将亲鱼培育、苗种繁育、饲料生产、苗种大规模培育等生产环节进行社会化分工，造就一批苗种繁育技术水平高、苗种生产管理完善、质量检验严格的石斑鱼类苗种生产龙头企业，达到育苗技术与设施标准化，育苗品种多样化，育苗数量规模化，育苗质量有保证，实现石斑鱼苗种生产健康有序发展。

（2）优良品种培育：建立石斑鱼类种质资源分析和评价体系，开发利用优良性状种质资源，筛选并获得优良种群或优良性状特异的分子标记；采用传统育种技术（选择育种、杂交育种、雌核发育、多倍体育种等）和分子育种技术（标记筛选、基因克隆、遗传图谱、QTL定位等），培育出优质、高产、抗逆、抗病的石斑鱼优良品种，逐步实现石斑鱼类养殖良种化。优良品种培育是系统性、长期性、综合性的建设工程，投入多、难度大，需要培植源头创新能力，组建稳定的研发团队，建立研发平台和良种培育基地，加强信息交流与国内外科研合作，组织良种示范养殖与推广等重大措施。

（3）人工配制饲料：在完善石斑鱼类主要养殖种类基础营养要求参数和开发精准营养调控技术的基础上，配制高效、优质、安全、环保的人工配制饲料，包括适合苗种开口的微颗粒饲料和促进亲鱼性腺发育成熟的专用饲料。同时，广开饲料原料来源，努力提高其利用率，降低环境污染；科学合理配制石斑鱼新型饲料专用添加剂，增强饲料的摄食率、消化吸收率和免疫功能。

（4）病害防治：全面实施药物防治技术、免疫防治技术、生态防治技术为主要内容的综合病害防治技术；针对石斑鱼类苗种的主要病毒病（神经坏死病毒病、彩虹病毒病等），建立高度灵敏的病毒检测技术和防控措施，进而研制高效的特异性口服疫苗。

（5）养殖模式和养殖技术体系：以建设可持续的高效、低碳、节能、生态环境友好的石斑鱼养殖模式和养殖技术体系为目标，改革和提高池塘养殖模式和近岸浅海网箱养殖模式及其养殖技术，因地制宜地发展深海（离岸）网箱养殖模式和工厂化养殖模式及其养殖技术体系。

（6）加强石斑鱼类养殖生物学基础研究：石斑鱼类繁育和养殖产业化的持续发展，取决于系统深入地了解石斑鱼类的生殖、生长、发育、种质、遗传、免疫以及其他各个方面的生命活动本质和规律性。

上述几个关键性技术的创建都离不开对石斑鱼类的基础研究，因此，加强石斑鱼类养殖生物学基础研究必将成为石斑鱼养殖产业化持续发展的战略重点，只有将和养殖相关的基础研究成果应用于解决重大的科学技术问题，才能推动石斑鱼类养殖技术革新和产业化健康持续发展。

组织石斑鱼类繁育和养殖论坛，为实现石斑鱼产业化搭建了一个重要平台，是林浩然实现这一构想的重要一步。

打造石斑鱼养殖产业链

解决了石斑鱼苗种问题，相关技术也随之发展起来，整个产业链逐步完善，甚至青岛也开展了石斑鱼的工厂化养殖。"天气冷的时候在室内培苗，到四五月份，南方就把苗种转移到北方养大，充分利用各自的优越条件，取长补短，南北合作，互相接力。因为有巨大的经济效益，什么办法都想得出来，石斑鱼养殖产业的发展比我们想象得更快。"[1]

得益于该项技术的推广应用，截至 2005 年，广东全省石斑鱼网箱养殖面积已达 84 万平方米，产值达 54.9 亿元。[2] 现在，不但广东省石斑鱼供应十分充裕，广东、海南养殖的石斑鱼大量外运到全国各地，而且在纬度更高的一些地方如山东，也解决了石斑鱼越冬问题，普及了工厂化养殖技术，实现了就地养殖，真正让石斑鱼"游上百姓餐桌"。

---

[1]　佚名：首届石斑鱼类产业论坛隆重召开，水产门户网，2010-12-21，9:48:13.

[2]　周永章，梁弈鸣，郭艳华等：《创新之路：广东科技发展30年》，广州：广东人民出版社，2008 年，第 77 页。

2014 年 11 月 30 日，第五届"全国石斑鱼类繁育与养殖产业化"论坛在中山大学小礼堂举行。"本次论坛是由中山大学和广东省海洋与渔业局主办，中国工程院三位院士（雷霁霖、林浩然、麦康森）和 200 多位业内专家学者和企业精英齐聚首，共同探讨石斑鱼产业发展。"① 进入 21 世纪的第二个十年，石斑鱼类生产正朝向年产 10 万吨级规模迈进。②

图 7-13　在中山大学怀士堂举行的第五届"全国石斑鱼类繁育与养殖产业化"论坛上，林浩然与麦康森院士（左图）、雷霁霖院士（右图）亲切交谈

第五届"全国石斑鱼类繁育与养殖产业化"论坛，会议邀请了石斑鱼产业在育种、繁殖、饲料、疾病、设备等上下游产业的专家以及企业技术精英，为大家呈现了精彩的报告。海南大学陈国华教授的报告"石斑鱼产业发展之路"中指出，如今苗种限制养殖发展的时代一去不复返，支撑石斑鱼苗种产业的 2 项关键技术——网箱培育亲鱼和石斑鱼池塘生态育苗仍有提升空间。③ 广东省海洋渔业实验中心主任张海发博士作了题为"石斑鱼人工繁育技术研究进展"的报告，他全面分析了苗种繁育、优良品种培育、人工饲料配制、病害防治等方面的研究进展，指出石斑鱼产业未来发展方向是良种选育、工业化和深水网箱养殖。④

2017 年 9 月 20 日，农业部海洋渔业可持续发展重点实验室、中山大学、中国水产流通与加工协会联合主办的第八届"全国石斑鱼类繁育与

① 吴群凤，赵文雯：200 人汇集中大，共谋石斑鱼产业发展——记第五届"全国石斑鱼类繁育与养殖产业化"论坛，《当代水产》，2014 年第 12 期，第 46-47 页。

② 同①。

③ 同①。

④ 同①。

图 7-14　中国水产流通与加工协会会长崔和为林浩然颁发石
斑鱼分会会长证书

养殖产业化"论坛、"中国水产流通与加工协会石斑鱼分会成立大会暨第二届鱼类工业化养殖学术研讨会"在青岛举行，这是石斑鱼行业的年度盛会，吸引了国内、日韩等 400 余名相关从业者参会。会议期间，中国水产流通与加工协会会长崔和宣读了"石斑鱼分会"成立文件及聘任林浩然为石斑鱼分会名誉会长、蔡春有为首届会长的决定。林浩然表示，2017 年石斑鱼类养殖产业被正式纳入国家海水鱼类产业技术体系建设，如今中国水产流通与加工协会石斑鱼分会的正式成立，将为石斑鱼产业的进一步发展提供有力的保障。

　　会上，中国水产科学研究院黄海水产研究所陈松林研究员和国家海水鱼类产业技术体系岗位科学家、中山大学教授刘晓春先后发言，他们都是林浩然的学生，陈松林 2021 年增选为中国工程院院士。石斑鱼繁育技术研究和养殖产业的发展，倾注了林浩然 20 年心血。现在，"交棒"工作也基本完成，他培养的学生已成为这一行业的中坚力量，继续引领着这一新兴产业不断前行。

　　从 20 世纪 90 年代开始，林浩然一直致力于石斑鱼的良种选育。他的团队与合作单位于 2007 年申报并获得批准一个石斑鱼新品种——虎龙杂交斑。这个石斑鱼新品种具有孵化率高、生长发育快、抗逆性强、成活率高等优势性状，迅速成为国内石斑鱼养殖的主要品种，成为推动石斑鱼产业发展的新动力。

　　林浩然还积极倡导中国渔业要跟上信息化时代的步伐，构建物联网，建立与大数据产业的联盟。2016 年 3 月，中国渔业物联网与大数据产业创新联盟宣告成立，林浩然荣膺该联盟专家委员会主任。[1]

林浩然发起组织的"全国石斑鱼类繁育与养殖产业化"论坛，经由林浩然的倡议和推动，会集了一批水产业的高端专家，吸引了一批饲料、种苗、养殖、运销企业，形成了石斑鱼繁育、养殖的全产业链，成为水产行业产学研发展的典范，林浩然则被业内尊为"石斑鱼之父"。[2]

倾尽全力　反哺故乡

对于故乡，林浩然一直怀有特殊的记忆和深厚的感情。海南建设的每一件事都牵动着他的心，对故乡的支持和帮助更是不计回报。2004年，海南大学党委书记谭世贵邀请林浩然到海南大学兼职，帮助海南大学发展海洋与水产事业。"因为我自己是海南人，出生在海南，海南养育我长大，我觉得为海南做事是可以的，所以就答应了。"[3]

2004年，林浩然受聘为海南大学兼职教授。第二年开始，他每年拿出3万元在海南大学设立奖学金，奖励家境贫寒、品学兼优的海南大学学生。

> 海南是我的故乡，是海南培育了我，所以一切都是海南优先，海南请我做什么事，我都尽量参加，他们想请我去评审高端人才的引进，或是开什么会，我说海南优先，就会答应。[4]

2005年3月24日，林浩然在海南大学海洋学院院长陈国华、原院长张本等专家陪同下，到海南文昌考察花鳗鲡人工养殖项目。海南金山经

---

① 李道亮：信息化支撑渔业现代化　产学研协作助推产业升级，《中国科技产业》，2016年第4期，第57页。

② 杨伟民：石斑鱼之父——林浩然，《环境导报》，2003年第20期，第34-35页。

③ 林浩然访谈，广东广州，2018年3月30日。资料存于采集工程数据库。

④ 同③。

济开发公司拟与海南大学海洋学院合作，开展花鳗鲡人工孵化技术攻关，争取实现花鳗鲡全人工养殖。林浩然对此极为重视，现场对一尾三龄的花鳗鲡进行解剖，了解性腺发育情况，并与海南大学的专家进行了技术交流。①

受聘于海南大学后，林浩然每年在该校招收一名硕士生，培养工作则主要在中山大学完成。来自海南大学的研究生，感受到林浩然如同祖父般的照顾与呵护。有一次，硕士生周雯伊跟他说起对寻找鱼类耳石的实验还有不明白的地方，70多岁的林浩然立刻带她到实验室，亲自抓来一条鱼，手把手教她解剖，找到耳石，令周雯伊感念至今。

图7-15　2005年林浩然在海南文昌指导花鳗鲡催熟试验（左张勇，右黄海，林浩然供图）

谈起已经85岁高龄的林浩然院士，海南大学海洋学院的师生们无不肃然起敬。在他们眼中，"林院士就是海南大学的宝。"②海南大学海洋学院院长周永灿说，林浩然院士不是一般的候鸟，他一年要回来好几次，指导学生课题、给海南所承担的重大科研课题介绍专家、参加毕业生的论文答辩会⋯⋯但凡海南有需求，他就会回来，不分春夏秋冬。

"在海南大学，林院士还给海洋学院的本科生上课。"海南大学海洋学院吴小易博士毕业于中山大学，这位鱼类营养学博士现在专门负责该校与林浩然的工作对接。2010年，时年77岁的林浩然院士站在海南大学海洋学院本科生教室里上课。吴小易感叹，"一个院士能为本科生上课，这在

①　佚名：林浩然院士回家乡考察花鳗人工养殖项目，天涯社区网·论坛·文昌，2005-4-7，16：34：30.

②　敖坤，许欣：海南走出的院士"反哺"故乡　助推海南成石斑鱼繁育中心，《南国都市报》，2016年2月23日，第1版。

林浩然院士任职的中山大学都不多见。"此时此刻,吴小易感受到的是林浩然对海南教育事业发展的浓浓情谊,"他要为海南多培养人才。"吴小易说,林浩然院士设立的"林浩然奖学金",对海洋学院的研究生和本科生产生了很大的激励作用。截至 2016 年,获得"林浩然奖学金"的学生已超过百人。①

林浩然院士在海南大学 2014—2018 年聘期的"成绩单":

(1)支持和指导海南大学海洋学院的人才培养和科学研究:①指导 5 名硕士研究生开展论文相关研究工作,其中有 4 名硕士研究生毕业后顺利考入中山大学继续攻读博士学位;②在中山大学的课题组接收了海南大学海洋学院水产养殖系本科保送生 1 名,该生本科毕业后进入中山大学继续攻读硕士研究生;③第六届"全国石斑鱼类繁育与养殖产业化"论坛由海南大学和海南省苗种协会于 2015 年 11 月在三亚举办,增进了海南大学海洋学院与国内外相关领域专家交流与合作,提升了海南大学相关领域教师的影响力和学术研究水平;④林浩然院士课题组与海南大学海洋学院相关研究团队保持密切交流与合作,长期大力支持和带领海洋学院相关研究团队参与国家级项目科研工作;⑤作为答辩委员会主席亲自参与及指导海洋学院水产养殖系 2014—2018 年所有硕士研究生的毕业答辩工作,提升了研究生的论文质量;⑥设置"林浩然院士奖学金",对品学兼优的学生进行表彰,激发学生的学习热情,收到了极好的效果。

(2)支持和参与海南大学筹备南海海洋资源利用国家重点实验室工作。

(3)支持和参与海南大学热带生物资源教育部重点实验室工作。

(4)支持和推动海南大学"长江学者和创新团队发展计划"创新团队建设和可持续发展。

---

① 吴小易访谈,2017 年 12 月 1 日,广东广州。资料存于采集工程数据库。

图 7-16　林浩然在海南大学 2012 年度林浩然院士奖学金颁奖仪式上勉励学生（林浩然供图）

如今，十五年过去了，在林浩然院士的培养下，很多人已经成为海洋渔业研究方面的专家和业务骨干，他们持续为海南的海洋研究贡献着力量。

"希望通过几年的努力，海南的海洋渔业研究能走进国内先进行列，在某些方向和在课题上达到国际先进水平。" 2005 年，林浩然在就职海南大学 "双聘院士" 演说时讲的这句话，而今他依然记得。十五年过去，这句话背后承载的 "梦想" 正在逐步实现。[①]

除了帮助海南培养专业技术人才，林浩然结合自己的研究工作所支撑的石斑鱼项目已在海南开花结果，形成了一个巨大的水产产业。目前，海南产的石斑鱼全国市场份额占有率已达 85%。

21 世纪初，海南海水鱼类苗种行业已发展至数百家，但经营方式粗放，难以有效应对市场的变化，与政府部门对接不顺畅，同行间也缺乏相互交流学习。在林浩然和海南地方政府推动下，2013 年 12 月 28 日，组织成立了海南省南海鱼类种苗协会，林浩然被该协会聘为荣誉会长。协会的成立是海南省鱼类苗种产业发展的一件大事，已对海南省养殖鱼类苗种产业的健康发展起到了重要的促进作用。

"作为业界的学者，作为海南人，我感到非常高兴。我会尽己所能，关心、支持协会的工作。" 他在接受记者采访时说。[②]

海南省南海鱼类种苗协会成立周年时，会员人数由 2013 年的 310 多名增至 500 多名。如今，围绕服务会员，该协会吸纳了包括种苗、养殖、饲

---

① 敖坤，许欣：海南走出的院士 "反哺" 故乡　助推海南成石斑鱼繁育中心，《南国都市报》，2016 年 2 月 23 日，第 1 版。

② 吴群凤：400 余人见证南海鱼类种苗协会成立，《当代水产》，2014 年第 39 卷第 1 期，第 48 页。

料、渔药、流通、渔具设备等各个环节的力量，已在沿着整个产业链延伸发展，成为海南省鱼类种苗方面最重要的行业平台。[①]

2018 年 12 月 2 日，世界海商（博鳌）高端论坛在博鳌亚洲论坛国际会议中心举行，全世界海南籍政界精英、学术翘楚、海商人才齐聚一堂，为海南未来的发展建言献策。林浩然认为，年青一代将会成为海商的中坚力量。他希望海南省各界重视对年青一代的培养，实现海商的可持续发展。林浩然以"谈对青年一代的期望"为题在会上发表演讲。他结合自身经历向年青一代海商建议：[②]

　　首先，最重要的两个字是"认真"，要认真对待学习，认真对待工作，认真对待生活。其次，要珍惜和奋斗，要珍惜当下的时光，不断奋斗，要有不怕困难不服输的精神。最后，希望青年人能够不忘初心，朝着明确的目标，牢记肩负的使命，不执着于名利，潜心做学问，自强不息，坚持不懈。

---

① 陈奕奕：南海鱼类种苗协会创一年，已汇聚全产业力量，《水产前沿》，2015 年第 2 期，第 12—13 页。

② 徐静涵：林浩然：重视传承培养年轻一代　实现海商的可持续发展，南海网，2018-12-02。

第八章
开满鲜花的道路

硕果累累待金秋

2010 年 5 月，广东省科学技术奖励大会暨国家技术创新工程广东试点工作动员大会在白云国际会议中心隆重举行。在这次会议上，林浩然荣获2009 年度广东省科学技术突出贡献奖，以表彰他在鱼类繁育和养殖方面对广东水产行业的巨大贡献。[1]

《南方日报》评述道：直到目前，全世界采用激素对鱼类人工催产，几乎都受益于"林－彼方法"所开创的基本原理。据粗略估计，仅在中国，采用"林－彼方法"催产的鱼苗至少达到 2 万多亿尾，产值数百亿元，由此增加的鱼产量更是无法估量。从 1989 年开始，我国水产养殖产量就超过捕捞产量，连续 19 年位居世界首位。这其中，"林－彼方法"发挥了重要作用。[2]

---

① 刘玮宁，宋金峪：广东科技奖励大会：林浩然陈韶章荣获突出贡献奖，《羊城晚报》，2010 年 5 月 7 日，第 1 版。

② 张胜波，王丽霞：二〇〇九年度广东省科技奖突出贡献奖获得者，《南方日报》，2010 年5 月 8 日，第 10 版。

同年，林浩然荣获"全国优秀科技工作者"称号。

2011 年，中共广东省委、广东省人民政府召开广东省人才工作会议。会议颁发首届"南粤创新奖"，表彰瞄准世界科技前沿、在重点领域取得突破，掌握核心技术、勇攀科技高峰的创新人才。林浩然荣获首届"南粤创新奖"。

图 8-1　2010 年，林浩然荣获"全国优秀科技工作者"称号（林浩然供图）

2011 年，中国生理学会第 23 届常务理事会第 3 次会议讨论决定，设立"中国生理学会终身贡献奖"，以表彰年满 65 周岁、为学会发展和建设作出卓越贡献的历届领导和作出突出贡献的生理学家。[1] 同年 10 月，林浩然被中国生理学会授予"中国生理学会终身贡献奖"。

2012 年，第七届国际鱼类内分泌学大会在阿根廷布宜诺斯艾利斯举行，林浩然荣获终身成就奖，这也是我国科学家在这一领域获得的最高奖项。

遗憾的是，由于赴阿根廷签证手续耗时太长，林浩然没能到会领奖。

> 本来我们想去参加这个会，但是签证办不成，所以中国内地学者没有去。会前有好些友好的、跟我比较熟的人想推荐我，让我去申请终生成就奖，当时我还推说，"算了吧，不要去跟人争这个东西，国外的人喜欢搞这个东西"。他们说，"香港的几个学者比较熟悉的，都想推荐你"。后来我们都没有参加会议，就是香港大学的几位学者去了。他们都极力推荐，说国外很多人都跟我很熟悉。[2]

---

[1]　佚名：关于设立"中国生理学会终身贡献奖"的决定，《生理通讯》，2011 年第 4 期，第 90 页。

[2]　林浩然访谈，广东广州，2018 年 3 月 30 日。资料存于采集工程数据库。

图 8-2　林浩然所获鱼类学终身成就奖证书（林浩然供图）

了解当时情况的胡红霞回忆说：

那一次国内的人都没能成行，因为签证的问题。那个奖是请澳门大学的葛伟教授帮着领回来的。申请的过程，我是全程参与的。我在渥太华大学访问时，国际鱼类内分泌学大会组委会的主席是阿根廷人，他极力提名给林（浩然）老师。尤其是中国人一向比较低调，比较谦虚，能拿这个奖更不容易，那得多大的认可啊！是他们力主提名的。[①]

该奖项现已评选三届，获奖者主要是欧美学者，亚洲获奖者中，日本有两位——Hiroshi Kawauchi 和 Tetsuya Hirano，中国是林浩然。

2013 年 12 月，经过数十万公众与 26 位养殖行业资深评委的投票，"2013 中国生猪业／水产业风云榜"（以下简称"风云榜"）所有奖项名花有主。12 月 16 日上午，颁奖盛典在广州隆重举行。鉴于林浩然为中国水产业培养了众多精英，以及对水产行业作出的突出贡献，他在这次国内水产行业评选中荣获"中国水产业风云榜终身成就奖"。

---

① 胡红霞访谈，广东广州，2017 年 12 月 2 日。资料存于采集工程数据库。

老骥伏枥志千里

像学术生涯中许多重要关头一样，林浩然从未让年龄成为继续奋斗的障碍，45 岁时出国访学如此，63 岁当选院士后亦复如此。他不但参与缔造了石斑鱼的繁育、养殖技术体系和产业联盟，对广东水产业也非常关心，帮助企业和养殖户解决生产问题。

罗非鱼是继三文鱼和对虾之后拥有国际性市场的养殖水产品。根据联合国粮农组织（FAO）2000 年统计资料，全球有 80 多个国家和地区养殖 16 种罗非鱼，总产量达 126.6 万吨；同年我国罗非鱼产量为 62.9 万吨，占世界总产量的 49.7%。[①]

早在 20 世纪后半叶，国内罗非鱼养殖业已出现品系复杂、种质退化问题，最突出的问题是缘于其自身特点的"繁殖过度"：性成熟早、一个养殖季节可自行繁殖好几代。导致商品鱼品质偏低，资源浪费严重。同时，罗非鱼是雄性优势生长种类，雄鱼比雌鱼生长快 40%~50%。因此，采用单雄性养殖是解决"繁殖过度"的关键，技术难点在于如何通过性别控制手段获得雄性化鱼苗。[②]此前，在尼罗罗非鱼养殖中应用较广泛的是通过雄激素饲料拌喂的方式，这样虽可以得到雄性率较高的鱼苗，但激

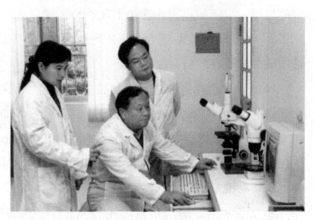

图 8-3 在罗非鱼国家良种场和叶卫场长（右一）进行合作研究（林浩然供图）

---

① 李思发：我国罗非鱼产业的发展前景和瓶颈问题，《科学养鱼》，2003 年第 9 期，第 3-5 页。

② 夏德全：中国罗非鱼养殖现状及发展前景，《科学养鱼》，2000 年 5 期，第 1-2 页。

素的滥用危害了生态环境，也会对人类健康造成影响。

为此，广东罗非鱼国家良种场开始与林浩然团队的数年合作。在林浩然指导下，其研究团队对我国养殖的主要罗非鱼品系进行了种质鉴别和遗传多样性分析，为解决罗非鱼养殖品种混杂和种质退化问题提供了理论依据。他们还采用数量遗传学与现代生物技术相结合，选育出具有生长快、初次性成熟较晚、遗传纯度高等优点的"广特超"尼罗罗非鱼新品种；创建以温度调控诱导罗非鱼苗种培育雄性化的新技术，雄性率达 98% 以上；创建了工厂循环水高密度和塑料大棚网箱的育苗技术，使罗非鱼单位水体出苗量比常规技术高 20 倍，成活率达 90% 以上，鱼苗越冬能力提高 10 倍，并反季节育苗成功，确保全年都有罗非鱼苗供应。在此过程中，罗非鱼物理转雄性技术取得了国家发明技术专利，4 名研究生完成了与此相关的学位论文。

2006 年，"广特超"罗非鱼已成为国家级广东罗非鱼良种场注册商标后特有的品牌良种罗非鱼；2010 年，该场推出"广特超"第二代，生长速度比第一代快 7%，而且生长均匀，规格整齐。该场应用物理转雄性新技术后，源源不断地为养殖户提供安全、优质的全雄性罗非鱼苗，深受养殖户的好评，供应量也因此逐年上升。2006 年以来，广东罗非鱼良种场共生产了 10 亿多尾鱼苗供应给广东各地养殖户，养殖面积达 30 多万亩次，创造了巨大的社会效益和经济效益。①

2016 年，全球罗非鱼产量超过 550 万吨，而我国罗非鱼产量从全球占比最高的 45% 下降到 30%，产业链上养殖企业、加工企业、贸易商各环节均受到打击。在此关键时刻，林浩然毅然挺身而出，携手麦康森院士，与国内最大的罗非鱼产地茂名市共建水产养殖和饲料生产及保鲜加工院士工作站，帮助地方和企业共渡难关。②

2017 年 4 月，由广东省海洋与渔业厅、茂名市政府、中国水产流通与加工协会联合主办的茂名罗非鱼品牌推广会暨品牌创建论坛在茂名市召

---

① 吕华当，叶卫：让"广特超"罗非鱼苗"游"出国门，农博网，2010-11-23，12:56.

② 佚名：罗非鱼年出口额超 2 亿美元的地区遇到了不小的问题，未来如何重塑"中国罗非鱼之都"，搜狐网·财经·水产行情，2017-07-08。

开，围绕茂名罗非鱼的品牌创建，继续做大做强茂名罗非鱼产业，保护茂名罗非鱼的市场占有率，展开深入探讨。林浩然出席了此次论坛并指出，茂名的罗非鱼产量高、质量好，要进一步把这个品牌做强做大，就要培养更好的品种，加强政府、企业与科技团队的合作，保鲜加工方面也要取得突破。[①] 经过共同努力，广东及茂名市的罗非鱼产业已渡过难关，生产和出口都重拾回升势头。

21 世纪以来，林浩然时刻关注水产业的发展，参与制定国家水产业发展规划，指导各地水产业的升级，建言献策、殚精竭智，为产业发展继续发挥着重要作用。

2014 年，农业部渔业渔政管理局在江苏省苏州市举行"十三五"渔业科技发展战略研究启动暨院士专家研讨活动，林浩然与唐启升、曹文宣、雷霁霖、麦康森、桂建芳等院士受邀参加了研讨。他指出，"十三五"渔业科技发展战略研究，既要与中国工程院已开展的中国水产养殖与发展战略研究相衔接，又要有所区别；"十三五"渔业科技发展战略研究要更加注重指导性、行动性、约束性和可操作性。科技规划要重在支撑与引领，要紧密结合"十三五"渔业发展需求，谋划"十三五"渔业科技发展。在渔业发展中，应当关注渔业资源与生态保护问题、注重质量安全效益有机统一问题，要认真研究如何发挥科技的支撑作用问题。

鉴于渔业科研力量分散，林浩然建议在体制上、机制上做文章，整合科研院所、高校、企业等方面的科技创新力量，推进产学研紧密结合，以实现规划设定的目标和任务。同时，也要注重发挥企业的创新作用，积极推进科教单位与企业的结合，调动企业科技创新的积极性。[②]

2014 年 10 月，由中国工程院农业学部主办，黄海水产研究所、淡水渔业研究中心和国家鲆鲽类、大宗淡水鱼、罗非鱼产业技术体系及农业部海洋渔业可持续发展重点实验室共同承办，2014 年中国工程院农业学部

---

① 佚名：罗非鱼年出口额超 2 亿美元的地区遇到了不小的问题，未来如何重塑"中国罗非鱼之都"，搜狐网·财经·水产行情，2017-07-08，08:37.

② 李明爽：院士专家为"十三五"渔业科技发展建言献策，《中国水产》，2014 年第 10 期，第 6-9 页。

科技论坛"中国高端养鱼模式构建与可持续发展"在青岛召开。会上，林浩然做了"鱼类现代化繁育技术体系构建"的主题报告，谈到"我国不仅是世界渔业生产大国，也是世界渔业科技大国，但还不是渔业科技强国。"林浩然在报告中指出，水产行业还需从以下四个方面努力：①瞄准国际学术前沿，积极开展基础理论研究；②面向养殖产业需求，进一步加强高新技术研究；③采取产学研协同创新模式，加快养殖鱼类苗种繁育科技创新平台和苗种繁育现代化技术体系示范基地的建设；④提升企业自主创新能力，造就一批现代养殖鱼类苗种繁育龙头企业。[①]

如灯传照润心田

图 8-4　林浩然在"林浩然院士从教 60 周年研讨会"上讲话（林浩然供图）

2014 年 11 月 29 日上午，中山大学主办的"林浩然院士从教 60 周年研讨会"在小礼堂隆重举行。参加研讨会的有 200 多人，包括学校领导、林浩然的众多学生以及业内朋友。广东省科学技术协会党组成员温锦绣、生命科学学院院长松阳洲教授、湖南师范大学刘少军教授（学生代表）、广东省罗非鱼良种场场长叶卫研究员（合作单位代表）先后致辞祝贺。

在致答谢词时，林浩然将其从教 60 周年以来在科研生产、学科建设、教书育人上的无数成果比作是沧海一粟，并激励后来者要不断开拓进取。他说："生命有限，科学无涯。成绩只是说明过去，开拓进取才是永恒的

---

① 本刊编辑部：三大院士亮相高端养鱼模式可持续发展论坛，《当代水产》，2014 年第 11 期，第 42 页。

追求。"

他说："治学和育人是我们一生的事业，永无止境。我虽然已经八十岁，还要继续从事力所能及的教学工作，在原有的工作岗位和学术领域再接再厉，希望取得治学和育人的新成绩，对我国鱼类生理学和鱼类产业的持续发展作出贡献。"

在从教 60 周年之际，林浩然与夫人卢爱平再向"林浩然奖学基金"捐赠了 50 万元。

林浩然将数十年来他和他的研究团队——包括历届的研究生以及国内外合作者共同获得的科学研究成果、自己治学育人心得、执笔和参与撰写的学术论文汇编成《林浩然文集》和《林浩然院士从事教学科研六十周年暨八十华诞文集》，分别由科学出版社和中山大学出版社出版。研讨会上同时举行了这两部书的首发仪式，他也将这两部书分赠同事、同行和新一代学子，希望给后人以借鉴和帮助，这也是林浩然多年的心愿。[①]

林浩然从教 60 周年时，已培养了硕士研究生 75 名、博士研究生 93 名，

图 8-5　林浩然和卢爱平（右）夫妇再向中山大学林浩然院士基金捐赠 50 万元

---

① 周双艳：中国工程院院士林浩然：八十年关山飞渡，六十载春华秋实，中国水产频道网，2014-12-03.

发表科学论文 350 多篇，编著学术专著 7 部。他始终秉持严谨求是、创新治学的工作态度，培养了大批学生；他谦虚诚恳、乐于分享、淡泊名利的人生态度使学生们无一不心怀感恩之情。其中，有 21 人晋升教授或研究员、博士生导师，15 人评为副教授或副研究员、硕士生导师，这些学生如今已成为中国高等院校和科研院所相关研究领域的核心力量。

在教学第一线长期工作中，林浩然先后为本科生和研究生系统讲授"脊椎动物学""鱼类学""养殖鱼类生物学""鱼类养殖学""比较生理学""鱼类生理学""鱼类生殖内分泌学"等课程。他参加编写的全国统一教材《动物生态学》获 1990 年国家教委优秀教材二等奖，他主编的《鱼类生理学》列为普通高等教育"十一五"国家级教材。

在教学工作中，林浩然一丝不苟，每次课前都细致备课，精心设计教案。他十分注重授课方法，充分发挥教师和学生两个主体的积极性和主动性，培养学生严谨的治学作风，有效提高了课堂学习效果。他非常重视最新专业知识的学习，紧跟学术前沿。

林浩然重视教学改革，不断探索和尝试新的教学方法，使用新的教育技术手段。除了课堂教学，他还注重开展实验教学，亲自设计实验思路和技术路线，强调实验课的验证性和研究性功能并重，对学生的实验操作悉心指导，让学生在理论教学和实验操作方面很快得到提高。

教学工作离不开感情和爱心的投入。林浩然经常在课下与学生交流，听取学生的意见和心声，征求学生对教学工作的建议和意见，针对学生在思想、学习和生活上的困难，耐心解答、因势利导，鼓励学生珍惜求学时光，掌握正确的学习方法，培养良好的心理素质，阅读优

图 8-6　林浩然在水生经济动物研究所和研究生一起讨论实验数据（林浩然供图）

秀书刊，这些都为学生成长成才发挥了重要作用。

林浩然对学生的要求特别严格。他认为，要在科学事业中取得成绩，必须努力做到勤奋努力、持之以恒、谦虚严谨、勇于创新，他自己正是这方面的典范。节假日只要不出差，他一定会在办公室里阅读文献，了解最新的科研进展。他还常常跟学生一块去基地取样，亲自动手解剖实验鱼，获得第一手的资料。

林浩然在生活中所体现的谦虚诚恳、乐观积极、善与人同、淡泊名利的人生态度，更是深深地感染了每一位学生。2009届博士生黄卫人这样评价导师："林老师严谨求是、创新治学的态度让我明白什么是科研，什么是学术研究。在科研工作中，激情是态度，但更多的是责任，探索科学本质，需要沉心静气、脚踏实地，这是一个书生最重要的素养。只有具备这种素养，才能对国家、对社会有所作为，才能完成一个书生的使命。"[①]

林浩然的助手张勇博士感叹道："林老师作为一位大科学家，自然和很多学术界的成功人士来往密切。对于林老师来说，对所有人都是那么的好，上至知名学者教授，下至基地的普通工人、渔民，他都是倾诉的对象，并能实实在在地帮助大家解决问题，得到大家的尊重与敬佩。"[②]

水生经济动物研究所里现在虽然运行状况良好，在国内外有着广泛的影响，但也面临后继乏人的问题。目前全国高校开展"双一流"建设进一步推高了高校选才用人的门槛，水生经济动物研究所已经有8年没有补充新人了。"按照目前人才引进这个标准，我们十年也没办法进到人。任何学科的学术传承都需要一定的时间，即使是好苗子，也要在良好的环境中经过十年八年的积累，才能产出有分量的学术成果。这是学术发展和人才成长的基本规律。现行的一些做法，忽视学术发展和人才培养的基本规律，显然不利于一些基础学科学术梯队的建设和长远目标的实现。"[③]

尽管学科发展存在种种隐忧，林浩然依然精勤不倦，希望做好学术传承，有益于后学成长。"我觉得有责任继续带他们，身体可以的情况下还

---

① 佚名：2013年度全国教书育人楷模候选人：林浩然，中国教育新闻网，2013-07-09.
② 同①。
③ 林浩然访谈，广东广州，2018年3月30日。资料存于采集工程数据库。

图8-7 2018年11月10日，时任学院领导和林浩然团队部分师生在中山大学水生经济动物研究所楼门前合影（一排左六为林浩然，林浩然供图）

可以做事。我参加了今年所里博士生、硕士生论文的开题报告会，开了一天，我从头到尾都参加。尽量自己多做，能够做多少算多少，不辜负这个时代。现在进入习近平中国特色社会主义新时代，要尽自己最大的努力，争取多做些工作。"①

穷达如一　心存兼济

生逢乱世，林浩然一生中见多了生离死别，经历了人生的风风雨雨，除了在前半生的困顿中独善其身，后来更多的是兼济天下的情怀。

林浩然非常平易近人，总是面带微笑，对待实验室普通工人、老渔工，他都是诚恳友善的态度，赢得了很多人的尊重。张勇清楚地记得，当

① 林浩然访谈，广东广州，2018年3月30日。资料存于采集工程数据库。

174

选院士之后，林浩然还是一如既往地在实验室跟工作人员在一起。

海南热带海洋学院的黄海研究员曾师从于林浩然院士，主要做石斑鱼等海水鱼类的人工繁育和遗传育种研究。对他而言，林浩然不仅是一位工作严谨、成就非凡的学者，而且是像父母和长辈一样。2006 年，他报考博士生，林浩然成为他的导师。令黄海意想不到的是，这样一位德高望重的学术泰斗，会给他的博士生生涯带来那么多的机遇和影响。"因为家里经济条件非常困难，我攻读博士学位期间的学费都是林老师交的，他不计任何回报。我在中山大学读书的时候，因为还要指导海南大学的硕士生，回来海南时他还把房子让给我住。试问有几个老师能做到这个程度？除了关心我的生活，我有什么工作需要，他都会尽力帮助。我调到海南热带海洋学院的那一年，因为学校刚转型涉海，面临很多关于学科与团队建设的问题，我就邀请他过来帮忙指导。那时候他的膝盖刚动过手术，八十多岁的老人二话不说就从广州赶来三亚，亲自指导我们学院的重点学科建设，探讨研究方向怎么确定等。我觉得他不单是支持我，也是在为海南的海洋教育贡献自己的一份力。"

在林浩然近 200 名已经毕业的研究生中，有过这类经历的学生颇不乏人。林浩然不仅在学业、事业上给予鼎力支持，也在生活上帮助和支持学生们。尤其是那些遭遇生活难关或身患疾病的学生，林浩然更是慷慨解囊，热心帮助。

水生经济动物研究所的李水生副教授，是 2005 年考进中山大学生命科学学院的。硕博连读阶段，尤其是到渔场目睹了林浩然研制的鱼类催产剂实际应用情况后，李水生才逐步了解了"林－彼方法"在鱼类生殖生理方面的重要性。博士毕业后，李水生留在中山大学做博士后。2011 年年初，李水生患了淋巴癌。这对一个刚刚开始学术生涯的年轻人，不啻迎头一盆凉水。7 年后，采访李水生时，他说，"当时，我觉得最大的困难就是自己给自己太多心理负担。林老师到医院来看我，亲自跟主治医生交流。林老师、晓春老师、张勇老师他们都说尽量用最好的治疗方法，钱这方面不用担心。"联系医院和医生是林浩然团队，包括任职广东省肿瘤医院的贝锦新博士帮助解决的。"其实在整个过程里背后还有很多老师，包括刘晓春老师、张勇老师，师母和陈练茜老师都亲自煲汤来医院看我，还有很多师兄、师姐都回来看我。那么多年许多同门师兄、师姐，其实很多我是不认识的，我觉得这个很了不起。林院士自己培养毕业出去的那么多学生，对这个团队还那么留恋，对我一个晚辈那么关心，这个很不容易。"①

推己及人、利济天下，正是中国传统文化中颂扬的美德，也是书香之家出身的林浩然一直身体力行的。他始终记得最初选择鱼类生理学研究作为终身事业，始于廖翔华教授为他打开五彩斑斓的鱼类世界的精彩课程。2010 年以来，林浩然的日程表中新添了一项工作，承担起科学普及的工作，这也是他希望传播科学精神、普及科学知识设想的一部分。

2010 年 2 月，广东科学中心举行座谈会，聘请林浩然等院士、专家组成高端专家委员会，以加强广东省的科学普及工作。②

图 8-8　林浩然受聘为广东科学中心高端专家委员会专家

---

① 李水生访谈，2018 年 6 月 5 日，广东广州。资料存于采集工程数据库。

② 林浩然受聘为广东科学中心建高端专家委员会专家，见 http://tech.southcn.com/t/ 2012-02/14/content_37943353.htm。

2016 年，他利用到深圳视察水产基地的机会，到龙城小学跟孩子们见面，普及海洋鱼类学知识，勉励孩子们长大投身科学事业。[①]

2018 年 11 月，在广州院士专家校园行活动中，林浩然到广州五一小学，为 900 多名师生作了海洋鱼类知识讲座。通过一张张精美的图片，他生动形象地向同学们介绍了海洋丰富的鱼类资源和开发利用方面的知识，鼓励学生要从小树立保护自然、保护海洋生物环境的意识。[②]

林浩然专门到东莞沙田实验中学，做了题为"海洋鱼类资源的开发利用"的演讲。他还给该校师生题写"崇尚科学，热爱生命"和"知行合一，止于至善。"[③]

2018 年 6 月 15 日，中山大学生命科学院南校园动物学党支部与实验室中心党支部一行，包括林浩然在内的 10 余名党员，赴肇庆市第一中学举办了一场科普讲座及高考招生宣传报告会，该校 260 余名学生和教师参

图 8-9　林浩然到广东东莞沙田实验中学演讲并给师生题词

---

①　中国工程院林浩然院士走进龙城小学，优酷网视频，2016-05-27.

②　中山大学生命科学学院：院士与高中生面对面，教授带你走进海洋生物王国，腾讯网·中山大学生命科学学院微信公众号，2018-06-24.

③　18 位院士走进东莞校园　上万名学生乐享科普盛宴，东莞市青少年活动中心官网，2018-11-07，05:38:58.

加了报告会，并对鱼类学有了初步了解。①

2018 年，林浩然利用参加粤港澳大湾区院士峰会暨第四届广东院士高峰年会的机会，和其他 17 位广东省的两院院士分别走进广东省东莞市的高校和中学，给上万名青少年普及科学知识。

推动产学研共同发展

中国工程院与地方合作始于建院之初的 1994 年。据 2009 年统计，院士工作站建站单位共签订技术合作项目 800 多项，取得技术成果 1500 多项、发明专利 300 多项，解决技术难题 3000 多项，经济社会效益显著。②将科研成果应用于地方经济建设，实现产学研联通。

林浩然参加的第一个院士工作站是在广东海大集团股份有限公司，参加的院士还有中国农业大学汪懋华院士、华南农业大学罗锡文院士，同时参加的还有广东省农业科学院农业经济与农村发展研究所的代表。院士工作站的名称为：广东省海大集团基于物联网技术的智慧水产养殖系统院士工作站，于 2012 年经广东省科技厅审核批准为广东省产学研院士工作站项目。

林浩然团队分工的技术服务目标是：构建水生经济动物基因数据库及应用示范，技术服务内容是：提供"水生经济动物基因数据库"相关技术成果，并在海大集团水产养殖示范基地组织应用示范；派技术骨干对企业开展培训；提供水产品种和养殖技术指导。各参加单位和专家按照合作协议分工合作、共同努力，该院士工作站于 2016 年年底通过广东省科技厅组织的建成验收。

---

① 中山大学生命科学学院：院士与高中生面对面，教授带你走进海洋生物王国，腾讯网·中山大学生命科学学院微信公众号，2018-06-24.

② 冯海波：林浩然院士讲解海洋鱼类资源的开发利用　带领小学生探秘神奇的海洋世界，《广东科技报》，2018 年 11 月 2 日，第 11 版。

图 8-10　海大集团部分领导与林浩然（一排左四）等三位院士及其创新团队合影

（林浩然供图）

目前林浩然受邀参与的院士工作站还有：

2012 年 10 月，江苏省泰州市为海集团林浩然院士工作站。

2013 年 11 月，林浩然院士领衔的浙江象山港湾水产苗种有限公司院士工作站。

2014 年 6 月，安徽省农业科学院水产研究所——安徽水产院士工作站。

2014 年 6 月，在茂名市电白区茂名市金阳热带海珍养殖有限公司设立的粤西首批"广东省院士专家企业工作站"。

2015 年 6 月 15 日，广东肇庆市益信农业发展有限公司成立的广东首个农业养殖领域的"院士专家企业工作站"。

2015 年 7 月 12 日，在广东揭阳越群海洋生物研究开发公司建立水产动物苗种繁育和饲料研发技术体系院士工作站。

2015 年 10 月，阳江海纳水产有限公司引进中山大学林浩然院士，与阳江职业技术学院合作共建"广东省海纳海洋经济动物良种繁育与健康养殖技术体系'院士工作站'"。

2016 年 7 月，福建省诏安县大北农水产科技集团共建福建省院士专家工作站。

2016 年 9 月，海南德益丰水产科技有限公司合作建立院士工作站。

2016 年 11 月，山东省乳山华信食品有限公司共建华信食品院士工作站。

2017 年 4 月，茂名市联合十家水产养殖及深加工方面的领军企业，与中国工程院林浩然院士和麦康森院士，携手共建富氧养殖和饲料生产及深冷加工院士工作站。

2017 年 5 月，江苏省宝应县水仙实业有限公司院士工作站。

2017 年 5 月 18 日，扬州市嘉丰罗氏沼虾良种繁殖有限公司院士工作站。

2018 年 6 月 18 日，福建宁德霞浦钦龙水产养殖有限公司设立院士工作站，与林浩然院士签约"石斑鱼类高效养殖技术构建以及循环水养殖系统与工艺优化"项目。

2019 年 1 月 27 日，广东梁氏水产种业有限公司院士工作站。

图 8-11　福建霞浦县钦龙水产养殖有限公司院士工作站挂牌

二十年新征程的回顾

2018 年，在接受记者采访时，林浩然对当选院士 20 年以来的学术历程，做了以下的回顾：

从 1997 年到 2017 年，当选院士 20 年。这 20 年当中，作为一个院士发挥的作用而所取得的成绩，我想分几个方面来说一下。

第一，在学科建设方面。我们是全国生物学一级学科重点学科，我从事的具体学科是鱼类学和鱼类生理学，是动物学和水生生物学共同组成的学科。我觉得在这 20 年当中，在学科建设方面，我做了自己的努力，中山大学的生物学是一级学科重点学科，在全国取得了很好的学术地位；动物学作为生物学科中的二级学科，在全国的学科评比中一直排名第一，水生生物学也是全国排名第一，这两个二级学科可以说我都是学术带头人和起了一定的推动作用。因为我一直是从事鱼类生理学的教学和科学研究，所以这几年，从鱼类生理学的平台建设到设立学科点、培养专业人才、教材建设方面都做了不少工作，可以说现在鱼类生理学的发展至少在中国，在我们这里是起到主要的作用。

第二，在平台建设方面。在这 20 年当中，先后建立了两个比较重大的重点实验室，一个研究所。第一个是从 1993 年、1994 年开始成立的水生经济动物营养繁殖和病害控制国家专业实验室；第二个是建立了中山大学水生生物研究所，这也是一个比较好的平台，是在 1995 年开始成立的；第三个是 2000 年向省科技厅申报成立了广东省水生经济动物良种繁育重点实验室。这都是我在当选为院士期间建设成立的，开展科学研究，开展人才培养，为社会经济建设的发展做贡献都是依靠这三个平台的建设。

第三，人才培养方面。我本人二十多年培养了 102 名博士研究生，他们分布在全国各地，在鱼类生理学、鱼类养殖方面都是发挥重要作用的学术骨干，另外，还培养了80多名硕士生。

第四，科研成果方面。除了我在改革开放20年取得的成果外，在当选院士期间，我们研究的养殖鱼类也从淡水鱼类转向海水鱼类，在海水养殖鱼类当中我们选择了在广东省最具特色，而且是非常名贵、高档的石斑鱼作为研究对象。二十年来，我们在石斑鱼的苗种繁育、成鱼养殖、健康养殖技术方面做了比较完整的工作，对石斑鱼的养殖起到了很大的促进作用。另外，我们在罗非鱼良种选育，健康养殖、病害防治方面也做了比较系统的工作。这两项研究成果先后取得了教育部和广东省的科技进步奖一等奖。在大鲵（娃娃鱼）的子三代繁育方面，我们跟企业合作也取得了很大的成绩，可以大量繁育苗种，子三代就是人工养殖的，不会影响天然物种的保护，可以实现养殖产业化。

第五，推动养殖产业方面。最明显就是石斑鱼。经过我们研究，苗种繁育、健康养殖、技术推广，现在完全实现人工繁育苗种，养殖产量大大提高，过去每年只产1万~2万吨，现在年产达到10万吨，价格也大大下降，现在只要几十元一斤，普通老百姓都可以享用，所以说我们的研究工作让名贵的石斑鱼游到普通百姓的餐桌上，这是对水产产业的发展起了促进作用

第六，推动罗非鱼的产业发展。现在我们的市场水产品价格不但没有上涨，而且还有所下降；其他的肉产品都是供不应求，而水产品是供过于求，市场上不愁没有鱼卖。这和我们研究工作促进水产产业的发展有一定关系。

第七，先后在广东、海南、福建、浙江、江苏建立了院士工作站。院士工作站的作用就是帮助企业提高他们的科技创新能力，支持企业的产业化发展；我们的一些科研成果能够为企业所利用、转化，推动产业的发展。企业非常欢迎院士工作站，对企业的生产发展起到促进的作用。

我还得到了一些荣誉和奖项。主要是2003年获得全国"五一劳动

奖章"，2010 年获得广东省科学技术奖突出贡献奖，2011 年获得广东省政府和省委设立的"南粤创新奖"，2012 年国际鱼类内分泌学学术大会授予我的终身成就奖。这些奖项可以说是对我当选院士以来一些研究成果的肯定。

总的来说，这 20 年来，我觉得作为院士还是发挥了院士应当起到的作用，取得了相应的研究成果。

最后，我想来个简要的回顾，谈谈我人生的体验：

第一点，我体会到树立正确的人生观和世界观是非常重要的。从我个人的经历，我觉得作为一个人不要浪费人生，应该对社会、对人类有贡献、有作为，这样活着才有意义。所以我这一生都是想做事，希望做点贡献。这样一个人生志向推动着自己、鼓励着自己不断克服困难前进，不断走到今天，所以我觉得正确的人生观非常重要。我是1951 年入团，1956 年入党，受到党的教育比较深刻，走过来每一步都是跟着党的领导、党的教育、党的指引，按照党指引的方向前进。现在是习近平时代的中国特色社会主义，这是我们最好的年代，活在这么好的年代，就要发挥自己的作用，贡献自己的力量。这是我的世界观，鼓舞着自己。在我的生命里，是正确的人生观和世界观指引着我前进的方向，给予我前进的动力。

第二点，人生的精神始终保持自强不息，刻苦勤奋的精神和积极进取，坚韧不拔的毅力。因为我是在比较艰苦的环境下长大的，抗战时期的奔波、逃难，仍然坚持学习。在青年时代，我家庭出身受到阶级路线的影响，承担着一定的压力，但是我都没有放弃，没有气馁，仍不断地努力，不断地学习，不断地打基础。改革开放迎来了科学的春天，得到了新的发展机遇。因此，在困难的时候不要放弃，不要悲观，自强不息，积极进取，这是人的精神。有了这种精神，就可以克服困难，不断前进。

第三点，要持之以恒、孜孜不倦、专心致志，朝着明确的方向不断努力，这是做事能够成功的关键。人的一生，生命是有限的，时间是有限的，不可能在很多的方面都能够取得成绩，但是只要有明确的方向，有明确的目标，有自己所向往的事业，专心致志，耐得住寂寞、忍得住艰苦，持之以恒，你就能够做得好、做得深、做得强，做出好成绩。我个人的体会，一生就做一件事，做好一件事，做强一件事，把这件事做出你的特色，那一定会取得重大成果。

第四点，做人要谦虚谨慎、戒骄戒躁、平易近人、真诚待人、乐于助人、团结协作、甘为人梯。我觉得这是做人最基本的原则。

最后，我觉得人的一生就是要活到老、学到老、做到老，一生都要追求理想，为理想、为目标作贡献。作为共产党员也是一样，要把自己全部的力量都贡献到科学事业、社会主义事业、党的事业。虽然自己现在年纪大了，但还是尽自己能力多做事，把自己毕生精力都贡献给社会主义事业、党的事业，我自己热爱的科学事业。

我的座右铭就是马克思的名言：“在科学的道路上没有平坦的大道可走，只有不畏艰险沿着陡峭山路向上攀登的人，才有希望达到光辉的顶点。”

特别的纪念

林浩然培养的博士和硕士研究生分布在全国各地，还有部分在海外。学生们每年都会在林浩然生日前夕齐聚中山大学，为导师祝贺生日。每年的这个聚会已经成为世界各地的林浩然学生的学术交流会，聚会也打上林浩然一贯风格的印记，低调、简约，而不是一般意义上的祝寿聚会。

2017年11月29日，60多名林浩然的学生再聚康乐园，向导师汇报工作和生活情况，并组织了几位做学术报告，开展学术交流。林浩然给每位到场学生准备了礼物——他端端正正签上名字、中山大学出版社刚刚出版的《鱼类神经内分泌学》。

这是一部译著，原书是美国科学出版社出版的《鱼类生理学》系列专著的第 28 卷——《鱼类神经内分泌学》，该书全面收集和总结了数十年来在鱼类神经内分泌学方面发表的科学著作和研究成果，包括解剖和功能两部分。解剖部分介绍鱼类神经内分泌系统的解剖结构和下丘脑与脑垂体的靶标，功能部分着重在分子、细胞和系统水平阐述主要的神经激素在调控脑垂体激素和调节重要生理活动过程中的功能与作用机理。

图 8-12　林浩然译著《鱼类神经内分泌学》《鱼类应激生物学》书影

该书的一些作者曾和林浩然开展过科研合作，尤其令人动容的是，原作者在序言中提到，要将该书献给鱼类神经内分泌学的开拓者和奠基人、已故的彼得博士——林浩然此生最重要的科研合作者。

学生们手捧着这样一部厚重的书，才注意到译者就是年已 83 岁高龄的林浩然。林浩然跟他们介绍说，这是在 2017 年年初开始伏案翻译的。国内尚没有一部高水平的基础理论方面的专著供教学和研究使用。几年前他注意到，这部专著内容充实、系统全面、概念新颖、论述清晰，学术水平非常高，希望通过这本书的翻译出版带动学科发展和人才培养，从而创造条件日后编著一部有我国特色和创意的鱼类内分泌学专著。林浩然的秘书陈菊桂回忆说，那半年里，林浩然每天下午、晚上都在家里翻译，几乎是每周完成一章。林浩然译书不仅速度惊人，而且手稿上几乎没有改动的痕迹，字迹工整隽秀，可见中英文基础之扎实、深厚！这部凝结着林浩然心血的译著在 2017 年 6 月交给出版社，11 月 1 日正式出版。

图 8-13 《鱼类神经内分泌学》部分译稿（林浩然供图）

已经是北京农林科学院冷水鱼类专家的胡红霞谈及此事，仍很激动，"林老师那么大的年龄，时刻追着科研的前沿，我们这些年轻人都很敬佩他。这次他过 83 岁生日，给我们一人一本亲手签名的书——《鱼类神经内分泌学》。这一年的时间，他把美国的最经典的教材独自翻译出来，没让助手帮忙。他都是手写的，手写完了后让他的秘书打字。我觉得这个精神非常值得敬佩！我和我的师兄弟姐妹里面，杰出的人才很多，也有申评院士的，知道以后都很汗颜。他很忙，很多事情请他出去，他都不拒绝的，他还能抽时间翻译这么厚的一本专著！我们觉得林老师翻译的书，太放心了，是权威参考书。"[1]

言传不及身教，身教莫过如此！

自 1997 年 11 月当选中国工程院院士，林浩然院士一如既往地从事教学、科研、技术推广、学术交流，未曾一日懈怠。2019 年，林浩然将届 85 岁高龄，按照中国工程院的规定，他将自动转为资深院士。对于辛勤努力

---

[1] 胡红霞访谈，2017 年 12 月 2 日，广东广州。资料存于采集工程数据库。

图 8-14　中山大学陈春声书记为林浩然颁发荣休教师纪念牌并合影留念

一生追求的科学事业，他并没有停止继续前行的脚步。他的晚年生活幸福而忙碌，工作日程安排得满满当当，他仍然频繁往来于学校和各地高校、科研机构、水产基地，发挥着一位老科学家的余热。

2018 年 12 月 9 日上午，中山大学教师荣休仪式在广州校区南校园怀士堂举行。来自 11 个院系的荣休教师出席了本场仪式，校党委书记陈春声、副校长王雪华、相关院系负责人、青年教师、学生代表和荣休教师亲友参加仪式。

陈春声书记逐一为荣休教师颁发纪念牌，并合影留念。林浩然院士、化学学院计亮年院士、中国语言文学系黄天骥教授和中山医学院余新炳教授先后作为荣休教师代表发言。

正如林浩然在荣休仪式上所说的："我虽然已经退休，但是还会继续发扬老骥伏枥的精神，在原有的工作岗位和学科领域继续从事力所能及的工作，为我国鱼类生理学和渔业的持续发展，为我们学院建设世界一流学科，为母校建设成为世界一流大学添砖加瓦！"

2019 年，林浩然在学生们襄助下翻译出版了美国科学出版社出版的《鱼类生理学》丛书中第 35 卷《鱼类应激生物学》。2020 年，翻译该丛书的《热带鱼类生物学》成为他新的工作目标。疫情三年中，翻译工作从未

图 8-15 《热带鱼类生物学》书影

停止。2022 年,《热带鱼类生物学》由中山大学出版社出版,结束了我国热带鱼类生理学领域缺乏权威参考书的历史。

林浩然仍一如既往地行进在他的科学道路上。正如他在给一位学生的首日封上所写的泰戈尔的名句一样:向前走吧!沿着你的道路,鲜花将不断开放!

林浩然仍在不断前行,伴随他的足迹,一路鲜花盛放!

图 8-16 1994 年,林浩然写给学生吴水祥的明信片(吴水祥供图)

第九章
幸福的家庭

父兄和母亲

　　20 世纪 20 年代的海南岛，婚姻仍是"父母之命，媒妁之言"，林彦廷也不例外。按文昌旧俗，家人在林彦廷十岁时就为他订了娃娃亲，女方比他小一岁。由于父亲早逝，林彦廷十六岁念高中时，守寡多年的母亲就托媒人到女方家问嫁娶，张罗尽快成亲。女方家同意后，林彦廷的母亲便择日给女方"行聘"——类似今天的送"彩礼"，按旧俗送给女方家现金、猪肉、糕点等。聘礼过后就着手筹办婚礼。那个时代的中国人，是先结婚而后谈恋爱。

　　林彦廷娶的新娘子名叫龙碧颜，是海南琼山县布村人。婚后夫妻二人恩爱相守，奉行"娶妻生子"的中国传统生活哲学。当林彦廷在北京读大学时已经是有儿有女的人了。长女幼年夭折后，长子林超然生于 1930 年。1933 年，林彦廷大学毕业后回海口教中学，夫妻才得以团聚。1934 年 11 月林浩然出生。

过去，文昌也有重男轻女习俗。一般家庭只供男孩子上学读书，女孩子则帮忙做家务带弟弟妹妹，还要下田干活。龙家家境较好，龙碧颜父亲从印度尼西亚归国后，置办田产，生有子女四人。两个儿子都在当地读书，长子龙家浃在中学毕业后远赴印尼继承父业，幼子龙家浩则在浙江大学毕业，中华人民共和国成立后是海南石碌铁矿的高级工程师。龙碧颜是家中长女，只念到小学三年级就辍学在家，帮忙做家务，带弟妹。她虽然识字不多，但性格十分坚毅刚强。这样的性格影响了林浩然。林浩然在念书、做学问、搞科研的时候，从不会知难而退，而是想方设法克服种种困难，一步一步脚踏实地努力，直到成功。

1936年，林浩然刚刚过周岁，父亲林彦廷有了稳定的教职，决定重建已经破旧不堪、摇摇欲坠的祖屋。兄弟俩跟母亲暂时搬到海口市与父亲同住。幸好族中的远房亲戚在秀英码头附近开设了一间平民客栈，他们一家四口就暂住该处。休假时，父亲常常牵着年幼的超然，母亲抱着一岁多的浩然去码头看海、看船。这段时间，应该是一家人生活最安定、最幸福的时候。

林浩然的父母虽然结婚多年，只有在这时才过上真正的家庭生活。两个孩子的出生拉近了父母之间的距离。与许多旧式婚姻一样，林浩然父母在婚前双方几乎没有见过面，婚后林彦廷在北平读书，无形中减少了两人相互了解的机会。只有这一年他们才有了更多的接触，更感亲情的可贵。龙碧颜是典型的海南农村妇女，事事都以丈夫和孩子为重，有什么好吃的都是先留给丈夫孩子吃，在家里什么重活累活都抢着干。林浩然的父亲也是个信守传统家庭美德、负责任的丈夫和父亲，不像林氏族中一些堂兄弟那样，在外面读了大学就抛妻弃子，在大城市另组家庭。他读完大学后，以妻儿为重，回到海南。

半年后，乡下的新房建成了，按文昌农村住房的格局修建，庭院式布局，共有三进，由正屋、横屋、围墙以及门楼组成，浩然和哥哥以及母亲都有自己的房间。新屋建成后，祖母就催促他们回到乡下去，因为她极为思念两个孙儿，而城里生活费用也比较贵，加上乡下的田地需要耕种，林浩然的妈妈是田间劳动的好手。因此，母子三人就回到了乡下。海口市离文昌不算太远，林彦廷可以常常回家。每次父亲回家，都是林浩然最开心的日子，父亲除了经常抱他，还带他到县城玩，讲故事给他听，也会给他带些糖果。平日里，林浩然一家经常吃椰丝番薯粥度日，父亲回来时家中便像过节一样，不但可以吃上米饭，而且会有荤菜。林浩然印象最深的一次，是他正在屋旁椰树下大便，远远看见父亲回来，就欢欣雀跃飞跑过去抱着父亲的腿不放。此事后来常被哥哥取笑，说他裤子都没提就跑去抱父亲。

1950年夏天，林浩然入读岭南大学，父亲林彦廷则在次年8月远走马来西亚北婆罗洲（现沙捞越州）古晋市，开始了22年的海外漂泊，母亲龙碧颜则回到广州。那一年，哥哥林超然随同英士大学并入浙江大学，继续攻读化学专业。

林母回广州后，因为两个儿子已在大学读书，丈夫又远在海外，没有多少家务负担。为了不虚度光阴，她积极参加街道的活动，协助派出所工作，如查户口、调解纠纷、检查卫生等，并以50多岁的年龄参加街道组织的识字班，经过努力学习，识字水平达到能够给远在南洋的丈夫和浙江的大儿子写信，进步明显。每逢周末，林浩然回到家里，听母亲讲在街道的所见所闻，觉得母亲像变了个人，既开朗又开心，懂得了许多国家大事，深感新中国使妇女解放了。

四年后，林浩然从中山大学毕业的时候，母亲已经迁居海珠南路附近的住所，林浩然每个周末都和母亲一起度过，听母亲聊参加街道合作化、爱国卫生运动的趣闻，他也把学校的事情讲给母亲听，母子俩过着平静而幸福的生活。家里的生活来源依靠父亲在南洋教书所得的薪金。

林彦廷1954年已由古晋市转至新加坡华侨中学任教师，但环境并不理想。林浩然提到，"父亲每次来信都说那里的检查很严，不要说什么进步的话，信上只谈些家

图9-1　林彦廷在新加坡时照片
（林超然供图）

事，他曾连续改名字，先后改用林农隐、林梅村、林亭等。"① 尽管如此，父亲曾任教于中央军校和中央警校的经历仍然对这个家庭造成了不小的烦扰。林浩然的档案中保留了这段时间反复说明家庭和父亲情况的各种材料。在这种压力下，林浩然加倍努力学习、工作，积极参加学校的各种活动和运动，希望通过自己努力学习和工作的成绩，得到组织的信任，借此摆脱父亲的阴影。当年中山大学的政治环境还是相当宽松的，生物系的老师们也都对此抱有同情和理解，林浩然的学习和生活总体还是顺畅的。

林浩然的妻子卢爱平听婆婆说起过，林彦廷到新加坡华侨中学后，曾想把妻子一起接过去，手续都办好了。"两个儿子跟她说不要去，你去我们就不认你，结果她就没去。那时候兄弟俩思想很进步。"② 身在海外的林彦廷没有忘记亲人，林浩然结婚时，他专门寄钱回来，要龙碧颜给儿子办个像样的婚宴。后来林浩然两个女儿出生，老人家还不时从新加坡寄来奶粉。

1966 年 1 月 8 日，林浩然的父亲林彦廷从新加坡回广州探亲。他本想年纪大了叶落归根，看能否回广州定居。探亲期间，他拜访了广州市民革

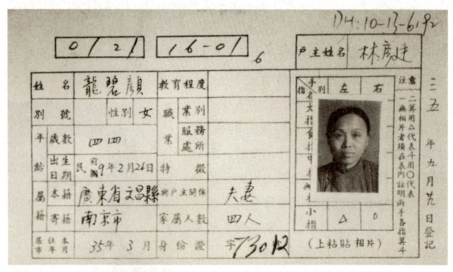

图 9-2　1946 年林家在南京时，林母龙碧颜的户籍卡（资料来源：南京市档案馆）

---

① 林浩然人事档案，自传材料（1954 年 3 月 30 日），编号 231-007-1-2，第 2 页。资料存于中山大学人事处档案科。

② 卢爱平访谈，广东广州，2018 年 1 月 2 日，资料存于采集工程数据库。

的主任委员肖隽英，了解政策和有关情况，但得到的答复是没有合适的工作岗位。林彦廷在瑞南路的家里住了约10个月，头几个月生活也无忧无虑。孰料1966年5月"文化大革命"开始后，"红卫兵"开始"破四旧"。10月的一天，林彦廷在街上遇到"红卫兵"，被强行剪了裤腿和尖头皮鞋，狼狈地提着鞋子光脚走回家。遭此羞辱，林彦廷心中的恐惧可想而知，他留下一封信给林浩然，跟妻子推说去华侨大厦住两天，当天就登船前往香港，借道返回新加坡了。

1973年2月21日，69岁的林彦廷落叶归根，经广州黄埔海关回国。一个月后，经广东省、广州市有关部门批准同意，林彦廷办理入户手续，与阔别22年的妻儿团聚。

1979年2月，林浩然在广州外语学院进修英语期间，父亲林彦廷因脑出血不幸逝世，母亲龙碧颜因患直肠癌于1996年辞世。

林浩然的哥哥林超然1947年中学毕业时，报考了两所大学，一所是位于南京的中央大学，另一所是上海交通大学，这两所学校都很难考。由于战乱导致的学习不系统，两所学校都没考上。后来林彦廷听说英士大学对华侨家属子女有优待，可以借读，于是就设法让林超然到英士大学上学。大舅父龙家浃是印度尼西亚华侨，林超然作为华侨家属的子女，便联系到

图9-3　1974年，林彦廷、龙碧颜在广州的公园里合照（林浩然供图）

英士大学借读，借读后成绩很好，1948年正式被英士大学工学院的化学系录取了。林超然回忆：

> 到了英士大学以后，因为我享受的华侨家属子女的待遇，所以是公费的，不交学费，伙食费也不用交，但是伙食很差，家里寄的钱可以用于改善生活。1948年，家里人跟国民政府撤退到广州以后，我们就没有联系了，生活就自己这样过下来。全部公费，就是生活辛苦一点，学校因为困难的学生比较多，会组织一些工读，我通过参加工读赚一些零钱自己花。

那个时候，林超然与隔壁房间的一个同学要好，该同学是中共地下党员，于是林超然开始接触中共的外围组织，参加地下党组织的读书活动，读到许多油印的进步刊物，了解到解放区的情况，有了参加革命的志向。

当年林浩然随父母迁往广州时，在浙江金华英士大学读书的林超然因已加入地下学联而选择了留下；1949年8月，英士大学被金华市军管会接管后停办，相关院系分别并入浙江大学和复旦大学，林超然所在的化学系并入了浙江大学。1952年，林超然从浙江大学化工系毕业，这一年他加入了中国共产党。毕业后，林超然留在浙江大学化工系工作。

> 毕业之后，中共浙江省委宣传部派人接管浙江大学，政治处主任分管政治的教学活动。当时大学教育有一个巨大的转变，政治课很重要，成立了一个政治课委员会，需要一些教学人员帮忙组织马列主义政治课的教学工作。原来学校地下党组织的成员负责这方面的工作，挑了我和另外一个人，都是1949年毕业班的。征求我的意见，为了革命需要得改行做这个工作，问我是否愿意。我当时是一心想参加革命，党有这样的安排，我当然服从。这样我就参加了，毕业以后我参加了政治课的教学活动。①

---

① 林超然访谈。浙江杭州，2018年4月14日。资料存于采集工程数据库。

1953 年，林超然成为中共正式党员。由于参加过地下党外围组织，又与父亲划清了界限。"入党以后，预备期一年，我是按时转正的，因为整个预备期我的表现还是可以的。"[①]

说来有意思，林超然的二舅父龙家浩也毕业于浙江大学，由于踢足球很厉害，外号叫"小钢炮"。后来林浩然的长女林虹也毕业于浙江大学。

林浩然提到，他回内地升学就是受哥哥的影响。"哥哥经常写信来，教育我、鼓励我回内地升学。"进入岭南大学后兄弟两人保持着紧密联系，哥哥对林浩然入团入党均很有帮助。1953 年，林浩然曾到杭州见过哥哥，"他对家庭有明确的认识和坚定的立场，已和父亲断绝了父子关系。他工作积极，无条件服从组织分配，作风朴素，对共产主义事业有坚定认识，这些都值得我好好学习。"[②]

中华人民共和国成立之初浙江大学的政治课是省委宣传部直接派人来讲，林超然参加辅导。后来浙江大学正式成立政治课教研组，他成为教研组的助教。这个时期林超然开始自学理论书籍，1957 年，政治思想表现优异的林超然被学校选派到中共中央党校学习自然辩证法。

图 9-4　1962 年冬，林浩然、林超然在广州中山纪念堂前留影（林超然供图）

党的八大开始，提出要向自然开战，要重视自然科学，当时中央党校办了一个自然辩证法培训班，就是要解决向自然开战的问题，要讲建设。因为我原来是学习工科，自然科学技术的基础比较好，所以

[①]　林超然访谈。浙江杭州，2018 年 4 月 14 日。资料存于采集工程数据库。

[②]　林浩然人事档案，林浩然自传（1954-03-30），编号 231-007-1-2，第 1 页。存于中山大学人事处档案科。

派我去参加自然辩证法培训班。中央党校培训回来以后我就讲授自然辩证法课。[1]

1959 年，林超然成为浙江大学哲学系的一名教师。改革开放后转入科学哲学研究，曾任浙江省自然辩证法研究会的主任委员。

林超然的夫人金忆丹，1960 年毕业于浙江大学数学系，毕业后分配到金华的浙江师范大学任教，不久和林超然结婚。"文化大革命"后，为了解决他俩两地分居的困难调入浙江大学数学系任教。前中山大学校长黄达人教授当时正在数学系攻读研究生，金忆丹还是黄达人的入党介绍人！

图 9-5　林超然、林浩然在西湖边合影
（林超然供图）

1957 年后，林超然跟家人联系逐渐多起来，过年的时候也回广州团聚；林浩然出差经过杭州，兄弟俩也见面。再后来，母亲也到杭州去过几趟，"划清界限"的事情不再成为障碍。

1962 年，林浩然结婚时，林超然携金忆丹一起来广州道贺，一家人又聚在一起。

妻子卢爱平

出身医学世家

林浩然的妻子卢爱平 1937 年 2 月出生于广州市。祖父母那一代迁至广

---

[1]　林超然访谈。浙江杭州，2018 年 4 月 14 日。资料存于采集工程数据库。

州大东门附近，一家人都从事医疗行业。卢爱平记得，祖母和两个姑姑、几个婶婶都是助产士。卢爱平的外祖父是新加坡华侨，外祖母育有一男二女。卢爱平的母亲师范学校毕业后做了几年小学教师，嫁到卢家后转行学做助产士。卢爱平的父亲卢汉一1935年毕业于中山大学医学院，跟当年在中山大学农学院的蒲蛰龙同届。

卢爱平听母亲说过，她出生在广州郊区的龙眼洞，是在全家躲避日军空袭转移过去后出生的。后来日军进占广州，卢爱平就跟母亲与姨母同住，父亲则避走广西梧州，继续以医为业。五六岁时，母亲和卢爱平才先后转往梧州，与父亲团聚。卢爱平还记得当时转移途中坐在箩筐里，拿一个饼干罐做板凳，饿了就吃饼干。为避开日军，走的都是山路。后来梧州也落入敌手，全家再转至广西钦州的灵山县，直到抗战胜利。因为战争造成的阻隔，卢爱平的两个弟弟都小她6~7岁，最小的妹妹比她小13岁。

抗战胜利后，卢爱平父亲在广州市西湖路与永汉路（今北京路）交叉口买了房子开诊所，家人也都住在那里。卢爱平则入读广州市东山区的培正小学，转入四年级。此后的几年里，卢爱平就一直寄居在东山的姨母家中，直到在培道女中毕业。

广州解放时，卢爱平已是培道女中的初一学生，现为广州市第七中学。

报考大学的时候，家人原本希望她将来成为医生，"但是后来不知道为什么，看了一本书上说，21世纪是生物学的世纪，我第一志愿就报了生物系，到了学校老师都问我为什么会读生物系。那时候没有那么多人读生物系。"①

1947年时，卢爱平的父亲卢汉一希望扩大业务，将诊所扩展为医院，便四处托人打听合适的房产。不料此事被国民党特务知道了，便以他是共产党为由抓去关押了一个月，打算买房的17万港币也被特务敲诈去了。牢狱之灾后，卢汉一设法进入国军联勤总部广州总医院（即今广州军区广州总医院），算是入了军籍，每周到联勤总医院上半天班，仍在西湖路的

---

① 卢爱平访谈，广东广州，2018年1月2日，资料存于采集工程数据库。

诊所开诊。1949 年 10 月 14 日广州解放时，该医院由中国人民解放军第四野战军第十五兵团接管，更名为广州陆军医院。1955 年 "肃反" 时，组织上对他曾入狱的事展开调查，调查期间因跳楼而死。卢爱平两个学业优秀的弟弟因受此事件影响，都未能上大学。大弟拜师学了中医，后来移居澳大利亚；小弟具有很好的艺术天分，后来去了海南岛的部队农场，以画笔为生，到处画宣传画，改革开放后才回到广州。①

1955 年 8 月底，中山大学生物系新生开始报到，清纯秀丽的卢爱平作为动物学专业新生跨进了康乐园的校门。卢爱平多才多艺，酷爱游泳。1950 年 10 月，广州市举办第一届人民体育运动大会，还在初中读书的卢爱平便被选入培道女中游泳队参赛获得优异成绩。1951 年，卢爱平代表培道女中参加广东省中学生游泳比赛，获得锦标。

卢爱平 1955 年入学中山大学，当年动物学专业招了 40 名同学，是历届最多的。入学后，卢爱平展示了自己的文艺才华。元旦前，班里组织文艺晚会，她和同班同学汪爱君创作了名为 "十大姐" 的舞蹈，全班女生齐上阵，表演的惟妙惟肖，获得大家赞赏。这个节目被生物系学生会文艺委员推荐到生物系，在全系范围内挑选了 10 名学生演员，包括卢爱平、汪爱君和 8 名师姐重新排练，拟代表生物系参加学校文艺汇演。1956 年 1 月，学校举行元旦文艺汇演，作为生物系最年轻的学生演员，卢爱平扮演 "十大姐" 里最小的 "大姐"，演出异常成功，摘获一等奖。后来，卢爱平还和同学创作并表演了雁舞，当时没有经费资助，演出的服饰是用白色皱纸做成的裙子，但演出也获得成功，一些外系的同学还给她们写信，说这个演出 "创造了中山大学文艺演出的新世纪"。

1959 年 7 月，卢爱平经过四年学习，迎来了毕业的一天。同林浩然毕业时一样，卢爱平也拿到了装着自己未来命运的信封，里面写着工作去向。不过，与许多人不同，卢爱平和另外 3 位同学的毕业去向写的都是 "考研"，这是对她四年大学生涯努力学习的最大褒奖。当时，生物系具有招收研究生资格的教授只有蒲蛰龙和陈心陶两位教授。卢爱平在大四最后

---

① 卢爱平访谈，广东广州，2018 年 1 月 2 日，资料存于采集工程数据库。

一个学期，在做毕业论文时，她科学研究的志趣和能力被在一起做野外调查的昆虫学科老师们所赏识，并推荐给蒲蛰龙教授。因此，在卢爱平报考研究生选择导师时，有人告诉她，蒲蛰龙教授愿意接收她。接下来就是认真而又紧张的半年复习，12月，卢爱平顺利通过考试。1960年1月，卢爱平正式成为蒲蛰龙教授的学生。

情愫渐生

卢爱平跨进康乐园时，林浩然已经毕业留校一年了。那时，两人的生活没有什么交集，大学生被禁止谈恋爱。毕业后，作为青年教师的代表之一，林浩然无数次走上讲台授课，并没有引起台下卢爱平的注意，仅存的好感源于对老师的尊重。大学毕业后，卢爱平埋头复习考研，与林浩然亦没有什么接触。考上研究生后，卢爱平从事昆虫生态学研究，林浩然依旧进行自己喜爱的鱼类生理学研究，两人生活的轨道依旧是平行的。有一段时间，林浩然想往生态学方向发展，选修了气象学、日语等，这些课程亦是卢爱平的研究生必修课，因而经常在一起上课，双方才开始有了一些交谈、接触。

1959—1961年，粮食异常短缺，这给高校正常工作的开展带来了很大困难。中山大学马肖云副校长动员生物系开展"瓜菜代"活动，为摆脱饥饿做一些大胆尝试。为了响应校领导号召，生物系组织十多位师生到海边寻找代食品，由党员教师邹韵霞担任政委，林浩然为领队，队员包括卢爱平、汪爱君、李文盛等人。队伍开到了惠州的澳头镇，即今天的大亚湾。抵达后，大家才发现海边也没有可吃的，只找到了一些当地人用来喂猪的马尾藻，在困难时期，这不啻为"瓜菜代"的好东西。在捞满了两大袋马尾藻后，邹韵霞想派人马上送回学校，这在当时也许就可以缓解一些人的饥饿，还可以向学校党委请功！邹韵霞手臂一挥，点到了卢爱平，要求她将这两袋马尾藻送回广州。林浩然表示，路途遥远，还要到淡水镇转车才能将两大袋东西送回广州，卢爱平身形矮小，恐怕不合适。两人商议后，最终决定安排男队员李文盛将马尾藻送回广州。不过，邹韵霞对林浩然说，"你是在护着卢爱平，是不是对她有意思呀！"林浩然未置可否。

邹韵霞有意无意的一句话，引出了"无心插柳柳成荫"的结果。林浩然的举动带给卢爱平的好感似海风拂面一样，触动心扉；爱情的萌动也促成了林浩然言语的自然流露。虽然此前的岁月，两人甚至连言语都不多，但毕竟都在生物系，一两句的招呼问候，三五次的观察了解还是有的，林浩然对于卢爱平的好感就像山间的溪水，初始时流淌得自然，静谧中带有叮咚微响，等汇聚到江河时则是宽阔，激荡中伴随澎湃涛声。

1961 年下半年，学校决定调整办学规模，将全校 9 个系 24 个专业调整为 18 个专业，其中生物系设置 3 个专业，分别为动物学及动物生理学、植物学及植物生理学、生物化学。同时，决定在专业下设置专门组，即专业方向。动物学及动物生理学专业下设昆虫学、海洋动物学两个专门组。不久，又将动物学和植物学专业的部分教授抽调出来组成生物地理学专门组。一天，生物系党总支书记邵志明找到林浩然，"考虑到你父亲留在海外，有海外关系，而海洋动物学专业涉及国家机密，组织上决定你不能去做海洋动物学研究了，去搞生物地理学吧"。就像大冬天被泼了一盆冷水一样，林浩然从头凉到脚。海洋动物学是自己钟爱的领域，现在却因为出身"不好"而不能搞了！苦涩的心情如同乌云一样遮掩着林浩然的天空。

人生似乎总是平衡的，有苦涩就会有温暖。林浩然的温暖来自感情。他下放到高州团结农场后，办学内容是种植橡胶，枯燥而又辛苦。这时，已经考上研究生的卢爱平一行也来到高州团结农场调查采样，一来二去，两个人逐渐熟识了。

接下来的日子，对于林浩然来说，是温暖而甜蜜的。林浩然和分配到生物系昆虫所工作的师弟朱金亮一起住在爪畦堂三楼，卢爱平虽为研究生，但因为当时研究生人数很少而享受教工待遇，安排住在爪哇堂的四楼。卢爱平有时需要到朱金亮宿舍商议事情，顺便看一下林浩然。下班后，林浩然经常在哲生堂前面的空地上打网球。卢爱平在和林浩然熟识后，主动提出向林浩然学习网球，切磋球技也是在交流感情。林浩然专门送了一把网球拍给卢爱平，算是定情之物。当时中山大学会打网球的人很少，林浩然和卢爱平常常在一起打网球，同事们看在眼里，传在嘴上：啊哦！原来这两个是一对呀！卢爱平是广州人，林浩然的母亲也住在市区，周六下班后，两人各自骑着自行车回家看望家人，周日晚上返校时则约好一起回来。除了打网球，林浩然还喜欢看话剧，卢爱平陪他看了多场当时风行的中国青年话剧团的话剧表演。

喜结连理

1962年7月21日，林浩然和卢爱平走进了神圣的婚姻殿堂。当时流行集体婚礼，同时参加了集体婚礼的生物系老师还有陈舜华老师和她的爱人中文系张国培老师。婚礼的主角虽然只有两对新人，但怀士堂气氛欢快，大家吃着喜糖，向新人们道贺；主持人要求新人们"交待"恋爱经过，做各种游戏，气氛好不热闹。

集体婚礼过后，家里应该怎么操办呢？林浩然母亲想到这些年来参加了好多邻居、亲朋办的喜事，自己儿子结婚亦应该摆几桌酒席。父亲在海外，希望母亲将林浩然的婚事操办好。最后，大家选定在羊城宾馆（今东方宾馆）摆了三桌酒席，林浩然的母亲、哥嫂以及两家的近亲和友人近30人出席了婚宴。父亲未能亲自参加，寄了一些钱回来，嘱咐母亲把林浩然的婚事操办得体面一些。在当时经济困难时期，三桌酒席是很风光的事情了。无巧不成书，林浩然的婚宴碰巧被一位在羊城宾馆用餐的中山大学老师看到，回校后，那位老师把婚宴的事向组织做了汇报，说林浩然在三年经济困难时期还在酒店大摆酒席，是铺张浪费！林浩然因此被系领导叫去说明情况，并做了多次检讨。差不多十年时间，这场风波才告平息。回忆起当时的婚宴，卢爱平和林浩然笑言：一场

图9-6 1962年，林浩然、卢爱平结婚照
（林浩然供图）

图 9-7 1962 年 7 月，林浩然结婚时，与母亲、哥嫂在公园合影（林浩然供图）

婚礼，三桌酒席，十年检讨！

研究生毕业时，卢爱平原本要分配到北京某研究所，恰巧蒲蛰龙教授要成立昆虫研究所，就把她留在了中山大学。

卢爱平的研究生毕业论文是《蓖麻蚕不同发展阶段血液氨基酸的变化》。"那时候整个教研组都在养蚕，蒲老师拿了经费考虑解决全国的穿衣问题。当时还没有化纤，一户人家只有一丈多布票，从毛巾到被子、衣服都需要布票，所以供应很紧张，他想通过研究柞蚕解决穿衣问题。当时的设想是，将北方一年只能结一次茧的柞蚕移至南方。南方的柞树不落叶，加上利用光照，由野外放养转为室内养殖，一年结两次茧，蚕丝产量就可以倍增。"

1964 年 5 月，卢爱平和林浩然的长女林虹出生刚刚四个月卢爱平就远赴河南信阳从事柞蚕养殖研究，随后又到湖南的柞蚕基地，直到"文化大革命"开始。林虹靠吃奶粉由祖母带大，而奶粉由远在新加坡的爷爷寄来。

1967 年，林浩然的次女林颖出生，也是寄养在祖母那里。每周三晚上中山大学不安排政治学习和业务工作时，夫妻俩就骑上自行车，经过海珠桥，从学校到将军东路的母亲住处，辅导孩子，再帮忙做些家务。直到 20 世纪 80 年代初，林浩然从国外回来，卢爱平都是这样骑车出行，往返于学校和家人们的住处。

父 爱 如 山

林浩然的长女林虹出生后，学校就在东区——现今的南校区学生宿舍那里，分给他们一个小房间，一家人勉强住一起，林母过来帮他们带孩子。那时候双职工青年教师大部分都住在那样的筒子楼里，淋浴室和卫生间在楼道的一端，在室外的走廊里用蜂窝煤炉子做饭。

1967 年 7 月，次女林颖呱呱坠地。女儿出生的快乐冲淡了当时社会大环境给林浩然带来的郁闷。学校规定每周三晚上是教育子女的时间，林浩然和卢爱平忙前忙后，照顾着女儿，打发着光阴。一年后，林浩然夫妻俩都去了"五七"干校，两个孩子仍由奶奶带着，回瑞南路的家里住。

受父亲林彦廷的影响，在那些动荡的岁月里，林浩然一直非常重视两个女儿的受教育问题。林虹自幼跟奶奶住在瑞南路，此处当年是广州政治文化经济的中心地段，她在中山路幼儿园、朝天路小学和广州市第二中学完成了基础教育。一家人的生活非常有规律[1]。

> 我爸妈每周三晚上回来一趟、星期六晚上回来，星期天在瑞南路的家里待一天。跟他们的关系，不是每天都看见，但是见到他们的时候就是非常特殊的时间，一般都是要做些什么事情，比如去公园玩、去看电影、辅导我们功课，开家长会他们也会专门去。我们的关系跟一般父母与小孩的关系不一样，因为跟他们在一起的时间不多，就会觉得非常特别。
>
> 我还记得我们经常去看电影，那时候虽然没有多少电影，但是每每有新电影出来我们都会去看，每次等电影的时候就是他给我们剪指甲的时候，他总是带着指甲钳，提前十分钟就坐进去了，然后就给我们剪指甲。

---

[1] 林虹访谈，广东广州，2017 年 12 月 5 日，资料存于采集工程数据库。

图 9-8　1974 年，林浩然夫妇与父母、两个女儿合影（林浩然供图）

　　我小时候他经常出差，下乡办学、搞科研。每次都带回来些鱼、虾，就是在乡下才弄得到的东西，我们就可以改善生活。那时候全家每月只有几张肉票、鱼票之类，都是限量供应。有时候爸爸会带回来一些小动物，什么小鱼、小青蛙，让我们养着，还是挺好玩的。

　　我清楚地记得一件事情，我本来觉得我爸爸是高高在上的、很威严的那种家长，我们平时有什么事都是找我妈。有一次我眼睛进了一颗沙子，我妈没在，只好找我爸，他很有技巧地把我眼皮一翻，把沙子一抹就抹出来了！他当时跟我解释说，"其实沙子很小，眼睛很敏感，所以很小的一颗沙子就觉得很大。"我突然发现，爸爸也懂很多这种日常的东西，其实他也很温柔，有什么事情也可以找他。

　　寒暑假在中山大学住的那几个星期也很特殊。每天走前面这条路去挑水，因为送到家里的水好像不能喝，要在中山大学生物系和我们的小房子之间抬水，用抬回来的水做饭，我记得很清楚。那时候我还看《十万个为什么》，知道放一片荷叶在水桶里水就不会溅出来。我还去实验，挑水的时候就找一片树叶放在上面。我爸爸给我买了很多书。

在跟林浩然一起生活的 16 年里，林虹体悟到父母亲在教育子女方面的不同分工[1]。

爸爸管大事，妈妈管小事。我爸是有一种家长的威严，我跟我妈什么都说，但是跟我爸还是很小心的，什么敢说、什么不敢说，会想清楚。他很严谨，要求家里很干净，每次他要回家，我们都要先打扫卫生。若是家里乱，他会很不高兴。

他很认真，我还记得他抽屉里的东西我摸过的他都知道。我以前没有什么东西好玩，到中山大学来，他书桌里的铅笔、橡皮、尺子都放得整整齐齐的，摸过了他回来马上就知道了，他说："谁动过我的东西？"我以后就练就摸过了能放回原样的能力，他就不知道了。

我记得爸爸去进修前，花很多时间学外语。他学外语的同时教我们外语，那时候中央电视台有个教英语的节目叫 *Follow Me*，他先学，再教我跟妹妹。我们的英语提高了很多。他还买了录音机，听完也让

图 9-9　1979 年，林浩然出国前在广州与家人合影（林浩然供图）

---

[1]　林虹访谈，广东广州，2017 年 12 月 5 日，资料存于采集工程数据库。

我们听，每个礼拜专门有一个时段教我们读英语。

　　我记得是很小的房间。他的墙上有大地图，世界地图与中国地图。我小时候就很喜欢看，总是看这是哪儿、那是哪儿？然后问我爸这个国家、那个国家的事情。后来我们开始集邮，找了各国的邮票，我爸很喜欢介绍各国地理、他知道的风土人情，所以那时候对于世界各地的风俗已经有一些了解。

林虹跟奶奶一起生活 16 年，深受奶奶的独立、有主见的性格影响。奶奶年轻时裹过脚，走路很艰难，家里诸如喂鸡、切菜、排队买菜、劈柴、生炉子、包粽子等，林虹样样都会做。林虹认为，她自己较为独立的人格就是这样慢慢养成的。

1981 年，林虹以广州市二中的前十名的优异成绩考取浙江大学生物医学工程专业。

　　我伯父是浙江大学马列主义教研组的，他知道什么专业是最前沿的，所以他介绍我去读那个专业。因为我不想读中山大学，去北京又太远，我伯父就介绍我去读浙江大学。"生物医学工程 / 生物医学仪器"，就是在仪器系加了一个专业，要读四年工科加一年生物学，是当时浙江大学唯一一个五年制的专业。

　　在杭州度过的 5 个年头，跟伯父林超然、伯母金忆丹一起的时间都是愉快的记忆。我周一到周五住在学校宿舍里，周末就到伯娘伯父家住。伯父只有一个小女儿，比我小很多，那时候只有十来岁。[1]

　　我觉得工科是动手的学科，不是我的强项，其实对我并不适合，好在有一年生物学和医学的课程，我发现自己对生物学和医学感兴趣。在浙大的时候，兰德尔教授来中国访问。我和兰德尔教授很谈得来，我的英语其实很差，但是可以交流，我就很喜欢和他接触，就是觉得国外这种文化很吸引我。后来我去加拿大留学，他就

---

① 林虹访谈，广东广州，2017 年 12 月 5 日，资料存于采集工程数据库。

是我的导师，学的是动物生理学。我是 1993 年拿到博士学位，然后转到该校附属医院的心脏研究所做博士后，研究对象由动物改为人类。

林浩然起初考虑国外研究条件比较先进，希望女儿学成回国，为祖国服务，但他没有给女儿预设选项。

　　他是开放的，我完全没有觉得有限制或者有负担，很多事情都是我们自己决定的，他没有用条条框框限制我们，他就是觉得国外很先进，一定要给我们一个机会出去见识见识，然后下一步怎么走就看我们自己选了。我一直跟他很平等的交流，写信、打电话都一样，他从来没有一定要我做什么。

1990 年 9 月，由美国国家环保局和中国国家环保局等单位共同主办的"第三届鱼类生理学、毒理学和水质管理国际学术会议"在美国加州的萨克拉门托市举行，林浩然和林虹都参加并做了学术报告，全家人亦顺道团聚。"我就利用会议的机会和黄力生办了结婚登记手续，在会上宣布结婚的消息，还请了会议几位主持人和兰德尔教授等参加结婚宴会，地点就在当地的火车博物馆。"①
林颖也是这样一直跟着奶奶和父母生活，但她更像是个广州女孩，热爱生活，

图 9-10　2005 年，全家在美国加州团聚

---

①　林虹访谈，广东广州，2017 年 12 月 5 日，资料存于采集工程数据库。

也更多地照顾奶奶。林虹到杭州上大学后那几年，奶奶诊断出直肠癌，林颖就和奶奶一起搬到中山大学西区的教工宿舍，和父母同住。高考考上大专，选择了计算机专业，毕业后就在广州的外企工作。两年后申请到加拿大阿尔伯塔大学读书、工作，后来迁到温哥华，在不列颠哥伦比亚大学工作。

结语
关山飞渡　初心不改

像许多同时代科学家一样，除了令人敬仰的科学成就外，林浩然院士有着历尽沧桑后的淡定和睿智。"人生的精神是什么？我觉得就是始终保持刻苦勤奋的精神和积极进取、坚韧不拔的毅力。"中华人民共和国成立初期政治思想教育在他身上留下深深的烙印，那些耳熟能详、曾经激励一代又一代人奋进的名言警句，一直激励着他在科学的道路上艰辛探索。"在科学的道路上，没有平坦的大道可走，只有在崎岖的小道上不畏艰险、勇于攀登的人，才有希望达到光辉的顶点。"这句常常被他引用的马克思名言，贴切地概括了他的科学生涯，没有刻苦勤奋的精神和积极进取、坚韧不拔的毅力，就不可能摘取鱼类生殖生理学皇冠上的明珠。

相对系统的求学经历

自记事起，林浩然的童年就与战争共存，他也因此几乎走过半个中国。所幸其父林彦廷千方百计将妻儿带在身边，多数时间远离战线，为林家兄弟提供了相对完整的基础教育，这在当年殊为不易。

避居独山的五年，林浩然完成了启蒙教育，培养了他探索自然的兴趣；南京一中两年多，接触到"以人为本"、更为全面的教育，这两段求学经历是林浩然进入大学之前重要的阶段，也决定了他童年经历的底色"背井离乡""风雨飘摇""前途渺茫"。这样的经历伴随父母的言传身教，养成了林浩然处变不惊、坚毅沉静的性格。

岭南大学为 18 岁前后的林浩然提供的不仅是学术的进路，更是心理成长的过程。入学时忐忑敏感、童蒙未脱的林浩然，伴随着岭南大学的蜕变与合并，成长为毕业时性格开朗、积极活跃的新青年。林浩然始终对那段时光抱有美好的依恋，当年照片中的林浩然也是精神饱满，目光中充满了自信和期待。

林浩然求学期间的岭南大学和中山大学，大师云集、星光璀璨。亲耳聆听陈序经、容启东、戴辛皆、廖翔华等大师的教诲是林浩然人生中最宝贵的经历，他们也成为林浩然日后治学为人的楷模。正如中山大学校长罗俊院士所说，林浩然院士的成长、成才过程就是"最优秀的人培养更优秀的人"的实践过程，是中山大学人才培养的核心理念使然。

严谨勤奋的治学态度

与所有取得辉煌成就的科学家一样，林浩然 60 余年的科学生涯中，始终保持着严谨勤奋的治学态度，无论起初的摸索阶段还是方向明确后的攻坚阶段。由生物学转而动物学，由脊椎动物学转而鱼类学，由鱼类消化生理学转而生殖生理学，每一次方向调整都更接近他最终得执牛耳的研究领域；从 20 世纪 50 年代跟随廖翔华教授从事淡水鱼类人工繁殖研究到 70 年代初参与验证丘脑下部促黄体素释放激素催产作用，中华人民共和国成立后淡水鱼类生殖生理学的每次阶段转换，林浩然都是亲历者。在众多同行科学家中，他能够脱颖而出，成为最终探明鱼类生殖生理学终极秘密、摘取皇冠上明珠的人，实非偶然。在鱼类生殖生理学研究的前两次重大突破中，林浩然只是参与者，他所在的中山大学并非起主导作用的机构，但林浩然在参与过程中敏锐地抓住可能的突破点，持续关注和跟踪，不断探索与求证，从而在已经达到理论研究突破临界点的众多科学家中率先实现了重大理论突破。

毋庸置疑，中国改革开放的历史机遇和兰德尔教授、彼得教授的指导、合作是这项深刻影响中国鱼类繁育、养殖业的理论突破最重要的助推力量。1978年时中山大学的研究条件已不能满足林浩然在研究工作上的需要，尽管研究方案他已了然于胸。相比于大学刚毕业时失去的国外深造机会，1979年的出国经历对他确实是一次更有力的补偿。像那个时代的中国科学家们一样，他没有浪费难得的机遇。尽管回国后也遇到些困难，但是1979年后20年里高质量、高产量的科学论文，在申报科研项目、科研成果方面的不断突破是最好的注脚。

1954年毕业，到1984年探明鱼类生殖生理学的核心机理，漫长的30年里，支撑林浩然抓住历史机遇的，正是他勤奋进取、严谨治学的态度和坚毅的性格底色。

出色的组织领导才能

正如他的导师与合作者，加拿大的彼得教授所指出的那样，林浩然是一位杰出的科学工作领导者，当年纷繁复杂的工作头绪和远非今日可比的科研工作环境，要在20世纪80年代初鱼类学研究条件远不及同行的中山大学完成足以令国际鱼类学同行叹服的大量周密细致的科学研究工作，成为业界公认的鱼类人工催产的"第三个里程碑"，是难以想象的事。

1984年，获得中国科学院基金和加拿大国际发展研究中心的资助，对于林浩然而言至关重要。他从无到有建立起鱼类激素放射免疫测定实验室和鱼类人工繁殖实验场地，组成一支中青年为主的研究队伍。经过大量试验，进一步证实我国主要养殖鱼类的促性腺激素的合成和分泌都受下丘脑神经内分泌的双重调节，并进而探明了过去单独使用促性腺激素释放激素未能有效诱导养殖鱼类产卵的原因。在此基础上，林浩然在珠三角的鱼苗场实地实验，并与宁波市激素制品厂合作，先后研制出高效新型鱼类催产剂 I～III 号，并实验确定了主要养殖鱼类的适宜有效剂量，推广全国使用。

林浩然担任中山大学生物学系主任期间，先后组织申报国家重点学科——动物学和水生生物学，均获成功；在此基础上，他牵头申报生物学一级学科国家重点学科亦获批准，从而在中国水生生物学的学术版图上确立了中山大学的学术地位。到2017年，中山大学的生物学一级学科重点学科,一直在全国保持在前列;动物学和水生生物学两个二级学科,在全国的学科评比中一直排名第一。与此同时,他创立了比较内分泌学分会,每年往返太平洋两岸,协调中加两国科学家的科研工作,组织国际学术会议。林浩然是一位杰出的领导者,他的组织才干、人格魅力为他赢得了广泛的声誉。

20世纪90年代,林浩然借助世界银行贷款的资助,在中山大学建立了水生经济动物营养繁殖和病害控制国家专业实验室,此后又建成广东省水生经济动物良种繁育重点实验室等重要的科研平台,成为开展科学研究、培养创新人才、服务经济社会的载体。

林浩然的组织才能在进入21世纪后得到了更大的发挥,工作领域逐步转向鱼类生产应用方面,他首倡的石斑鱼论坛等已成为业界向往的学术交流和生产技术推广的重要平台。

追求卓越的核心理念

在林浩然的学术生涯中,一直秉持着追求卓越的核心理念,数十年如一日,一以贯之。

从求学阶段起,陈序经、容启东、戴辛皆这些大师级学者的言传身教,为林浩然铸就了日后作为教师的精神内核;从事鱼类学研究初期,与秉志教授的书信往来,廖翔华的耳提面命等经历,进一步确立了他道术并重的人才培养理念,注重知识传授和技能培养的同时,更看重学术价值观和正确人生观的传承。从1954年毕业之初承担实验指导,协助培养动物学专业的本科生,到成为动物学主干课程的主讲教师,再到参编全国统编教材,培养硕士、博士研究生,林浩然60多年间忠实地践行他的人才培养理念。

改革开放以来,林浩然培养了200多名研究生,其中博士生就超过100名,这些学生活跃在国内外相关研究领域,成为他学术生涯的最好延续。

同样的核心理念也反映在林浩然的科研工作中。中国科学家面向学术前沿、面向国家重大战略需求、面向国家和区域经济社会发展,是中华人民共和国成立七十年来形成的光荣传统，在林浩然身上也得到最生动的诠释。林浩然立足国家需求和学术前沿，紧密围绕我国鱼类养殖生产中亟须解决的重大关键问题，创造性地开展鱼类繁殖和生长调控的理论技术研究。他阐明了鱼类促性腺激素合成与分泌受神经内分泌双重调节的作用机理，并将这一理论应用于鱼类人工繁殖和中国渔业发展，建立使用多巴胺受体拮抗剂和促性腺激素释放激素诱导鱼类产卵的新技术，"林-彼方法"被誉为鱼类人工催产的第三个里程碑。这一方法使我国鱼类生殖内分泌学研究走在世界前列，相关研究产品投入实际生产，极大地推动了国家水产养殖业的发展，为促进地方经济发展作出了重要贡献。

林浩然院士说："人一生都要追求理想，从年轻到年老，最终都要追求实现理想，为理想、为目标作贡献。虽然自己现在年纪也大了，但还是尽自己能力能够做多少就多少。我觉得科学家就是要活到老、学到老、做到老，把自己毕生精力都贡献给社会主义事业、党的事业和我自己热爱的科学事业。"

附录一　林浩然年表

1934年
11 月 24 日出生于海南文昌县白延区迈州村。

1936年
随祖母和母亲在文昌农村。

1939年
随家人渡海至广东湛江，辗转至广西玉林市六万山区农垦区。入私塾开蒙。

1940年
在玉林读小学，年底，随家人由玉林迁往独山。

1941年
贵州省独山县中正小学读初小二年级。

1944年

独山县中正小学读初小五年级。

11 月底，随家人先后撤至贵阳、湄潭、平越（近福泉）。

1945年

1—7 月，随家人转至贵州省平越县（今福泉县）县立中学借读（初一上学期）。

7—12 月，随家人转至重庆市。

1946年

1 月，随家人由重庆迁至南京，转至南京市立第一中学读书（初一下学期—初二上学期）。

1947年

在南京市立第一中学读书（初二下学期—初三上学期）。是年夏，升入该校高中一年级。

1948年

在南京市立第一中学读书（高一上学期），其兄林超然入读浙江金华英士大学理学院。

12 月，林浩然随父母由南京迁至广州。

1949年

1—7 月，借读于广州市第二中学（高一下学期）。

8 月，随父母迁香港，转至香港中正中学（高二上学期）。

1950年

6 月，以同等学力报考岭南大学。

9 月，入读岭南大学生物学系。经该校陈序经校长批准，以半工半读生免除学费。

1951年

11 月 4 日，批准为中国共产主义青年团正式团员。

夏，母亲龙碧颜由港返穗定居，父亲林彦廷赴马来西亚任教。

1952年

3—6 月，参加广州市越秀区"五反"工作组，任饮食行业工作组副组长。

9 月，岭南大学生物学系并入中山大学生物系，在中山大学生物系动物学专业就读（三年级）。

10 月 21 日，中山大学生物系从广州石牌迁往康乐园哲生堂。

1953年

2 月，随原岭南大学生物学系调整进中山大学生物系的师生参加学校组织的第二次思想改造运动。

7 月，率中山大学学生北上旅行队到武汉、北京、上海、南京等地参观访问。

1954年

1 月，提交入党申请书。

7 月，毕业于中山大学，在廖翔华教授指导下完成毕业论文。

留校任生物系动物学教研室助教。

1955年

担任中山大学生物系动物学专业脊椎动物学实验课教学工作。

祖母在海南离世。

1956年

入党申请经中山大学生物系党总支和学校党委批准，自 7 月 14 日起为预备党员。

任中山大学生物系秘书至 1957 年底。

参与《广东高等动物志》编研工作，负责鲤形目淡水鱼类。

1957年

生物系党总支于 7 月 24 日讨论是否批准转为正式党员，因遭遇"反右"，党员预备期延长一年。

1958年

11 月 17 日，生物系党总支重新讨论并通过林浩然转为正式党员。

1959年

7 月，主持的《广东高等动物志》编研工作基本完成，涵盖广东 1400 余种高等动物。

7 月，生物系举行科学研究报告会，分动物学分会和植物学分会进行，林浩然做了题为"广东鲤形目淡水鱼类的初步研究"的报告。

9 月，与张维欣老师一起，带领和指导动物学专业四班 20 多位同学完成"韩江鱼类资源调查"工作。

9 月，晋升为中山大学生物系动物学专业讲师。

1960年

兼任中山大学生物系脊椎动物教研室秘书，至 1965 年。

参加广东省动物学会和中国动物学会。

1961年

和朱金亮共同主讲动物学专业课程"动物生态学"。

1962年

7月，与卢爱平在中山大学结婚。

1963年

9月，参加广州市"四清工作队"赴广州市郊区赤坎公社开展"四清"运动。

1964年

1月31日，长女林虹出生于广州。

1—4月，继续在广州市郊区赤坎公社开展"四清"运动。

1965年

父亲林彦廷回国探亲。

1966年

5月，因"文化大革命"，中山大学停招动物学新生直至1971年。

10月，父亲林彦廷返回新加坡。

秋，随中山大学生物系十余名青年教师到各地"串联"。

1967年

7月，次女林颖出生于广州。

1968年

12月，林浩然随同第二批教师下放坪石天堂山中山大学"五七"干校。

1969年

在坪石天堂山中山大学"五七"干校劳动锻炼。

1970年

随其他教师迁往英德虹桥茶场中山大学"五七"干校劳动锻炼。

生物系蒲蛰龙、卢爱平等"五七"干校锻炼的教师因开展生物防治工作提前返校。

1971年

结束英德虹桥茶场中山大学"五七"干校劳动锻炼,返校。

1972年

随廖翔华教授等到广东南海县九江公社养鱼区蹲点,收集淡水鱼养殖生产经验资料,编写淡水鱼类养殖培训教材。

1973年

参加中山大学生物系教育教学改革,到广东省顺德县农业学校参加举办"淡水鱼类养殖培训班"第一期。

1974年

在广东省顺德县农业学校参加举办"淡水鱼类养殖培训班"第二期。

1975年

在广东省顺德县农业学校参加举办"淡水鱼类养殖培训班"第三期。

1976年

参加中山大学生物系"社来社去"工农兵学员水产养殖班教学工作,该工作直至 1978 年。

1977年

10 月,参加在四川省成都市召开的全国高校教材编写会议,并参加全国统编教材《脊椎动物学》《动物生态学》部分章节的编写工作。

1978年

11 月，晋升为中山大学生物系副教授。

1979年

2 月，通过教育部组织的出国访问学者资格评审及考试。

2—6 月，参加在广州外语学院举办的英语培训班。

9 月下旬，作为改革开放后第一批公派访问学者赴加拿大温哥华市，师从不列颠哥伦比亚大学动物学系兰德尔教授，开展鱼类呼吸代谢生理学研究。

父亲林彦廷因病逝世。

1980年

参加加拿大动物学会学术年会和美国动物学会联合举办的专题学术会议，并做学术报告。

与加拿大海洋与渔业部西温哥华实验室主任唐纳森教授合作开展银大麻哈鱼生殖生理学和人工催产研究。

1981年

由加拿大温哥华市转至埃德蒙顿市，在阿尔伯塔大学动物学系彼得教授实验室从事鱼类生殖生理学研究。

12 月，结束访问学者工作回国。途经香港，参加 12 月 10—15 日在香港举行的第九届国际比较内分泌学学术大会，并做学术报告。

参与编写的《动物生态学》（高校统编教材）由高等教育出版社出版。

1982年

4—6 月，邀请加拿大不列颠哥伦比亚大学动物学系兰德尔教授到中山大学进行学术交流，并合作举办"鱼类生理学"专题讲习班，来自全国高校和科研单位的 30 多位学者参加了讲习班。

8 月，参加在荷兰瓦赫宁根大学举行的第二届鱼类生殖生理学国际学术会议，并做学术报告。

1983年

年底，与加拿大阿尔伯塔大学彼得教授联合申请的"促性腺激素释放激素类似物和多巴胺拮抗物在渔业生产中的应用"项目获得加拿大国际发展研究中心（International Development Research Centre，IDRC）批准，获得连续四年（1984—1987）的经费资助。

1984年

4月，加拿大阿尔伯塔大学彼得教授和克拉克博士到中山大学合作开展"鱼类生殖的神经内分泌调控机理"研究。

4月，受命担任中山大学生物系主任。任期至1989年2月。

参与编写的《比较生理学》由高等教育出版社出版。

1985年

4月，中国科学院动物研究所张致一教授（中国科学院学部委员）受邀到林浩然鱼类生理学实验室指导工作。

6—12月，苏联鱼类生理学家依林娜·巴拉尼柯娃教授受邀到中山大学进行学术交流，并于10月合作举办"鱼类生殖生理学"培训班，国内20多位学者参加。

7月，科研成果"新型高效鱼类复合催产剂"在中山大学举行技术鉴定会。随后在广东省南海县九江鱼苗场举办第一次"新型高效鱼类复合催产剂"现场应用推广会。

8月，在美国科罗拉多举行的第十届国际比较内分泌学学术大会当选为该学会理事（代表中国），任期至1989年；参加在西班牙巴萨罗那举行的鱼类养殖国际学术会议，并做学术报告。

9月，参加在法国举行的鲤科鱼类养殖国际学术会议，并做学术报告。

10月，参加在北京举行的淡水鱼类养殖国际学术会议，并做学术报告。

1986年

5 月，参加在菲律宾马尼拉举行的第一届亚洲水产学术会议，并做学术报告。

6 月，晋升为中山大学生物系教授。同时为国务院学位委员会评定为第三批博士研究生导师。

1987年

4 月，参加在新加坡举行的"诱导鱼类繁殖"专题国际学术研讨会，和加拿大阿尔伯塔大学彼得教授共同做学术报告，介绍"新型高效鱼类复合催产剂"的研究进展，受到与会各国同行的高度赞誉，并将该项研究成果定名为"林－彼方法"。

8 月，参加在加拿大纽芬兰圣约翰市举行的第三届鱼类生殖生理学国际学术会议，并做学术报告。

10 月，参加在日本名古屋举行的第一届亚洲和大洋洲比较内分泌学学术大会，并当选为该学会理事（至 2015 年）。

主持的译著《鱼类繁殖生理学》由中山大学出版社出版。

1988年

6 月，参加在加拿大埃德蒙顿举行的第一届国际鱼类内分泌学学术会议，并做学术报告。

7 月，参加在北京举行的生殖研究前沿国际学术会议，并做学术报告。

9 月 14—16 日，与加拿大不列颠哥伦比亚大学兰德尔教授在中山大学共同主持召开第一届"鱼类生理学、毒理学和渔业管理"国际学术会议，国内外近百名学者参加。

年底，与加拿大阿尔伯塔大学彼得教授共同申请的"鱼类生殖和生长的神经内分泌调控"研究项目获得加拿大国际发展研究中心（IDRC）批准，获得连续五年（1988—1992）的经费资助。

1989年

4 月，参加在日本东京举行的第二届亚洲水产学术会议，并做学术报告。

5 月，参加在西班牙马拉加举行的第九届国际比较内分泌学术会议，并做学术报告。

7 月，科研成果"高活性新型鱼类催产剂"获得国家科技进步奖三等奖。

8 月，在北京举行的中国动物学会学术年会和会员代表大会上当选为学会常务理事至今。

12 月，参加在香港大学举行的"激素与内分泌学"国际学术会议，并做学术报告。

1990年

2 月，获得人事部颁发的"中青年突出贡献专家"证书。

9 月，参加在美国加州萨克拉蒙托举行的第二届"鱼类生理学、毒理学和水质管理"国际学术会议，并做学术报告。

1991年

5 月，参加在爱尔兰都柏林举行的欧洲内陆渔业咨询委员会（EIFAC）第七届鳗鱼国际会议，并做学术报告。

7 月，参加在英国诺维奇举行的第四届鱼类生殖生理学国际学术会议，并做学术报告。

组织研究团队成功申报世界银行贷款资助项目，建立"水生经济动物繁殖、营养和病毒控制"国家专业实验室，担任该实验室主任至今。

12 月，参加在印度新德里举行的第二届亚洲大洋洲比较内分泌学术会议，并做学术报告。

1992年

10 月，在中山大学主持召开中国动物学会比较内分泌学分会成立大会暨学术会议，在会上当选为中国动物学会比较内分泌学分会理事长（至2017年）。

11月，参加在南京市南京大学举行的第三届"鱼类生理学、毒理学和水质管理"国际学术会议，并做学术报告。

参加印度新德里举行的第三届亚洲水产学会学术会议，并当选为该学会理事（代表中国），任期至1995年。

研制成功的"新型高活性鱼类催产剂"为国家自然科学基金委员会列为资助项目优秀成果。

1993年

5月，参加在加拿大多伦多举行的第十二届国际比较内分泌学学术大会，并做学术报告。

7月，在广东省动物学会会员代表大会暨学术年会上当选为广东省动物学会理事长，任期至2013年。

10月，参加在泰国清迈举行的亚洲大洋洲比较内分泌学术会议，并做学术报告。

1994年

9月，参加在美国加州博德加湾举行的"内分泌学在太平洋区水产养殖中应用"国际学术会议，并做学术报告。

12月，荣获光华科技基金会颁发的光华科技基金奖二等奖。

12月，在中山大学主持召开第一届东南亚华人动物学者学术研讨会，海内外同行学者百余人参加。

1995年

主持国家自然科学基金项目"鱼类消化道吸收神经内分泌因子促进生长激素分泌和生长的研究"（至1998年）。

6月，研究成果"新型高效鱼类复合催产剂"经国家科学技术委员会科技成果司组织专家评审通过，列入1995年"国家级科技成果重点推广计划"项目。

7 月，参加在美国德州奥斯汀举行的第五届鱼类生殖生理学国际学术会议，并做学术报告。

9 月，参加在美国波兹明举行的第四届"鱼类生理学、毒理学和水质管理"国际学术会议，并做学术报告。

10 月，参加在北京举行的第四届亚洲水产学会学术会议。

1996年

1 月，参加在澳大利亚悉尼举行的第三届亚洲大洋洲比较内分泌学术会议，并做学术报告。

5 月，参加在日本北海道举行的第三届鱼类内分泌学学术会议，并做学术报告。

9 月，参加在荷兰艾默伊登举行的欧洲内陆渔业咨询委员会（EIFAC）第九届鳗鱼国际学术会议，并做学术报告。

担任中山大学生命科学学院水生经济动物研究所所长，任期至 2016 年12 月。

母亲龙碧颜因病逝世。

1997年

科研成果"鱼类生长激素分泌活动和生长的神经内分泌调节"获国家教育委员会科技进步奖二等奖。

7 月，参加在韩国光州举行的"激素作用机理"专题国际学术会议，并做学术报告。

8 月，参加在日本东京举行的"亚洲热带地区水产养殖渔业科学"专题国际学术会议，并做学术报告。

11 月，参加在日本横滨举行的第十三届国际比较内分泌学术大会，并做学术报告。

11 月，当选为中国工程院院士。

1998年

主持国家自然科学基金资助项目"激素诱导鳗鲡卵母细胞最后成熟和产卵"（至 2000 年）。

9 月，参加在韩国光州举行的亚洲大洋洲比较内分泌学术会议，并做学术报告。

11 月，参加在香港举行的第四届"鱼类生理学、毒理学和水质管理"国际学术会议，并做学术报告。

参加在泰国清迈举行的第五届亚洲水产学会学术会议，并做学术报告。

1999年

主持广东省自然科学基金项目"高活性新型鱼类促生长剂的研究"至 2001 年 12 月。

7 月 1 日，被中共广东省高校工委评为"广东省高校优秀共产党员"。

7 月，参加在挪威卑尔根举行的第六届鱼类生殖生理学国际学术会议，并做学术报告。

11 月，获得中山大学 1999 年度桐山奖。

主编的《鱼类生理学》由广东高等教育出版社出版发行。

2000年

8 月，参加在美国西雅图举行的第四届鱼类内分泌学国际学术会议，并做学术报告。

主持国家自然科学基金（农业倾斜专项基金）"重要海水养殖鱼类良种繁育的研究"项目（至 2003 年 12 月）。

2001年

5 月，参加在意大利索伦托举行的第十四届国际比较内分泌学术大会，并做学术报告。

组织研究团队成功申报"广东省水生经济动物良种繁育"重点实验室，担任实验室主任至 2016 年。

当选为中国水产学会副理事长（至 2005 年）。

主持广东省自然科学基金项目"石斑鱼人工繁育与健康苗种规模化生产技术的开发研究"。

主持广东省海洋与渔业局项目"赤点石斑鱼、斜带石斑鱼种苗大批量生产及无神经坏死病毒鱼苗培育技术研究"。

获广东省科学技术协会授予的"第三届广东省科学技术协会荣誉工作者"称号。

2002年

2 月，参加在美国夏威夷举行的"中国水产养殖"专题学术研讨会，并做学术报告。

10 月 8—11 日，在中山大学主持召开第四次亚洲大洋洲比较内分泌学学术研讨会，国内外 100 多位学者参加。

11 月，参加由朱作言院士率领的国家自然学科基金委员会代表团，赴法国考察访问。

2003年

5 月，荣获全国"五一劳动奖章"。

5 月，参加在日本三重县市举行的第七届鱼类生殖生理学国际学术会议，并做学术报告。

当选为中国生理学会副理事长，任期至 2006 年。

兼任中山大学海洋生物技术研究院院长，任期至 2011 年。

2004年

3 月，参加在日本那拉举行的第五届亚洲大洋洲比较内分泌学学术会议，并做学术报告。

8 月，参加在北京举行的第九届国际动物学学术大会。

9 月，参加在西班牙卡斯特利翁举行的第五届鱼类内分泌学学术会议，并做学术报告。

自本年起，受聘为海南大学海洋学院兼职教授、特聘院士。

主持广东省自然科学基金项目"中国大鲵子二代规模化生产技术的研究"至2006年。

主持广东省自然科学基金项目"罗非鱼优质品种选育及苗种产业化生产技术研究"至2009年。

主持高等学校博士学科点专项科研基金资助课题"生长抑素抑制剂促进鱼类生长激素分泌和鱼体生长的作用机理及其应用"至2007年。

2005年

5月，参加在美国波士顿举行的第十五届国际比较内分泌学术大会，并提供学术论文。

受聘为中山大学学术委员会（理科）副主任。

2006年

科研成果"鱼类生长的内分泌学和分子生物学研究"获教育部自然科学奖一等奖。

2月，参加在泰国曼谷举行的第五次亚洲大洋洲国际比较内分泌学术大会，并做学术报告。

7月，获中共广东省委颁发入党五十周年以上老党员"南粤七一纪念奖章"。

8月，参加在英国曼彻斯特举行的第二十三届欧洲比较内分泌学术大会。

与刘晓春合作主编的《鱼类生理学实验技术和方法》由广东高等教育出版社出版发行。

2007年

3月，被澳门大学聘为荣誉教授。

6月，参加在法国圣马罗举行的第八届鱼类生殖生理学国际学术会议，并做学术报告。

7月，被中共中山大学委员会授予"中山大学优秀共产党员"称号。

科研成果"斜带石斑鱼的生殖生长调控和苗种规模化繁育技术"获教育部科技进步奖一等奖。

科研成果"石斑鱼的生殖生长调控和人工繁育技术"获广东省科技进步奖一等奖。

12月10—14日，在担任亚洲大洋洲比较内分泌学学会理事长期间，在印度大吉岭主持召开第六届亚洲大洋洲比较内分泌学学术大会。

主编的《鱼类生理学》（第二版）由广东高等教育出版社出版发行。

2008年

6月，参加在加拿大卡尔加里举行的第六届国际鱼类内分泌学学术大会。

2009年

2月，科研成果"石斑鱼遗传多样性及其种质评估技术研究"获海南省科技进步奖一等奖。

6月，参加在香港举行的第十六届国际比较内分泌学学术大会，并做学术报告。

7月，被中共中山大学委员会授予"中山大学优秀共产党员"称号。

11月，荣获中山大学第一届卓越服务奖，表彰在校服务55周年。

11月，设立"中山大学林浩然奖学基金"，基金用于鼓励中山大学生命科学学院的研究生潜心科学研究，促进我国生命科学的发展，为国民经济建设服务。

2010年

1月，科研成果"罗非鱼种质分析与良种选育及产业化关键技术"获教育部科技进步奖一等奖。

参加在新西兰北帕默斯顿举行的第六届亚洲大洋洲比较内分泌学学术会议。

3月，荣获2009年度广东省科学技术奖突出贡献奖。

科研成果"罗非鱼良种选育与产业化关键技术"，获广东省科技进步奖一等奖。

12月，获得"全国优秀科技工作者"荣誉称号。

12月，在中山大学主持召开第一届"石斑鱼类苗种繁育与养殖产业化论坛"。

2011年

1月，获中共广东省委、广东省人民政府颁发的"南粤创新奖"。

2月，参加在奥地利萨尔兹堡举行的第十届国际促性腺激素释放激素（GnRH）专题学术会议。

6月，被中共中山大学委员会授予"中山大学优秀共产党员"称号。

10月，被中国生理学会授予"中国生理学会终身贡献奖"。

11月，参加在台湾屏东举行的"石斑鱼养殖"国际学术会议，并做特邀学术报告。

12月，被海南省人民政府任命为海南大学第三届理事会常务理事。

主编的《鱼类生理学》（新版，被列为普通高等教育"十一五"国家级规划教材）由中山大学出版社出版发行。

参与主持在海南三亚举行的"第二届全国石斑鱼类苗种繁育与养殖产业化论坛"。

2012年

2月，受聘为广东科学中心高端专家委员会专家。

3月，参加在马来西亚吉隆坡举行的第七届亚洲大洋洲比较内分泌学学术大会，并做学术报告。

4月，参加"水产院士江苏行"调研咨询活动。

参加"第六届海峡两岸鱼类生理和鱼类养殖学术会议"。

参加在福建厦门市举行的"第三届全国石斑鱼类苗种繁育与养殖产业化论坛"。

参加由中国工程院农业学部和中国水产科学研究院主办的"鱼类种子

工程与可持续发展科技论坛"并做专题学术报告。

6月，被中共中山大学委员会授予2010—2012年度"创先争优优秀共产党员"称号。

9月，在阿根廷布诺宜斯市举行的第七届国际鱼类内分泌学学术大会上被授予"终身成就奖"。

参加中国海洋湖泊学会和中国动物学会鱼类学分会主办的2012年学术研讨会，并做专题学术报告。

参加2012中国海洋经济博览会海洋论坛，并做主题报告。

10月，在江苏省泰州市为海集团建立院士工作站。

12月，和汪懋华院士、罗锡文院士共同在广东海大集团公司建立院士工作站。

2013年

3月，参加在新加坡举行的"植物和动物基因组亚洲会议"，并做学术报告。

4月，主持在安徽省合肥市举行的中国动物学会比较内分泌学分会2013年学术研讨会。

5月，参加在山东省青岛市举行的"第四届全国石斑鱼类苗种繁育与养殖产业化论坛"。

参加在四川省成都市通威集团主持的"2013通威水产科技论坛"，并做学术报告。

参加在浙江省宁波市万里学院主办的"2013之江论坛"，并做学术报告。

参加在山东省青岛市举行的中国水产种业创新驱动发展战略研究专家咨询会议。

参加"第七届海峡两岸鱼类生理和鱼类养殖学术会议"。

参加中国工程院重大咨询项目"中国海洋工程与科技发展战略研究"研讨会暨海南省海洋发展战略咨询会议。

11月，参加浙江省宁波市院士企业行，并在宁波市象山港湾水产苗种有限公司建立院士工作站，开展产学研科研合作活动。

主持国家自然科学基金国际合作与交流项目"新型神经肽 Spexin 调控鱼类生殖与摄食功能研究"。

12 月，荣获"中国水产业风云榜终生成就奖"；同时，被"第三届中国水产业年度榜"评委会评选为"2013 年中国水产业十大年度人物。"

2014年

3 月，参加在台湾基隆举行的海峡两岸暨亚洲大洋洲比较内分泌学国际学术研讨会，并做专题学术报告。

6 月，被中共中山大学授予"中山大学优秀共产党员"称号。

在安徽省农业研究院水产研究所建立安徽水产院士工作站。

在广东省茂名市电白区茂名市金阳热带海珍水产养殖有限公司设立院士工作站。

10 月，参加中国工程院农业学部和相关科技部门在山东省青岛市举办的"中国高端养殖模式构建与可持续发展科技论坛"，并做主题报告。

参加广东大华农动物保健品股份有限公司在广州举办的"海洋生物产业发展研讨会"，并做主题报告。

在广州举办"第五届全国石斑鱼类苗种繁育与养殖产业化论坛"。

在广州中山大学怀士堂主办本人从教 60 周年学术研讨会。

12 月，参加在山东省青岛市举行的"973"计划农业领域水产方向鱼类"十三五"规划研讨会。

编辑出版《林浩然文集》（上册）（科学出版社出版）和《林浩然从事教学科研六十周年文集》（中山大学出版社出版）。

成为中国工程院资深院士。

2015年

3 月，参加由广东院士联合会举办的"首届广东院士高峰年会"及院士团队科技创新成果展。

4 月，编辑出版《林浩然文集》（下册）（科学出版社出版）。

6 月，广东省封开境内的肇庆市益信农业发展有限公司建立广东首个农业养殖领域的院士专家工作站，林浩然团队受聘该工作站。

7月，广东省揭阳市越群海洋生物研究开发有限公司建立"水产动物苗种繁育和饲料研发技术体系院士工作站"，林浩然团队入驻。

10月，广东省阳江市阳江海纳水产有限公司与阳江职业技术学院合作共建"广东省海纳海洋经济动物良种繁育与健康养殖技术体系"院士工作站，林浩然团队入驻。

参加农业部海洋渔业渔政局在武汉市举行的"十三五"渔业科技发展战略研讨会。

11月，组织在海南省三亚市举行的"第六届全国石斑鱼类苗种繁育与养殖产业化论坛"。

参加广东院士联合会主持的"广东院士团队成果展"和"院士东莞行"，并和相关企业对接合作。

参加在浙江省杭州市萧山举行的中国水产学会2015年学术年会，并做大会专题报告。

2016年

1月，参加在山东省青岛市举行的"海洋生物资源利用与海洋渔业学科群"学术委员会议；

到浙江省宁波市象山水产科技有限公司院士工作站，对该公司2016—2020年发展规划进行研讨与咨询。

2月，被海南省三亚热带海洋学院聘为特聘教授。

参加在山东省青岛市举办的国家基金委和山东省联合基金海洋组项目评审会。

3月，参加江苏省宜春市举行的"水产养殖信息化高峰论坛暨中国渔业物联网大数据产业创新联盟"成立大会，并做特邀报告。

4月，参加在浙江省杭州市举行的中国工程院海洋工程科技创新发展 II 期咨询项目成果验收会。

参加在海南省海口市海南大学举行的"罗素兰长江学者创新团队建设论证会"。

5 月，参加在重庆西南大学举行的中国动物学会比较内分泌学会学术研讨会。

参加在深圳市举行的第三届广东院士高峰年会。

参加在海南省海口市举行的省部共建海南大学"南海生物资源开发利用国家重点实验室"评审会。

6 月，参加在吉林省延吉市举行的中国动物学会常务理事会。

7 月，在福建省诏安县和大北农水产科技集团共建福建省院士专家工作站。

9 月，在海南省文昌市和海南德益丰水产科技有限公司共建院士专家工作站。

11 月，在山东省乳山华信食品有限公司设立华信食品院士工作站。

参加浙江省宁波市象山水产科技有限公司院士工作站关于大黄鱼抗病育种科技咨询活动。

参加在湖南省长沙市举行的湖南师范大学省部共建"鱼类遗传育种国家重点实验室评审会"。

12 月，参加在厦门举行的"第七届全国石斑鱼类苗种繁育与养殖产业化论坛"。

2017年

4 月，茂名市十家水产养殖与深加工龙头企业联合和林浩然院士与麦康森院士签订协议，共建富氧养殖、饲料生产及深冷加工院士工作站。

5 月，参加在广州琶洲举行的"2017 中国创新创业成果交易会"。

参加在广东省佛山市举行的"2017 第三届广东院士高峰年会"。

参加广州市与中国工程院院士合作委员会的院士咨询活动。

7 月，参加在北京举行的中国工程院"水产养殖三期"咨询项目成果验收会。

参加在浙江省宁波市象山水产科技公司院士工作站关于岱衢族大黄鱼种质提升（抗病育鱼）科技咨询研讨会。

8 月，参加中国工程院主持的"江苏盐城水产院士专家行"。

9 月，参加在山东省青岛市举行的"第八届全国石斑鱼类苗种繁育和养殖产业化论坛暨中国水产品流通与加工协会石斑鱼分会成立大会"。

10 月，在四川省成都市，参加由中国渔业物联网与大数据产业创新联盟主办的"渔业产学研合作与技术创新大会"并做大会主题报告。

11 月，完成译著《鱼类神经内分泌学》，由中山大学出版社出版发行。

参加在广西壮族自治区南宁市举行的"中国动物学会常务理事会会议"。

12 月，参加在广州市举行的广州种业联盟（广州国际种业中心）会员大会，并应邀担任该联盟顾问。

2018年

1 月，被聘为"有害生物控制与资源利用"国家重点实验室（中山大学）第六届学术委员会委员。

参加在广东斗门举行的"广东珠海国家农业科技园区战略发展与建设研讨会"

3 月，参加在海南省海口市举行的海南省"百人计划"专业人才评审会。

6 月，参加在海南省海口市举行的"海洋产业发展助力海南建设自由贸易试验区和中国特色自由贸易港论坛"，并做"南海海洋渔业资源与可持续发展渔业"专题报告。

参加在广州琶洲举行的"2018中国创新创业成果交易会"。

参加在福建省福州市举行的"第十六届中国·海峡项目成果交易会（618）"及福建省院士工作站授牌仪式，在福建宁德霞浦钦龙水产养殖有限公司设立院士工作站。

7 月，参加在上海海洋大学举行的"中国动物学会比较内分泌学分会第十二届学术研讨会暨第一届国际华人比较内分泌学专家学术研讨会"。

9 月，参加在广东省揭阳市举行的"第九届全国石斑鱼类养殖产业化论坛"。

10 月，参加广州市科协组织的院士专家校园行活动，做"海洋渔业资源的开发利用"科普讲座。

11 月，参加在广东省东莞市举行的"粤港澳大湾区院士峰会暨第四届广东院士高峰年会"，并到沙田实验中学做科普报告。

参加在海南省海口市举行的中国工程院科技发展战略海南研究院学术委员会活动并主持 2018 年咨询研究项目"自由贸易港区建设背景下的海南省现代海洋牧场发展战略研究"。

参加华南农业大学举行的由科技部农村中心主持的"农业领域重大专项战略研究——转基因专项"咨询座谈会。

获中国水产学会、中国渔业协会联合颁发的"改革开放 40 周年渔业科技突出贡献"奖。

12 月，参加在海南博鳌举行的"2018 世界海商（博鳌）论坛"，并做特邀报告。

参加广州国际种业联盟年会暨广州国际种业中心与"大湾区菜篮子"融合建设研讨会，并被聘为"广州种业智库专家"。

参加中山大学举办的教师荣休活动，与其他 12 位教师一起光荣退休。

2019年

1 月，广东省首个农业领域院士工作站落户佛山三水广东梁氏水产种业有限公司，林浩然入驻该站。

被海南热带海洋学院聘为"海南省热带海洋渔业资源保护与利用"重点实验室首届学术委员会名誉主任委员。

3 月，被广东省湛江市人民政府聘为南方海洋科学与工程广东省湛江湾实验室学术委员会委员暨海洋生物专业委员会副主任。

4 月，阳江海纳水产有限公司合作设立广东海纳海洋经济动物良种繁育与健康养殖技术体系院士工作站。

4 月，与海南晨海水产有限公司合作设立石斑鱼繁育和养殖院士工作站。

7 月，被聘为中国工程科技发展战略海南研究院学术委员会委员。

12 月，领衔完成的译著《鱼类应激生物学》由中山大学出版社出版。

2022年

9 月，领衔完成的译著《热带鱼类生理学》由中山大学出版社出版。

附录二　林浩然主要论著目录

一、学术论文

[1] 林浩然，林鼎，凌其强. 草鱼人工繁殖中一年多次产卵的生物学基础 [J]. 水生生物学集刊，1978，6（3）：261-269.

[2] 潘星光，林浩然，等. 丘脑下部促黄体素释放激素（LHRH）作用机理的研究 [J]. 中国科学，1981（5）：623-626.

[3] 林浩然. 硬骨鱼类的生殖内分泌学 [J]. 水生生物学集刊，1982，7（3）：425-432.

[4] 林浩然. 硬骨鱼类促性腺激素（GtH）的分泌活动及其调节机理 [J]. 水生生物学集刊，1982，7（4）：551-562.

[5] 林浩然. 海蟾（Bufo marinus）冬眠代谢生理研究 [J]. 生态学报，1982，2（4）：391-395.

[6] D. J. 兰德尔，林浩然. 鱼类游泳代谢生理研究 [J]. 中山大学学报，1983，8（1）：33-44.

[7] 林浩然，林鼎. 鳗鲡繁殖生物学研究 II：下海雌鳗脑垂体超显微构造的研究 [J]. 水生生物学集刊，1983，8（1）：33-39.

[8] 林浩然，梁坚勇，李幅仪，等. 多巴胺拮抗物 pimozide 和 LHRH-A

对长春鳊血清 GtH 含量和排卵的影响［J］. 中山大学学报，1984,（4）：
122-126.

［9］ 林鼎，林浩然. 鳗鲡繁殖生物学研究 III：鳗鲡性腺发育组织学和细
胞学研究［J］. 水生生物集刊，1984，8（2）：157-171.

［10］林浩然，R.E. 彼得，C.G. 娜霍奈克，等. 高效能的促黄体素释放
激素类似物对金鱼促性腺激素分泌的作用［J］. 水生生物学集刊，
1984，8（2）：183-194.

［11］林浩然，彭纯，林鸿平. 多巴胺拮抗物 pimozide 增强丘脑下部促黄
体素释放激素类似物 LHRH-A 对大鳞副泥鳅排卵效应的研究［J］.
科学通报，1984，29（12）：769.

［12］林浩然. 鱼类内分泌学研究的动向［J］. 水生生物学集刊，1984，8
（3）：363-370.

［13］林浩然，彭纯. 抑制多巴胺合成的药物和丘脑下部促黄体素释放激
素类似物对大鳞副泥鳅雌鱼促性腺激素的分泌和排卵的影响［J］. 科
学通报，1985，30（21）：1680.

［14］林浩然，G.V.D. 克拉克，E.M.唐纳森，等. 促黄体素释放激素及
其高效类似物对银大马哈鱼血浆促性腺激素和卵母细胞成熟的影响
［A］// 中国鱼类学会编辑，鱼类学论文集第四辑［C］. 北京：科学
出版社，1985：75-80.

［15］林浩然，彭纯，刘龙志，等. 诱导大鳞副泥鳅排卵的多巴胺拮抗物
和下丘脑下部促黄体素释放激素类似物的协同作用［J］. 水产学报，
1985，9（2）：165-170.

［16］林浩然，彭纯，刘龙志，等. 利血平和丘脑下部促黄体素释放激素
类似物 LHRH-A 对大鳞副泥鳅细胞的分泌活动和排卵的促进作用
［J］. 动物学报，1985，31（4）：313-318.

［17］林浩然. 鱼类生殖内分泌学研究的进展及其在渔业生产中的应用［J］.
动物学杂志，1987，22（1）：44-52.

［18］林浩然，张梅丽，张素敏，等. 鳗鲡繁殖生物学研究 IV：人工催熟
过程中下海鳗的 GtH 分泌活动、性腺发育状况和脑垂体 GtH 细胞超

显微结构［J］. 水生生物学集刊，1987，11（4）：320-328.

［19］林浩然，梁坚勇，彭纯，等. 多巴胺拮抗物 PIM 或排除剂 RES 和 LHRH-A 诱导养殖鱼类促性腺激素的分泌和排卵的研究［J］. 水产学报，1988，12（2）：87-94.

［20］林浩然，梁坚勇，G.V.D. 克拉克，等. 环境因素和促黄体素释放激素类似物 LHRH-A 对鲤鱼促性腺激素（GtH）的分泌活动和排卵的影响［J］. 水生生物学报，1988，12（3）：272-275.

［21］林浩然，梁坚勇，G.V.D. 克拉克，等. 硬骨鱼类促性腺激素释放激素类似物（t-GnRH-A）和 Domperidone 诱导鲤鱼促性腺激素分泌和排卵的作用［J］. 科学通报，1988，33（6）：478-479.

［22］林浩然，梁坚勇，周溪娟，等. 鲑鱼促性腺激素释放激素类似物和 DOM 诱导几种养殖鱼类 GtH 分泌和排卵的研究［J］. 动物学报，1989，35（2）：139-146.

［23］林浩然. 促性腺激素释放激素的演化［J］. 生物学通报，1992（2）：12-16.

［24］林浩然，张梅丽，张素敏，等. 鳗鲡繁殖生物学研究 V：性类固醇激素诱导雌鳗促性腺激素（GtH）分泌和卵巢发育的作用［J］. 水生生物学报，1994，18（3）：272-279.

［25］林浩然，卢敏，张为民，等. 性类固醇激素和 GnRH 相互作用调节鲤鱼 GtH 和 GH 的分泌活动［J］. 中山大学学报论丛，1995，（3）220-222.

［26］林浩然. 鱼类生长和生长激素分泌活动的调节［J］. 动物学报，1996，42（1）：69-79.

［27］林浩然. 鱼类生长和生长激素的神经内分泌调节［A］// 中国生理学会七十周年纪念学术论文集［C］. 生物通讯，1996，15（1）：269-273.

［28］林浩然. 鱼类促性腺激素（GtH）的生理学和分子生物学［A］// 中国鱼类学会编辑，鱼类学论文集（第六辑）［C］. 北京：科学出版社，1997：153-158.

［29］林浩然. 脊椎动物促性腺激素释放激素的分子结构变异型和功能多

样性［J］. 动物学报，1998，44（2）：226-234.

［30］林浩然，比较内分泌学的研究进展和发展前景［A］. // 周光召主编. 科技进步与学科发展［C］. 北京：中国科学技术出版社，1998：123-127.

［31］林浩然，谢刚，张利红，等. 激素诱导鳗鲡性腺发育成熟和排卵的作用机理［A］// 中国动物学会编，中国动物科学研究［C］. 北京：中国林业出版社，1999：42-47.

［32］林浩然. 神经内分泌因子调控鱼类生殖和生长的相互作用［J］. 动物学研究，2000，21（2）：12-16.

［33］林浩然. 海洋鱼类的生长与发育生物学研究与苗种培育［J］. 中山大学学报（自然科学版），2001，40（1）：1-4，12.

［34］林浩然. 海洋鱼类的生殖内分泌学和人工繁殖技术的研究进展与展望［A］// 水产渔业部编印，中国·海洋生物技术发展国际研讨会［C］（内部资料），2000：4-9.

［35］林浩然. 促进海洋鱼类生长激素的分泌活动和提高生长率研究［J］. 中山大学学报（自然科学版），2001，40（4）：1-5.

［36］林浩然. 海洋鱼类人工繁殖和苗种培育高新技术的研究进展和前景［J］. 中国工程科学，2001，3（6）：33-36.

［37］林浩然. 海洋鱼类资源的可持续利用和海洋鱼类科学技术的研究方向［J］. 中国工程科学，2003，5（3）：27-31.

［38］林浩然，张为民，李文笙，等. 石斑鱼生殖和生长调控相关功能基因的研究进展［J］. 沈阳师范大学学报，2003，21：8-11.

［39］林浩然. 重要海水养殖鱼类遗传多样性与种质基因组的研究［J］. 科技导报，2004（195）：4-6.

［40］林浩然. 促性腺激素释放激素（GnRH）结构与功能及其受体的进化发展［J］. 中山大学学报（自然科学版），2004，43（6）：1-5.

［41］林浩然，齐鑫，周雯伊，等. 人工诱导花鳗鲡卵巢发育成熟及相关激素和组织的作用［J］. 水产学报，2010，34（7）：989-998.

［42］Lin H.R.，Polycultural system of freshwater fish in China. Canadian Journal of Fisheries and Aquatic Sciences. 1982. 39：143-150.

［43］Lin H.R. and Lin D. Studies on the breeding biology of eel (*Anguilla japonica*). Proceedings of the Second International Symposium on Reproductive Physiology of Fish. 1982: 1999.

［44］G.V.D. Kraak, Lin H.R., Donaldson E.M., et al. Effects of LHRH and (D-Ala6, des-Gly10) -LHRH-ethylamide on plasma gonadotropin levels and oocyte maturation in adult female coho salmon (*Oncorhynchus kisutch*). General and Comparative Endocrinology. 1983. 49: 470-476.

［45］G.V.den Thillart, D. J. Randall, Lin H.R., 1983. CO_2 and H^+ excretion by swimming coho salmon (*Oncorhynchus kisutch*). Journal of Experimental Biology. 107: 169-180.

［46］Lin H.R., R.E. Peter, C.S Nahorniak, et al., Actions of superactive analogue LHRH-A on gonadotropin secretion in goldfish. Current Trends in Comparative Endocrinology (eds. B. Lofts&W. N. Holmes). Hong Kong University Press. 1985: 77-79.

［47］Lin H.R., Peng C., Lu L.Z., et al. Induction of ovulation in the loach (*Paramisgurnus dabryanus*) using pimozide and (D-Ala^6, Pro^9-N-ethylamide) -LHRH. Aquaculture. 1985, 46: 333-340.

［48］Lin H.R., Peng C., G.V.D. Kraak, et al. Effects of (D-Ala^6, Pro^9-Net) -LHRH and catecholaminergic drug on gonadotropin secretion and ovulation in the Chinese loach (*Paramisgurnus dabryanus*). General and Comparative Endocrinology, 1986, 64: 389-395.

［49］Lin H.R., G.V.D.Kraak, Liang J.Y., et al. The effects of LHRH analogue and dugs which block the effects of dopamine on gonadotropin secretion and ovulation in fish cultured in China (Invited Symposium paper, Every, France, 2-5 September, 1985). In: R. Billard and J. Marcel (eds.), "Aquaculture of Cyprinids". INRS Publications, Paris, France. 1986: 139-150.

［50］Lin H.R. and R.E. Peter. Induction of GtH secretion and ovulation in teleost using LHRH analogs and catecholaminergic drugs: A Review. In:

J. L. Maclean, L. B. Dizon and L. V. Hosillos (eds.). The First Asian Fisheries Forum. Asian Fisheries Society, Manila, Philippines. 1986: 667−670.

[51] Lin H.R. and Peng, C. Effects of LHRH−A and drugs which inhibit the synthesis of dopamine on gonadotropin secretion and ovulation in loach. Kexuetongbao, 1986, 31 (7): 509.

[52] Lin H.R., Liang J.Y., G.V.D. Kraak, et al. Stimulation of gonadotropin secretion and ovulation in common carp by an analogue of salmon GnRH and domperidone. In: E. Ohnishi, Y. Nagahama and H. Ishizaki (eds.), "Proceedings of the First Congress of the Asia and Oceania Society for Comparative Endocrinology". Nagoya University Corporation, Japan. 1987: 155−156.

[53] Lin H.R., Zhou X. J., G.V.D. Kraak, et al. Comparision of D−Arg^6, Trp^7, Leu^8, Pro^9 Net−luteinizing hormone−releasing hormone (sGnRH−A) and D−Ala^6, Pro^9−luteinzing hormone−releasing hormone (LHRH−A), in combination with pimozide (PIM) or domperidone (DOM) in stimulating gonadotropin release and ovulation in the Chinese loach Paramisgurnus dabryanus. In D.J. Idler, L.W. Crim and J.M. Walsh (eds.), "Proceedings of the Third International Symposium on Reproductive Physiology of Fish." 1987: 33.

[54] A. Yasda, K. Miyazima, H. Kawauchi, et al. Primary structure of common carp prolactins. General and Comparative Endocrinology. 1987, 66: 280−290.

[55] R. E. Peter, Lin H.R., G.V.D. Kraak, Drug/hormone induced breeding of Chinese teleosts. In: D.R. Idler, L.W. Crim and J.M. Walsh (eds.), Proceedings of the Third International Symposium on Reproductive Physiology of Fish. St. John's, Newfoundland, Canada, Aug2−7, 1987: 120−123.

[56] Lin H.R., G.V.D. Kraak, Zhou X. J., et al. Effects of D−Arg^6, Trp^7,

Leu^8, Pro^9-Net-LHRH（sGnRH-A）and D-Ala^6, Pro^9（LHRH-A）, in combination with pimozide or domperidone on GtH release and ovulation in the Chinese loach and common carp. General and Comparative Endocrinology, 1988, 69: 31-40.

[57] R.E. Peter, Lin H.R., and G.V.D. Kraak. Induced ovulation and spawning of cultured freshwater fish in China. Advances in application of GnRH analogues and dopamine antagonists（Fish Breeding Workshop, Singapore, 7-10 April, 1987）. Aquacultrue, 1988, 74: 1-10.

[58] R.E. Peter, Lin H.R. and G.V.D. Kraak. Induced spawning in Chinese carps（Invited symposium paper, Vancouver, September 6-9, 1988.）In: "Proceedings of the Aquaculture International Congress and Exposition," Aquaculture International Congress, Vancouver, B. C. 1988: 534-547.

[59] Lin H.R., Liang J.Y., Peng C., et al. Pimozide and reserpine potentiate the effects of LHRH-A on gonadotropin secretion and ovulation in cultivated fishes in China（Invited Symposium paper, Beijing, P. R. China, 10-15 October 1985）. In "Proceedings of the First Asian Symposium on Freshwater Fish Culture"（Editorial Board, Journal of Fisheries; eds.）Academic Publisher, Beijing, P. R. China. 1989: 213-222.

[60] Lin H.R., Peng C., G.V.D. Kraak, et al. Dopamine inhibits gonadotropin secretion in the Chinese loach（*Paramisgurnus dabryanus*）. Fish Physiology and Biochemistry. 1989, 6: 285-228.

[61] Lin H.R. and R.E. Peter Induced breeding of cultured fish in China（Invited paper, International Symposium on Fish Physiology, Fish Toxicology and Fisheries Management, Guangzhou, P. R. China, 14-16 September 1988）Bulletin U. S. Environmental Protection Agency. 1989: 34-45.

[62] Lin H.R. and R.E. Peter The use of gonadotropin-releasing hormone analogue in cultivated fish in China（Invited paper, International Symposium on Fish Physiology, Beijing, P. R. China, 28-30 July,

1988）. In: "The role of growth factors, oncogenes, and gonadal polypeptides". 1989: 93−104.

［63］Lin H.R., Peng C., Chang W.M., et al. Studies on growth rates and serum growth hormone levels in grass carp（*Ctenopharyngodon idellus*）. In D. K. O. Chan（eds.）, "Hormones and the Environment, Proceedings of International Symposium held at University of Hong Kong". Society for the Study of Endorcrinology, Metabolism and Reproduction, Department of Medicine, University of Hong Kong. 1989: 117−118.

［64］G.V.D. Kraak., N.W. Pankhurst, R.E. Peter, et al. Lack of antigenicity of human chorionic gonadotropin in silver carp（*Hypophthalmichthys molitrix*）and goldfish（*Carassius auratus*）. Aquaculture. 1989, 78: 81−86.

［65］Lin H.R., Zhang M.L., Zhang S.M., et al. Effect of sex seteroids, D−Arg^6, Pro^9 N−ethylamide−LHRH（LHRH−A）and domperidome（DOM）on gonadotropin secretion in female silver eel, Anguilla Japonica Teminck&Schlegel. In: R. Hirano and I. Hanyu,（eds.）, "The Second Asian Fisheries Forum". Asian Fisheries Society, Manila, Philippines. 1990: 591−594.

［66］Lin H.R., Zhou X.J., G.V.D. Kraak, et al. Effect of gonadotropin− releaseing hormone agonists and dopamine antagonists on gonadotropin secretion and ovulation in Chinese loach, *Paramisgurnus dabryanus*. Aquaculture, 1991, 98: 139−147.

［67］Lin H.R., Zhang M.L., Zhang S.M., et al. Stimulation of pituitary gonadotropin and ovarian development by chronic administration of testosterone and androstenedionc in female Japanese silver eel, *Anguilla Japonica*. Aquaculture. 1991, 96: 87−95.

［68］Lin H.R., Zhang M.L., Zhang S.M., et al. Induction of gonadal development and maturation by chronic administration of testosterone and androstenedione in female Japanese silver eel, Anguilla Japonica. In: A. P. Scott, J. P. Sumpter, D. E. Kime and M. S. Rolfe (eds.) "Proceedings of the Fourth International Symposium on the Reproductive Physiolpgy of Fish". University of East Anglia, Norwich, U. K. 1991: 280.

[69] Lin H.R., Lin X.W., Zhang Q., et al. Effect of hypothalamic peptides and catecholamines on the regulation of growth hormone secretion and growth on carp. In: P. N. Saxena, K. Muralidhar, L. Bhagat, N. Saxena and P. Kaushal (eds.) "Proceedings of the Second Congress of the Asia and Oceania Society for Comparative Endorcrinology", New Delhi, India. 1991: 84−88.

[70] Trudeau V.L., Lin H.R. and R.E. Peter. Testosterone potentiate the serum gonadotropin response to gonadortropin−releasing hormone in the common carp (*Cyprinus carpio*) and Chinese loach (*Paramisgurnus dabryanus*). Canadian Journal of Zoology, 1991, 69: 2480−2484.

[71] Lin H.R. and R.E. Peter. Aquaculture, In: "The Biology of Cyprinid Fishes". Winfield and Nelson Edited, Chapman&Hall Scientific, Technical&Medical Publisher, London, England. 1991: 590−622.

[72] H. Cook, A. Zuidhof, T. Kaneko, et al. Somatotrop, gonadotrop, and prolactin cells in the pars distails of juvenile grass carp (*Ctenopharyngodon idellus*): an immunocytochemical study. Canadian Journal of Zoology, 1991, 69: 803−806.

[73] Lin X.W., Lin H.R. and R.E. Peter. The regulatory effects of thyrotropin−releasing hormone (TRH) on growth hormone secretion from perifused pituitary of common carp in vitro. Fish Physiology and Biochemistry, 1993, 11: 71−76.

[74] Tao Y.X., Lin H.R., G.V.D. Kraak, et al. Hormonal induction of precocious sex reversal in the ricefiels eel, *Monopterus albus*. Aquaculture, 1993, 118: 131−140.

[75] Lin H.R., Lu M. and R.E. Peter, Effects of steroids on serum gonadotropin

response to gonadotropin—releasing hormone and domperidone in the common carp and Chinese loach. In: "Progress in Comparative Endocrinology—Proceedings of the Second Intercongress Symposium of the Asia and Oceania Society for Comparative Endocrinology". Chiangmai, Thailand, October 26—29, 1993: 52—54.

[76] Lin X.W., Lin H.R. and R.E. Peter. Growth hormone and gonadotropin secretion in the common carp (*Cyprinus carpio*): In vitro interactions of gonadotropin—releasing hormone, somatostatin, and the dopamine agonist apomorphine. General and Comparative Endocrinology, 1993, 89: 62—71.

[77] Kawaye T.T., D.K. Okimoto, S.K. Shimoda, et al. Effects of 17α—methyltestosterone on the growth of the euryhaline tilapia, *Oreochromis mossambicus*, in freshwater and seawater. Aquaculture, 1993, 113: 137—152.

[78] Lin H.R. Effects of some pollutants on reproduction of fishes. A review (Invited paper, The Second International Symposium on Fish Physiology, Toxicology and Water Quality Management. Sacromento, California, U. S. A., September 18—19, 1990). In: "Bulletin of U. S. Environmental Protection Agency". 1993: 1—11.

[79] Peter R.E., Lin H.R. G.V.D. Kraak, et al. Releasing hormones, dopamine antagonists and induced spawning. In: J. F. Muri and R. J. Roberts (eds.) Recent Advance in Aquaculture. Vol. IV. Blackwell, Oxford, 1993: 25—30.

[80] Lin H.R., Lin X.W., Zhang Q., et al. The regulation of growth hormone secretion in carp. In: "Proceedings of the Third International Symposium of Fish Physiology, Toxicology and Water Quality Management". November 3—5, 1992, Nangjing, China. U. S. EPA Publication (EPA/600/R—94/138). 1994: 1—13.

[81] Lin X.W., Lin H.R. and R.E. Peter. Seasonal variation in gonadotropin responsiveness, self—priming, and desensitization to GnRH peptides in the common carp pituitary *in vitro*. General and Comparative Endocrinology,

1994, 93: 275-287.

[82] Zhang W.M., Lin H.R. and R.E. Peter. Episodic growth hormone secretion in the grass carp, *Ctenopharyngodon idellus*. General and Comparative Endocrinology, 1994, 95: 337-341.

[83] Lin H.R., Zhang Q., R.E. Peter. Effect of recombinant tuna growth hormone and analogs of gonadotropin-releasing hormone on the growth of grass carp (*Ctenopharyngodn idellus*). Aquaculture, 1995, 129: 342.

[84] Lin H.R., Lu M., Zhang W.M., et al. Effects of gonadotropin-releasing hormone (GnRH) analogs and sex steroids on growth hormone (GH) secretion in common carp (Cyprinus carpio) and grass carp (*Ctenopharyngodon idellus*). Aquaculture, 1995, 135: 173-184.

[85] Lin H.R. Neuroendocrine regulation of gonadotropin secretion in teleost. In "Proceedings of the 4th International Symposium on Fish Physiology, Toxicology and Water Quality". September 19-21. 1995. Bozeman, Mn, U.S.A., US. EPA Publication (EPA/600/R-97/098). 1995: 31-42.

[86] Lin H.R., Wang L., Dopaminergic regulation of gonadotropin and growth hormone secretion in common carp (*Cyprinus carpio*). "In Proceedings of the International Symposium in Biotechnology Application in Aquaculture." Asian Fisheries Society Publication, 1995, 10: 17-28.

[87] Lin H.R. and R.E. Peter. Hormones and spawing in Fish. Asian Fisheries Science, 1996, 9: 21-33.

[88] Lin X.W., Lin H.R. and R.E. Peter. Direct influences of temperature on gonadotropin- II release from perifused pituitary fragments of common carp (*Cyprinus carpio*) *in vitro*. Comparative Biochemistry and Physiology. 1996, 114A: 341-347.

[89] Lin H.R. Gonadotropin (GtH) release in response to gonadotropin-releasing hormone (GnRH) from perifused pituitary fragments of common carp (*Cyprinus carpio*). In: "Proceedings of the Third Congress of the Asia&Oceania Society for Comparative Endocrinology."

Jan. 22−26, 1996. Sydney, Australia. 1996: 43−45.

[90] Lin H.R. and Li Y.W. Regional distributions of immunoreactive gonadatropin−releasing hormone（GnRH）in the brain of ricefield eel, *Monopterus albus* at different sexual phases. In "Proceedings of the Third Congress of the Asia & Oceania Society for Comparative Endocrinology." Jan. 22−26, 1996. Sydney, Australia. 1996: 181−182.

[91] Lin H.R. Neuroendocrine regulation of growth hormone（GH）secretion and body growth in carp. A review. Asian Fisheries Science. 1997, 10: 23−28.

[92] Lin H.R. Aquaculture in China. In "Proceedings of Second International Seminar on Fisheries Sciences in Tropical Area." Tokyo, Japan, Aug. 19−22. 1997: 145−154.

[93] Lin H.R., Xie G., Zhang L.H., et al. Artificial induction of gonadal maturation and ovulation in the Japanese eel（*Anguilla japonica*）. Bull. Fr. Peche Piscic. 1998, 349: 163−176.

[94] Ho. W.K.K., Meng Z.Q., Lin H.R., et al. Expression of grass carp growth hormone by baculovirus in silkworm larvae. Biochimica et Bioplysica Acta, 1998, 1381: 331—339.

[95] Lin H.R. Effects of pollutants on the reproduction of fishes. In: "Proceedings of the 5th International Symposium on Fish Physiology, Toxicology and Water Quality." Nov. 10−13. Hong Kong（US EPA/600/R−0/015）. 1998: 17−30.

二、学术著作

[1] 林浩然. 动物生态学（高校统编教材）[M]. 北京：高等教育出版社，1981.

[2] 林浩然. 比较生理学 [M]. 北京：高等教育出版社，1984.

[3] 林浩然. 鱼类繁殖生理学 [M]. 广州：中山大学出版社，1987.

［4］林浩然. 鱼类生理学（第一版）［M］. 广州：广东高等教育出版社，1999.

［5］林浩然，刘晓春. 鱼类生理学实验技术和方法［M］. 广州：广东高等教育出版社，2006.

［6］林浩然. 鱼类生理学（第二版）［M］. 广州：广东高等教育出版社，2007.

［7］林浩然. 鱼类生理学（普通高等教育"十一五"国家级规划教材）［M］. 广州：中山大学出版社，2011.

［8］林浩然. 林浩然文集（上）［M］. 北京：科学出版社，2014.

［9］林浩然. 林浩然文集（下）［M］. 北京：科学出版社，2015.

［10］林浩然. 鱼类神经内分泌学［M］. 广州：中山大学出版社，2017.

［11］［美］卡尔·B.施瑞克，［西］路易斯·托特，［加］安东尼·P.法雷尔，等编著，鱼类应激生物学［M］. 林浩然，张勇，卢丹琪，等译. 广州：中山大学出版社，2019.

［12］［巴西］阿达尔贝托·L.瓦尔，［巴西］维拉·玛利亚·F.阿尔米达—瓦尔，［加拿大］戴维·J.兰德尔，编著. 热带鱼类生理学［M］. 林浩然，刘晓春，夏军红，等译. 广州：中山大学出版社，2022.

参考文献

一、专著、论文集、报告

[1]《当代中国》丛书编辑委员会. 当代中国的水产业［M］. 北京：当代中国出版社，1991.

[2] 中国淡水养鱼经验总结委员会. 中国淡水鱼类养殖学（第二版）［M］. 北京：科学出版社，1973.

[3] 中华人民共和国农业部渔业局编. 中国渔业统计汇编（1994—1998）［M］. 北京：海洋出版社，2000.

[4] 中华人民共和国水产部技术司东海水产研究所. 中国水产文献资料索引（1950—1960）［M］. 北京：水产部自印本，1963.

[5] 国家水产总局东海水产研究所. 中国水产文献资料索引（1965—1977）［M］. 北京：国家水产总局自印本，1980.

[6] 钟麟，等. 家鱼的生物学和人工繁殖［M］. 北京：科学出版社，1965.

[7] 徐伟敏. 生物学家朱洗［M］. 上海：少年儿童出版社，1982.

[8] 蒋高中. 二十世纪中国淡水养殖技术发展研究［M］. 北京：中国三峡出版社，2009.

[9] 安国强. 客家大迁徙（下卷）［M］. 北京：北京师范大学出版社，2015.

[10] 闫广林. 海南历史文化（第三卷）［M］. 北京：社会科学文献出版社，2013.

[11] 林明玉. 中华比干文化丛书 海南林氏古代人物志［M］. 海南省人大常委会

办公厅出版，2009.

［12］《文昌乡情人物录》编委会. 文昌乡情人物录［M］. 海口：海南出版社，
　　　1993.

［13］祖岱年. 血路——湘粤桂黔大逃亡亲历记［M］. 贵阳：贵州人民出版社，
　　　2004.

［14］吴晓茅. 为了理想［M］. 南京：江苏教育出版社，2007.

［15］岭南大学香港同学会. 钟荣光先生传（第三版）［M］. 岭南大学香港同学会
　　　自印本，1996.

［16］李瑞明. 岭南大学［M］. 岭南（大学）筹募发展委员会自印本，1997.

［17］陈国钦，袁征. 瞬逝的辉煌——岭南大学六十四年［M］. 广州：广东人民
　　　出版社，2008.

［18］中山大学图书馆. 陈序经图录［M］. 广州：中山大学出版社，2014.

［19］易汉文. 中山大学专家小传［M］. 广州：中山大学出版社，2004.

［20］古德祥，冯双. 南中国生物防治之父——蒲蛰龙院士［M］. 广州：中山大
　　　学出版社，2012.

［21］舒宝明. 校影［M］. 广州：中山大学出版社，2004.

［22］陈汝筑，易汉文. 巍巍中山——中山大学校史图集［M］. 广州：中山大学
　　　出版社，2004.

［23］吴定宇. 中山大学校史（1924—2004）［M］. 广州：中山大学出版社，2006.

［24］易汉文. 中山大学编年史（1924—2004）［M］. 广州：中山大学出版社，
　　　2005.

［25］冯双. 中山大学生命科学学院（生物学系）编年史（1924—2007）［M］. 广
　　　州：中山大学出版社，2007.

［26］冯双. 中山大学生命科学学院（生物学系）编年史（1924—2011）［M］. 广
　　　州：中山大学出版社，2011.

［27］黄天骥. 中大往事——一位学人半个世纪的随忆（增订本）［M］. 广州：南
　　　方日报出版社，2014.

［28］黄仕忠. 老大学故事丛书 老中大的故事［M］. 南京：江苏文艺出版社，
　　　1998.

［29］许敬先. 情结［M］. 北京：中国社会出版社，2007.

［30］冯双，武少连. 著名植物生理学家和种子生物学家傅家瑞传［M］. 广州：

中山大学出版社，2014.

［31］中国科学技术协会. 中国科学技术专家传略·理学编·生物学卷（二）［M］. 北京：中国科学技术出版社，2001.

［32］［清］屈大均. 清代史料笔记丛刊·广东新语（上、下册）［M］. 北京：中华书局，1985.

［33］邢和明. 非同寻常的 1956 年［M］. 福州：福建人民出版社，2007.

［34］傅高义. 共产主义下的广州：一个省会的规划与政治（1949—1968）［M］. 高申鹏，译. 广州：广东人民出版社，2008.

［35］广西壮族自治区地方志编纂委员会. 广西通志·农业志［M］. 南宁：广西人民出版社，1995.

［36］中国科学技术协会. 中国科学技术专家传略·农学篇·养殖卷 1［M］. 北京：中国科学技术出版社，1993.

［37］周永章，梁弈鸣，郭艳华，等. 创新之路：广东科技发展 30 年［M］. 广州：广东人民出版社，2008.

［38］李丹，王慰平，赵力行. 走进中国 100 个院士的家［M］. 杭州：浙江教育出版社，2002.

［39］《经济日报》文化新闻部. 院士风采（1）［M］. 北京：《经济日报》出版社，2012.

［40］国家水产总局. 全国淡水渔业工作会议文件汇编（上册）［M］. 北京：国家水产总局自印本，1982.

［41］中华人民共和国人事部专家司. 中华人民共和国享受政府特殊津贴专家学者技术人员名录（1992 年卷）第 2 分册［M］. 北京：中国国际广播出版社，1996.

［42］陈世明. 中国当代教育名人大辞典［M］. 西安：陕西师范大学出版社，1994.

［43］蔡仁逵. 中国淡水养殖技术发展史［M］. 北京：中国科学技术出版社，1991.

二、期刊论文

［1］文英好. 国立交大在贵州平越的那些事［J］. 文史天地，2016（7）：70-73.

［2］赵映林. 国民党警界的最高学府——中央警官学校［J］文史春秋，2006（9）：
　　46-49.

［3］李继星. 中央警官学校的历史发展与其基本特点［J］. 公安大学学报，1989
　　（3）：76-78.

［4］彭世奖. 珠江三角洲池塘养鱼史研究［J］. 古今农业，1993（1）：76-77.

［5］吴建新. 明清民国顺德的基塘农业与经济转型［J］. 古今农业，2011（1）：
　　96-104.

［6］余汉桂. 建国前广西的水产科学研究［J］. 广西水产科技，2004（2）：34-47.

［7］李象元. 我在广西试验鱼类人工孵化经验谈［J］. 水产月刊，1946年复刊号：26.

［8］张修雷. 鱼用催产激素现状和问题的探讨［J］. 水产科技情报，1983（4）：
　　17-19.

［9］佚名. 淡水养鱼［J］. 人民画报，1956（11）：17-18.

［10］冯乐进. 视察川桂两省稻田养鱼的情况和初步意见［J］. 水产工作，1956
　　（5）：22-23.

［11］水产部淡水渔业司. 关于淡水渔业的几点意见［J］. 水产工作，1957（1）：
　　1-5.

［12］余汉桂，范院生. 鱼苗装捞和人工繁殖［J］. 广西水产科技，2016（3）：
　　16-47.

［13］叶奕佐，邓韶华. 利用硫酸铜等药物提高鱼苗运输成活率的实验报告［J］.
　　动物学杂志，1960（7）：309-318.

［14］叶奕佐. 利用抗生素提高鱼苗运输成活率的初步试验［J］. 水产工作，1958
　　（2）：24-29.

［15］倪达书，尹文英. 吸取苏联先进经验改善鱼种运输和放养［J］. 科学通报，
　　1955（12）：93-94.

［16］新华社. 中国科学院实验鱼类人工授精获得结果［J］. 科学通报，1953（8）：
　　108-109.

［17］王鸿泰. 我国家鱼人工繁殖的发展概况及若干问题的研究现状［J］. 水产科
　　技情报，1979（7）：1-4.

［18］社论：大抓鱼苗鱼种　发展淡水养殖事业［J］. 中国水产，1960（7）：4-6.

［19］佚名. 释放素及其类似物［J］. 水产科技情报，1975（9）：1.

［20］王新铭. 家鱼苗集中定点生产好处多［J］. 中国水产，1983（10）：4-5.

［21］潘英焘. 内分泌学的进展与鱼类生殖生理［J］. 淡水渔业，1980（5）：21-24.

［22］林浩然. 高效能的促黄体素释放激素类似物对金鱼促性腺激素分泌的作用［J］. 水生生物学集刊，1984，8（2）：183-194.

［23］江苏省水产研究所. 江苏召开应用释放激素繁殖家鱼经验交流会［J］. 淡水渔业，1977（1）：34.

［24］湖北省长江水产研究所养殖室鱼类生殖研究组. LRH及其类似物催产鱼类试验的初步总结［J］. 淡水渔业，1976（3）：22-25.

［25］中山大学生物系动物学专业73届鱼用新激素毕业实践小组. 促黄体素释放激素类似物对鲮鱼催产简报［J］. 淡水渔业，1977（2）：12-13.

［26］中山大学生物系动物教研室激素免疫组. 促黄体素释放激素（LRH）类似物对鲮鱼的免疫反应研究［J］. 淡水渔业，1977（11）：12-16，18.

［27］中山大学生物系动物教研室. 人类绒毛膜促性腺激素（HCG）、鲢鳙鱼垂体及下丘脑促黄体素释放激素（LRH）类似物对家鱼免疫反应的初步研究［J］. 淡水渔业，1977（6）：10-19，35.

［28］刘筠. 谈养殖鱼类繁殖生理和鱼种的几个问题［J］. 水产科技情报，1980（1）：1-3.

［29］林浩然，朱玲芬，张修雷. 高效鱼类催产合剂（RES+LRH-A）应用的进展［J］. 水产科技情报，1986（6）：6-8.

［30］于泳. 中国工程院院士、鱼类生理学家和鱼类养殖专家林浩然——水到鱼行自从容［J］. 今日科苑，2012（24）：25-29.

［31］冀锗. 全国家鱼人繁技术研讨会在甬召开［J］. 水产科技情报，1991（2）：53.

［32］陆忠康. 石斑鱼养殖研究的现状及面临的问题［J］. 现代渔业信息，1996（1）：8-12.

［33］李道亮. 信息化支撑渔业现代化　产学研协作助推产业升级［J］. 中国科技产业，2016（4）：57.

［34］林浩然. 从海南走出的院士［J］. 学会月刊（中国科协2004年学术年会专辑），2004（11）：16-17.

［35］吴群凤. 400余人见证南海鱼类种苗协会成立［J］. 当代水产，2014（1）：48.

［36］陈娈娈. 南海鱼类种苗协会创一年，已汇聚全产业力量［J］. 水产前沿，2015（2）：12-13.

[37] 李思发. 我国罗非鱼产业的发展前景和瓶颈问题 [J]. 科学养鱼, 2003 (9): 3-5.

[38] 夏德全. 中国罗非鱼养殖现状及发展前景 [J]. 科学养鱼, 2000 (5): 1-2.

[39] 李明爽. 院士专家为"十三五"渔业科技发展建言献策 [J]. 中国水产, 2014 (10): 6-9.

[40] 杨伟民. 石斑鱼之父——林浩然 [J]. 环境导报, 2003 (20): 24-25.

[41] 戴辛皆. 我们的生活问题 [J]. 中山学报, 1942, 1 (6): 11-12.

[42] 林浩然. 鱼类生理学、鱼类毒理学和渔业管理国际学术会议在广州中山大学举行 [J]. 水生生物学报, 1988, 12 (4): 385-386.

[43] 雷霁霖. 鱼类应是海水增养殖的主要对象——兼论我国当前海产品增养殖发展方向 [J]. 海洋科学, 1990 (5): 58-60.

[44] 王刚. 院士眼中的水产业热点——本刊对话中国工程院林浩然院士 [J]. 水产前沿, 2012 (11): 13-14.

[45] 于秀娟, 王雪光. 院士专家位"十三五"渔业科技发展建言献策 [J]. 中国水产, 2014 (10): 6-9.

[46] 吴建新. 广东海产养殖的起源及其发展 [J]. 古今农业, 1988 (1): 136-143.

[47] 吴群凤, 赵文雯. 200 人汇集中大, 共谋石斑鱼产业发展 [J]. 当代水产, 2015 (12): 46-47.

[48] 胡庆荣. 关于浙江省立英士大学 [J]. 战时中学生. 1939 (6): 75-77.

[49] 叶哲铭. 20 世纪 50 年代浙江普通高校"院系调整"研究 [J]. 杭州师范大学 (社会科学版), 2009 (3): 110-115.

[50] 赵以炳. 生理学发展的动向 [J]. 生物学通报, 1981 (1): 35-38.

[51] 《中国进一步发展远洋渔业对策研究》课题组. 中国远洋渔业发展前景分析 [J]. 海洋与海岸带开发, 1992, 9 (2): 1-4.

[52] 林浩然. 促性腺激素释放激素的演化 [J]. 生理学通报, 1992 (2): 12-15.

[53] 林浩然. 海洋渔类人工繁殖和苗种培育高新技术的研究进展和前景 [J]. 中国工程科学, 2001 (6): 33-36.

[54] 林浩然. 海洋鱼类资源的可持续利用和海洋鱼类科学技术的研究方向 [J]. 中国工程科学, 2003, 5 (3) 27-30, 43.

［55］林浩然. 重要海水养殖鱼类遗传多样性与种质基因组的研究［J］. 科技导报，
　　　2004（9）：4-6.

［56］本刊编辑部. 三大院士亮相高端养鱼模式可持续发展论坛［J］. 当代水产，
　　　2014（11）：42.

［57］岑玉吉. 建国三十五年来我国淡水养殖科技事业的发展回顾［J］. 淡水渔业
　　　1984（4）：1-6.

［58］冯启新. 珠江水系鱼类及其特点的初步研究［J］. 淡水渔业，1985（3）：
　　　14-22.

［59］中国科学院上海生物化学研究所多肽激素组. 促黄体生成素释放激素及类似
　　　物的固相法合成及其在家鱼催产中的应用［J］. 化学通报，1976（6）：11-12.

［60］刘建康. 关于淡水生物学发展的方向［J］. 水生生物学集刊，1979，6（4）：
　　　465-470.

［61］岑玉吉. 国外淡水渔业的现状与展望［J］. 淡水渔业，1979（S1）：1-29.

［62］刘建康，王祖熊. 江中家鱼苗垂直分布的初步观察［J］. 水生生物学集刊，
　　　1955（2）：71-79.

［63］中国科学院北京动物研究所内分泌研究室细胞组，湖北省长江水产研究所养
　　　殖研究室生殖组. 丘脑下部促黄体素释放激素（LH-RH）对草鱼的催产作
　　　用——垂体促性腺细胞的亚显微结构研究［J］. 中国科学，1977（6）：600-
　　　602.

［64］本刊编者. 促黄体生成素释放激素及其类似物的临床应用［J］. 生物化学与
　　　生物物理学报，1977，9（1）：99-103.

［65］陈楚星. 家鱼人工繁殖的若干问题［J］. 动物学杂志，1977（1）：30-31.

［66］王鸿泰. 促黄体素释放激素及其类似物对草鱼、白鲢催产效能的讨论［J］.
　　　动物学杂志，1978（4）：28-29.

［67］刘筠. 家鱼人工繁殖与提纯复壮［J］. 湖南水产科技，1977（4）：15-18.

［68］潘家秀，冯敏绮，林南琴，等. 鲤（*Cyprinus carpio*）促性腺激素释放激素
　　　分泌核群的酶免疫细胞化学定位［J］. 实验生物学报，1979，12（4）：305-
　　　310.

［69］陈志森. LRH 类似物协作会议在沪召开［J］. 畜牧与兽医，1980（6）：50.

［70］梁向阳. 广东创办"五七"干校的实践和思考［J］. 红广角，2012（10）：
　　　39-41.

[71] 张致一. 发展我国的内分泌学 [J]. 科学通报，1960（1）：6.

[72] 熊卫民. 广州会议对科技大跃进的反思 [J]. 炎黄春秋，2009（8）：51-56.

[73] 周晓华，李明爽. 盘点中国渔业六十年 [J]. 中国水产，2009（10）：4-12.

[74] 生物系动物专业. 结合生产办好社来社去短训班 [J]. 武汉大学学报（自然科学版），1975（2）：22-24.

三、学位论文

[1] 向征. 民国时期海南岛农业调查报告研究 [D]. 广州：华南农业大学，2016.

[2] 蒋高中. 20世纪中国淡水养殖技术发展变迁研究 [D]. 南京：南京农业大学，2008.

[3] 张淑华. 米丘林学说在中国的传播（1933—1964）[D]. 合肥：中国科学技术大学，2012.

四、报纸文章

[1] 广州大专院校教师暑期研究会昨在岭大举行闭幕典礼 [N]. 南方日报，1950-09-05（1）.

[2] 岭南大学教授容庚. 我对于暑期研究会的感想 [N]. 南方日报，1950-09-05（4）.

[3] 岭大通讯组. 岭大赴京代表团回校传达处理岭大的决定　暂时仍属私立由中国人民自办　应努力建设为人民自己的大学 [N]. 南方日报，1951-03-18（1）.

[4] 章洛，路平. 岭南大学的变迁 [N]. 南方日报，1951-09-30（3）.

[5] 吴柏年. 中山大学进行部分院系调整工作 [N]. 南方日报，1953-10-12（3）.

[6]《人民日报》社论. 加强对高等学校教师的思想领导，进一步贯彻党对知识分子的政策 [N]. 南方日报，1953-12-23（1）.

[7] 卢育辉. "一介渔夫"的故事——中国工程院院士、中山大学水生经济动物研究所所长林浩然小记 [N]. 广东科技报，2006-08-22（8）.

[8] 廖瑛珊，谢曼华，林希. 让我们"天天有鱼"的人——记新当选的中国工程院院士林浩然教授 [N]. 中山大学校报，1997-12-31（3）.

[9] 符王润. 让名贵海鱼游入寻常百姓家 [N]. 广东科技报，2011-09-10（8）.

[10] 敖坤，许欣. 海南走出的院士"反哺"故乡 助推海南成石斑鱼繁育中心
[N]. 南国都市报，2016-02-23（1）.

[11] 刘玮宁，宋金峪. 广东科技奖励大会：林浩然陈韶章荣获突出贡献奖 [N].
羊城晚报，2010-05-07（1）.

[12] 张胜波，王丽霞. 二〇〇九年度广东省科技奖突出贡献奖获得者 [N]. 南
方日报，2010-05-08（10）.

[13] 周志坤，张胜波，曹斯，等. 广东省委省政府颁授南粤功勋奖和南粤创新奖
[N]. 南方日报，2011-01-14（1）.

[14] 冯海波. 林浩然院士讲解海洋鱼类资源的开发利用 带领小学生探秘神奇的
海洋世界 [N]. 广东科技报，2018-11-02（11）.

[15] 卢育辉. 正气浩然 乐为渔夫：记 2009 年度广东省科学技术突出贡献奖获
得者、中国工程院院士林浩然教授 [N]. 广东科技报，2010-05-07（2）.

后 记

　　初次见到林浩然院士，是 2017 年初夏，在中山大学南校区老生物楼南面那栋现已不复存在的小楼里。守约、准时是他老人家给我的第一印象，门开处是面带和蔼微笑的林院士，一如照片里见到的那样，宽大饱满的前额和明亮的眼睛，流露出历尽沧桑后的睿智与淡泊。以后的许多次见面，也在水生所那间曾做出他学术生涯中许多重要决定，接待过无数学生和记者、企业家的局促的办公室里；再后来，是在老生物楼二楼的办公室或会议室。每次接受访谈，他自带的访谈提纲都写满了字，像认真对待他的科研工作一样，处处体现着一位老科学家的严谨与认真，一个知识分子的情怀与坚守。他的讲述平实自然、语调轻缓，没有华丽的辞藻与激扬的语调，却有着打动人心的力量！

　　像许多老科学家一样，林浩然院士是一位和蔼可亲、做事严谨的老人，在科学领域之外的身份感并不明显。尽管有档案资料、历史文献和大量科学论文可供查阅，但是这样一位阅历丰富、成就卓著的鱼类学家的内心世界，仍是我最渴望探求和了解的。5 次正式访谈和更多的非正式接触中，使我逐渐读懂了这位耄耋老人丰富的内心世界，尤其是他坚毅沉静的性格底色和积极进取的人生态度。

　　卢爱平教授是全程经历中山大学生物防治领域起步、辉煌的学者，是蒲蛰龙院士20世纪60年代第一批研究生，也是和林浩然院士一起庆祝过金婚的灵魂伴侣。她的生活经历与林浩然院士有许多相似之处，她的视角对于了解林浩然院士的生活和工作尤其重要。卢爱平教授是一位思路清晰、谈锋甚健、有独到见解的生物学专家，她对20世纪若干历史时期的感受和述评很有见地，对林浩然院士学术生涯的一些重要阶段的回顾给了我们很大的帮助。

林虹教授利用回国探亲的间隙接受了我们的访谈，出生于20世纪60年代的她正赶上改革开放后高等教育引入西方新理念并付诸实施的时期，与祖母长期生活的经历使她后来得以深切理解父亲性格中许多重要的方面。鱼类学家的父亲早年给她留下的主要印象是从南海、顺德的渔场返家时带回的各种水产品，父亲从事的研究工作直到她成为兰德尔教授的学生时才真正明白。在杭州度过的五年，林虹了解到更多的家族历史，也对舅公、伯父、伯娘学习、工作的浙江大学有了深刻的认知，与其说这得益于数十年间林家与浙江大学的缘分，不如说这是文昌白延林家深厚的文化积淀。2017年12月初那个上午，林虹教授用80分钟讲述了她眼中的林浩然院士和她所知道的家里长辈的情况，语气像极了乃父的淡定、达观，还不时流露出林家人特有的诙谐和机智。林浩然院士显然非常在意不远万里返回广州的长女，等在做访谈的会议室外，访谈结束和我们合影之后，与林虹相携而去。

当选院士20年，同辈人或随子女移居国外或已作古，甚至林浩然院士的一些学生也在国外，我们最初的访谈计划不得不作了较大调整，但利用每年一度的林浩然院士生日举办的学术交流活动，我们有幸对其中不同年龄层、不同阅历、具有代表性的学生做了访谈，并从中感受到"师恩如山"的丰富内涵。学生们对导师严谨治学、精勤不倦的精神由衷感佩，对导师在学术成长路上的关键节点给予的点拨和支持记忆犹新。

两年下来，采集小组的工作得到林浩然家人和中山大学等单位许多师友的支持和帮助，让我们心存无尽感念！培养出了13位两院院士的南京市第一中学闻知此事，特地托我们向林浩然院士致以母校的问候，并提供了林浩然初中毕业证书等资料；中山大学科学研究院的刘梅副院长把我引荐给林浩然院士；中山大学校长罗俊院士在百忙之中撰写了研究报告的序言；中山大学档案馆提供了尽可能多的林浩然的相关科研档案；中山大学人事处提供了查阅档案的各种便利，并帮助复印了林浩然大学期间的成绩单；中山大学党办的张东蕙帮我办理有关手续，宣传部的覃东骏帮助我查找并复制视频资料，生命科学学院院办姜宗华部长带我查阅档案资料，林浩然院士秘书陈菊桂给予了我许多帮助，……他们不辞劳苦，耐心细致，每一次、每一位都让我无比的感动和温暖，许多事情就像发生在昨天！

不无遗憾的是，由于人员流动等因素，林浩然院士项目留有一些缺憾，一些访谈对象未能如愿拜访，实物采集因为 20 世纪 80—90 年代的实验设备已报废而无缘得见，一些环节做得尚显粗糙，各方面衔接有不尽如人意处。林浩然院士以极大的耐心，抽出宝贵的时间，积极配合我们的工作，反复修改访谈记录、研究报告和年表等资料，并提出颇具指导性的意见，对我们完成项目工作帮助很大。我们也一直以林浩然院士为榜样，严格要求团队每个成员保质保量完成任务。

光阴荏苒，两年多的时间倏忽成为过往，我们仍与林浩然院士保持着密切联系，关注着他即将出版的新书，留意着媒体上不时出现的关于他的报道，期待着每年 11 月他的生日聚会的来临……

林浩然资料采集工作小组

2023 年 1 月 8 日

老科学家学术成长资料采集工程丛书
已出版（161种）

《卷舒开合任天真：何泽慧传》　　　《此生情怀寄树草：张宏达传》

《从红壤到黄土：朱显谟传》　　　　《梦里麦田是金黄：庄巧生传》

《山水人生：陈梦熊传》　　　　　　《大音希声：应崇福传》

《做一辈子研究生：林为干传》　　　《寻找地层深处的光：田在艺传》

《剑指苍穹：陈士橹传》　　　　　　《举重若重：徐光宪传》

《情系山河：张光斗传》　　　　　　《魂牵心系原子梦：钱三强传》

《金霉素·牛棚·生物固氮：沈善炯传》　《往事皆烟：朱尊权传》

《胸怀大气：陶诗言传》　　　　　　《智者乐水：林秉南传》

《本然化成：谢毓元传》　　　　　　《远望情怀：许学彦传》

《一个共产党员的数学人生：谷超豪传》《没有盲区的天空：王越传》

《含章可贞：秦含章传》　　　　　　《行有则　知无涯：罗沛霖传》

《精业济群：彭司勋传》　　　　　　《为了孩子的明天：张金哲传》

《肝胆相照：吴孟超传》　　　　　　《梦想成真：张树政传》

《新青胜蓝惟所盼：陆婉珍传》　　　《情系梁菽：卢良恕传》

《核动力道路上的垦荒牛：彭士禄传》《笺草释木六十年：王文采传》

《探赜索隐　止于至善：蔡启瑞传》　《妙手生花：张涤生传》

《碧空丹心：李敏华传》　　　　　　《硅芯筑梦：王守武传》

《仁术宏愿：盛志勇传》　　　　　　《云卷云舒：黄士松传》

《踏遍青山矿业新：裴荣富传》　　　《让核技术接地气：陈子元传》

《求索军事医学之路：程天民传》　　《论文写在大地上：徐锦堂传》

《一心向学：陈清如传》　　　　　　《钤记：张兴钤传》

《许身为国最难忘：陈能宽传》　　　《寻找沃土：赵其国传》

《钢锁苍龙　霸贯九州：方秦汉传》　　《虚怀若谷：黄维垣传》

《一丝一世界：郁铭芳传》　　　　　　《乐在图书山水间：常印佛传》

《宏才大略　科学人生：严东生传》　　《碧水丹心：刘建康传》

《我的气象生涯：陈学溶百岁自述》　　《我的教育人生：申泮文百岁自述》

《赤子丹心　中华之光：王大珩传》　　《阡陌舞者：曾德超传》

《根深方叶茂：唐有祺传》　　　　　　《妙手握奇珠：张丽珠传》

《大爱化作田间行：余松烈传》　　　　《追求卓越：郭慕孙传》

《格致桃李半公卿：沈克琦传》　　　　《走向奥维耶多：谢学锦传》

《躬行出真知：王守觉传》　　　　　　《绚丽多彩的光谱人生：黄本立传》

《草原之子：李博传》

《此生只为麦穗忙：刘大钧传》　　　　《探究河口　巡研海岸：陈吉余传》

《航空报国　杏坛追梦：范绪箕传》　　《胰岛素探秘者：张友尚传》

《聚变情怀终不改：李正武传》　　　　《一个人与一个系科：于同隐传》

《真善合美：蒋锡夔传》　　　　　　　《究脑穷源探细胞：陈宜张传》

《治水殆与禹同功：文伏波传》　　　　《星剑光芒射斗牛：赵伊君传》

《用生命谱写蓝色梦想：张炳炎传》　　《蓝天事业的垦荒人：屠基达传》

《远古生命的守望者：李星学传》

《善度事理的世纪师者：袁文伯传》　　《化作春泥：吴浩青传》

《"齿"生无悔：王翰章传》　　　　　《低温王国拓荒人：洪朝生传》

《慢病毒疫苗的开拓者：沈荣显传》　　《苍穹大业赤子心：梁思礼传》

《殚思求火种　深情寄木铎：黄祖洽传》《仁者医心：陈灏珠传》

《合成之美：戴立信传》　　　　　　　《神乎其经：池志强传》

《誓言无声铸重器：黄旭华传》　　　　《种质资源总是情：董玉琛传》

《水运人生：刘济舟传》　　　　　　　《当油气遇见光明：翟光明传》

《在断了A弦的琴上奏出多复变　　　　《微纳世界中国芯：李志坚传》

　　最强音：陆启铿传》　　　　　　　《至纯至强之光：高伯龙传》

《没有勋章的功臣：杨承宗传》　　《科学人文总相宜：杨叔子传》

《百年耕耘：金善宝传》　　　　《一生情缘植物学：吴征镒传》

《耕海踏浪谱华章：文圣常传》　《一腔报国志　湿法开金石：
　　　　　　　　　　　　　　　　　　陈家镛传》

《守护女性生殖健康：肖碧莲传》

《心之历程：夏求明传》　　　　《"卓"越人生：卓仁禧传》

《仰望星空：陆埮传》　　　　　《步行者：闻玉梅传》

《拥抱海洋：王颖传》　　　　　《潜心控制的拓荒人：黄琳传》

《爆轰人生：朱建士传》

《献身祖国大农业：戴松恩传》　《一位"总总师"的航天人生：
　　　　　　　　　　　　　　　　　　任新民传》

《中国铁路电气化奠基人：曹建猷传》

《一生一事一方舟：顾方舟传》　《扎根大地　仰望苍穹：
　　　　　　　　　　　　　　　　　　俞鸿儒传》

《科迷烟云：胡皆汉传》

《寻找黑夜之眼：周立伟传》　　《锻造国防"千里眼"：毛二可传》

《泽润大地：许厚泽传》　　　　《地学"金钉子"：殷鸿福传》